FLUJO DE IDEAS

Jeremy Utley
Perry Klebahn

FLUJO DE IDEAS

Cómo fomentar la
innovación en tu empresa
a través de la creatividad

EMPRESA ACTIVA

Argentina – Chile – Colombia – España
Estados Unidos – México – Perú – Uruguay

Título original: *Ideaflow*
Editor original: Portfolio, an imprint of Penguin Random House LLC
Traductor: Valentina Farray Copado

1.ª edición Marzo 2024

ISBN: 978-84-16997-92-3
E-ISBN: 978-84-19936-51-6
Depósito legal: M-431-2024

Fotocomposición: Ediciones Urano, S.A.U.
Impreso por: Romanyà Valls, S.A. – Verdaguer, 1 – 08786 Capellades (Barcelona)

Impreso en España – *Printed in Spain*

Para Annie, Parker y Phoebe.

PERRY

~

*Para Michelle, cuya búsqueda de la inspiración fomentó
mi curiosidad.*

JEREMY

«La verdad es que por cada idea buena hay otras mil malas.
A veces distinguirlas puede ser difícil».

M<small>ARC</small> R<small>ANDOLPH</small>, cofundador de Netflix [1]

ÍNDICE

Prólogo

Una de las mayores sorpresas que se llevan los nuevos alumnos de la d.school de Stanford, tanto si son gerentes de una gran empresa como si fueron líderes de su clase en el instituto, es la idea de que la cantidad genera calidad.

Muchos vienen a Stanford en busca de calidad. En el Instituto de Diseño Hasso Plattner (también conocido como d.school) esperan aprender a generar ideas revolucionarias con potencial para cambiar el mundo. Lo que les decimos desde el principio es que ignoren lo bueno y lo malo en las primeras rondas y que apuesten por generar muchas ideas. Que apuesten por el volumen antes de juzgar la calidad. Esta noción de separar la generación de ideas de la selección de las mismas puede resultar bastante chocante.

Lo que estos estudiantes aprenden, y los creadores de nivel mundial ya entienden, es que es difícil distinguir las buenas ideas de las malas antes de probarlas para ver qué pasa. Sin un proceso fiable de experimentación en el mundo real, es difícil saber qué solución novedosa merece la pena en primer lugar o cómo podría mejorarse después. El método infalible es crear el mayor número posible de soluciones rudimentarias y luego probarlas rápidamente con personas reales.

Como aprenden los alumnos de la d.school, esto significa convertir la creatividad en una práctica rutinaria. No enseñamos a nuestros alumnos a esperar sentados hasta que les llegue la inspiración y, entonces, pasar a la acción. Los problemas no esperan a la inspiración. Para mantener el flujo de ideas constante, aprenden a encontrar fuentes de inspiración diversas y sorprendentes que alimentarán las ideas que pondrán a prueba. La práctica de alimentar este torrente continuo de ideas es transformadora para ellos, ya que es muy útil tanto en la vida cotidiana como en el trabajo creativo.

A la hora de impartir estas lecciones esenciales, pero también los hábitos y prácticas de creatividad excepcional que las acompañan, se puede decir que estás en buenas manos. Jeremy Utley y Perry Klebahn son profesores con mucho talento que ayudan activamente a los líderes y a sus organizaciones a resolver problemas del mundo real. Llevan más de una década capacitando a los estudiantes de la d.school, también son expertos y prolíficos creativos. Saben cómo funciona la creatividad y, lo que es igual de importante, lo explican con claridad en este libro.

Juntos, Utley y Klebahn han escrito un recurso esencial para empresarios, inventores, gerentes, estudiantes, líderes y cualquier otra persona que busque desarrollar más y mejores ideas de manera fiable.

DAVID M. KELLEY

DONALD W. WHITTIER
Profesor de Ingeniería Mecánica

Stanford, California
2 de febrero de 2022

¿Quién necesita ideas?

«No necesito resultados revolucionarios en mi empresa, mi trabajo o mi vida».

NADIE (nunca)

Puede que te preguntes si este libro es para ti. Lo es.

En nuestro trabajo de enseñanza y consultoría con empresarios, ejecutivos y otros líderes de todo tipo de organizaciones, a veces nos encontramos con una persona que cuestiona con orgullo el valor, incluso la necesidad, de la creatividad en su trabajo.

«Claro», nos dicen durante una de nuestras presentaciones o sesiones de formación, «algunas personas en esta sala necesitan creatividad para hacer su trabajo correctamente. Los que hacen los gráficos, por ejemplo, ellos son los que deberían quedarse hasta el final. Sin embargo, yo, como líder, lo que necesito son grandes resultados».

Para juzgar el verdadero valor de la creatividad, no solo para los diseñadores, escritores o ingenieros, sino para todos los que quieren lograr resultados de primera categoría, tenemos que definirla adecuadamente. La mejor definición que hemos escuchado proviene de un alumno de séptimo grado de Ohio, la cual compartió su profesor recientemente con uno de nuestros amigos: «La creatividad es hacer algo más que hacer lo primero que se te ocurre». En otras palabras, es la capacidad de seguir generando ideas después de la primera que es «aceptable».

Sin embargo, ¿qué es una idea? No podemos seguir adelante sin definir este término tan importante.

Una forma de pensarlo es darte cuenta de que tu cerebro nunca hace nada realmente desde cero. Siempre trabaja con la materia prima de tus experiencias. Entonces, cualquier idea es, en realidad, una nueva conexión entre dos cosas que ya estaban en tu cabeza. Cosas que has visto, oído o sentido. Toma como ejemplo estas dos ideas:

A. Las familias jóvenes con carritos de bebé tienen problemas para subir las colinas de San Francisco.
B. Cuando eras niño, tu padre tenía un cortacésped autopropulsado.

Zzzt. ¿Sentiste esa pequeña chispa? ¡Tienes una idea! Puede que los carritos de bebé autopropulsados no sean un negocio multimillonario (ni siquiera uno remotamente seguro), pero con las piezas del puzle en su sitio, tu cerebro las encajó con entusiasmo. Eso es lo que mejor hace el cerebro. Enmarca un problema, dale material y empezará a crear conexiones a diestro y siniestro, si se lo permites.

Lee este libro. Con nuestros principios y técnicas, nunca más te sentirás intimidado (o escéptico) por la necesidad de tener más ideas. Ya no te preguntarás de dónde vienen las ideas, cómo encontrar las mejores o qué hacer con ellas una vez lleguen. Como aprenderás, no hay nada nebuloso o místico en la creación de resultados innovadores. Lo que para la mayoría de nosotros ocurre al azar (la resolución creativa de problemas), puede aprenderse y dominarse como cualquier otra habilidad, tanto por parte de los individuos como de los equipos y organizaciones que forman.

No puedes elegir conscientemente crear una idea (pruébalo, ya verás). Sin embargo, las ideas empiezan a llegar una vez que has identificado un problema claro y has reunido suficiente materia prima para que el cerebro haga su trabajo. Zzzt. Es más útil pensar en ti mismo como un canal por el que pasan las ideas . Para aclarar otro concepto equivocado, los resultados no se obtienen eligiendo la idea «correcta» de una lista, sino reduciendo las ideas mediante la experimentación y la repetición en el mundo real hasta que surge una ganadora.

Eso es todo. Esa es la fórmula del éxito en todo, y solo estamos en la página dos. Por supuesto, es posible que en este momento tengas más preguntas que respuestas, pero no pasa nada. Sigue adelante. Una vez que entiendas bien qué son las ideas, de dónde vienen y cómo separar las ganadoras de las perdedoras, podrás por fin bajar el pararrayos y empezar a *crear los rayos*.

Introducción

«Las personas inteligentes son una entre un millón y a menudo no llegan a mucho. Lo que cuenta es ser creativo e imaginativo. Eso es lo que convierte a alguien en un verdadero innovador». [2]

WALTER ISAACSON

Así sea este el primer libro sobre creatividad e innovación que abres o el decimoquinto, estás buscando una manera de cerrar la brecha entre el potencial creativo y el impacto en el mundo real. No importa si esa brecha existe en ti, en tu equipo o en toda la organización. La realidad es que hay mucho más que podría lograrse si pudieras activar el potencial creativo y mejorar el rendimiento creativo.

No se trata de un conjunto de retoques o de una mejora incremental. Buscas establecer un flujo de ideas constante y fiable que dé lugar a un torrente de productos, servicios y otras soluciones exitosas. Quieres disfrutar de los beneficios tangibles del pensamiento innovador dando rienda suelta a tu propio potencial y el de los que te rodean.

En lo que se refiere a lograr nuestras metas, coger este libro es una de las mejores ideas que has tenido.

No importa si te consideras una persona creativa. De hecho, no creemos que exista tal cosa, se trata de si alguien ha desarrollado o no un conjunto de habilidades creativas. La creatividad no es un don reservado a unos pocos, sino que se aprende, y, si aún no lo has hecho, es simplemente una cuestión de conocimiento, tiempo y esfuerzo. Nosotros te ayudaremos con la primera parte, pero el resto depende de ti.

Del mismo modo, las organizaciones creativas no surgen por accidente. Se construyen con un propósito. Nike y Apple fueron diseñadas por personas que entendían cómo funciona la creatividad. Phil Knight y Steve Jobs cultivaron deliberadamente el ecosistema que la creatividad necesita para prosperar. Estos líderes priorizaron los requisitos de la creatividad junto con los de los beneficios y el crecimiento porque entendieron que el primero alimenta a los otros dos. Las potencias innovadoras como estas son raras precisamente porque las habilidades creativas son muy poco comunes entre los líderes empresariales. Eso es lo que hace que la creatividad sea un rasgo de liderazgo superlativo: te distingue como nada más puede hacerlo.

Steve Jobs atribuyó a sus estudios de caligrafía en el Reed College en los años setenta el refinamiento de su sensibilidad estética.[3] Defenderíamos que esta experiencia temprana influyó en algo más que en la tipografía del primer sistema operativo Macintosh. El uso de la pluma y la tinta enseñó a Jobs cómo funciona la creatividad en la práctica. Le proporcionó un conocimiento práctico del proceso que le convirtió en un catalizador mucho más eficaz de la creatividad y la innovación en los demás.

Los líderes que no entienden cómo funciona la creatividad tienen dificultades para fomentarla en los demás, y no hablemos de aprovechar su poder para su organización. Veremos ejemplos de este punto ciego a lo largo de este libro. En la mayoría de los casos, el flujo de ideas se ve interrumpido no por los individuos de un equipo, sino por el líder bienintencionado y equivocado que está tan obsesionado con la viabilidad y la relevancia que cualquier divergencia del *statu quo* es inmediatamente sofocada. Imagina a Steve Jobs diciendo: «¿Queréis dejar de hablar de teléfonos móviles? Somos una empresa de ordenadores». Él sabía muy bien que hay que ver el bosque antes de concentrarse en el árbol.

Incluso los directores generales que creen en la importancia de la creatividad suelen fallar al protegerla, apoyarla o incentivarla cuando ellos mismos no operan de forma creativa. A pesar de sus buenas intenciones, sencillamente no saben lo que una creatividad sólida necesita, ni lo cruciales que son esos requisitos. ¿Cómo podrían saberlo? La formación tradicional en materia de liderazgo y gestión, que da prioridad a la eficiencia sin errores, es contraria a la creatividad, la cual implica divergencias y callejones sin salida. El enfoque que funciona en todos los demás ámbitos falla en este. Se necesita una comprensión clara de cómo funciona la creatividad para que se le otorgue su lugar especial en el trabajo. Una vez que se ha adquirido el hábito creativo, la comprensión se amplía. Cuando un estudiante acudía al legendario Bob McKim de Stanford para que le diera su opinión sobre una idea, él se negaba: «Enséñame otras tres ideas primero». Como ingeniero, McKim entendía cómo funcionan las ideas a un nivel fundamental. Por eso era tan bueno para inspirar la creatividad de los demás.

Todo esto es una muy buena noticia para quienes no se consideran creativos. La creatividad puede aprenderse y, al aprender a utilizarla, se aprende a apoyar adecuadamente los esfuerzos creativos de los demás. Esto significa que tú también puedes construir o liderar una organización capaz de ser creativa e innovadora a escala mundial. Sin embargo, para conseguirlo, tendrás que dejar de lado cualquier mitología sobre la creatividad que puedas haber adquirido por el camino. La creatividad es el arte de resolver problemas. La pintura y la poesía recurren a ella, pero también las fusiones y adquisiciones. En los negocios, la creatividad es tan fundamental y práctica como el sistema de contabilidad de doble entrada porque acelera todos los demás esfuerzos.

Nos parece útil pensar en ello de esta manera: si supieras de antemano cómo resolver un problema, no sería realmente un problema. Al menos, no de la forma en que pensamos en los problemas. Un problema que sabes resolver es en realidad una tarea, una acción que requiere una cantidad determinada de tiempo y esfuerzo para completarla. Un maletero lleno de comida que hay que descargar no es un problema en sí mismo. Tampoco lo es una bañera que hay que fregar. «Resolver» este tipo de problemas es simplemente una cuestión de hacerlo lo más rápida y eficientemente posible. Solo cuando el enfoque habitual fracasa, te ves obligado a pensar en algo nuevo. ¿Qué haces cuando descubres que se ha ido la luz en la casa y la nevera está tibia? Ahora esos comestibles son un problema. Un verdadero problema solo responde a una cosa: las ideas. Desde esta perspectiva, todo problema es un problema de ideas. Por lo tanto, la creatividad no es solo «un nuevo eslogan» o «un nuevo producto». Se trata de «¿cómo cierro este trato?» o de «¿cómo enmarco este importante correo electrónico?». En última instancia, la creatividad es la forma en que tu contribución pasa de ser incremental a exponencial.

Con el sistema de innovación que hemos desarrollado, en el que confían y en el que se apoyan las mejores organizaciones de todo el mundo, sabrás exactamente cómo abordar cualquier problema con eficacia, minimizando los riesgos y maximizando las probabilidades de éxito. Y lo que es mejor, serás capaz de comunicar y catalizar este sistema con grupos de todos los tamaños, integrando en tu equipo u organización un riguroso enfoque de innovación y, por consiguiente, potenciando los esfuerzos de todos los miembros.

Lo que realmente distingue nuestro método creativo es su implacable enfoque en un concepto que llamamos «flujo de ideas». Definiremos este término de forma más específica en el próximo capítulo, pero lo esencial es que la cantidad impulsa la calidad. Más producción equivale a mejor producción. El talento, la genialidad y la suerte tienen menos que ver de lo que se cree con la calidad y la consistencia de los resultados del mundo real.

A la larga, los métodos ganan a las musas.

La belleza del flujo de ideas como concepto y enfoque de la creatividad es que, al aumentar el número de ideas que generamos, reducimos drásticamente la presión y el estrés que conlleva todo el proceso de generación de ideas, a la vez que aumentamos las probabilidades de éxito y reducimos los costes y los riesgos a un mínimo absoluto.

Tanto si quieres desarrollar tu propia capacidad creativa como si quieres establecer un laboratorio de innovación a gran escala en una organización de la lista *Fortune 500*, este libro te ayudará a resolver de manera permanente el problema de resolver problemas.

~

Todo esto suena bien, ciertamente, pero ¿por qué deberías creer algo de esto?

Nosotros dos, Jeremy Utley y Perry Klebahn, enseñamos innovación, liderazgo y emprendimiento en el Instituto de Diseño Hasso Plattner de Stanford. El Instituto, conocido coloquialmente como d.school, es un lugar extraordinario. Es lo que nos unió y lo que sigue dándonos la oportunidad de aprender y colaborar con un conjunto inigualable de profesionales y educadores de talla mundial. Nuestros increíbles colegas y estudiantes, actuales y pasados, son una gran parte de lo que ha hecho posible que escribamos este libro. (Gracias a todos vosotros).

Perry empezó a enseñar diseño de productos en Stanford en 1996 mientras dirigía una empresa de raquetas de nieve que había fundado. Incluso mientras alcanzaba puestos de liderazgo en Timbuk2 y Patagonia, Perry siguió dedicando tiempo para la enseñanza y, en 2006, pidió una baja para cofundar la d.school.

En 2010, Stanford pidió a Jeremy, que acababa de terminar una beca allí, que ampliara el programa de educación ejecutiva de la d.school. Aunque estaba emocionado por la oportunidad, Jeremy no pudo evitar darse cuenta de que los otros programas de la d.school estaban dirigidos por parejas complementarias. Pidió un colaborador. Perry había renunciado hacía poco a su puesto de director general de Timbuk2 para enseñar en Stanford a tiempo completo, y congeniamos enseguida. Juntos, junto a un increíble equipo de educadores y profesionales del diseño de talla mundial, hemos convertido el programa de educación ejecutiva de la d.school en el mejor del país.

Además de nuestro trabajo con los estudiantes de posgrado de Stanford, hemos pasado la última década mostrando a empresarios, gerentes y líderes de organizaciones de todos los tamaños y sectores cómo impulsar la innovación disruptiva. Utilizamos la palabra «disruptiva» en un sentido muy específico. Para ser disruptiva, la nueva forma de hacer algo debe superar a la antigua. Diseñar una válvula termoiónica que se queme con menos frecuencia es una innovación habitual. El diseño del transistor, que en principio deja obsoletas a las válvulas termoiónicas, es una innovación disruptiva. Para que quede claro, esto da miedo, sobre todo si eres un fabricante de válvulas termoiónicas. Una vez que te vuelves realmente innovador, empiezas a sentirte como si estuvieras siempre a punto de quedarte fuera del negocio. En el buen sentido.

Hoy, todas las empresas construyen carros de caballos en el Detroit de principios de siglo. [4] Innovaciones tan disruptivas como el transistor ya no se producen cada década, como antes. Hemos entrado en una era de disrupción continua. Las habilidades que enseñamos en Stanford ya no son cruciales solo para el éxito empresarial de Silicon Valley, sino para la supervivencia de cualquier organización. A medida que la tecnología avanza, las empresas deben adaptarse y evolucionar a un ritmo mucho más rápido que antes. El ritmo no hará más que acelerarse.

En Stanford, colocamos a nuestros estudiantes en organizaciones reales para que dirijan los esfuerzos de innovación. Este programa proporciona una sólida fuente de conocimientos. Asimismo, nuestro trabajo enseñando innovación a ejecutivos de empresas multinacionales nos ofrece un laboratorio inigualable para explorar métodos de enseñanza y estilos de aprendizaje. Por último, dirigimos un programa de incubación, *Launchpad*, cuyos alumnos han recaudado más de mil cien millones de dólares en capital riesgo. Esto también ha demostrado ser una fuente de resultados empíricos para estudiar. Hoy en día, sesenta y cinco empresas del *Launchpad* están activas en el mercado, y aprendemos tanto de las que fracasan como de las muchas que han tenido éxito. A través de todas estas experiencias dispares, no hacemos más que confirmar nuestra creencia fundamental de que la creatividad funciona más o menos de la misma manera para todos y en todos los contextos. Esto significa que las mejores prácticas que hemos desarrollado se aplican a ti y a tu organización, tanto si estás autofinanciando una microempresa como si diriges un equipo de cientos de personas.

Parte de nuestro éxito como colaboradores se debe a una oportunidad fortuita al principio de nuestro trabajo juntos. El legendario profesor de gestión Bob Sutton nos invitó a unirnos a él en un trabajo de asesoramiento empresarial en Singapur. Nuestras agendas estaban llenas, pero no se le puede decir que no a Bob Sutton. Resultó que ambos disfrutamos enseñando a los ejecutivos cómo resolver problemas de ideas del mundo real de forma más eficaz. Antes de darnos cuenta, estábamos dando la vuelta al mundo: Rusia, Taiwán, Nueva Zelanda, Malasia, Israel.

Desde hace una década, hemos llevado a cabo un esfuerzo de innovación tras otro en organizaciones de todo tipo. Qué regalo ha resultado ser esto. Por muy divertidos que sean nuestros programas de Stanford, el ciclo de aprendizaje es restringido. Solo tenemos un número limitado de intentos para probar cosas nuevas. A diferencia de las aulas, donde se espera que los profesores lleguen con un plan de estudios fijo, el entorno empresarial permite un enfoque más fluido. Los directivos entienden que las necesidades de cada empresa son únicas, por lo que no se espera que todo lo que probemos funcione a la perfección. Esto nos da permiso para asumir riesgos. Entonces, experimentamos con nuestros clientes, cambiando los métodos que enseñamos para ver qué es lo que funciona con diferentes equipos y en diferentes escenarios. Los descubrimientos que hacemos sobre el terreno se incorporan a los programas emblemáticos de la d.school. (A medida que vayas leyendo, verás cómo esta disposición combina todos los elementos de un laboratorio de innovación eficaz). Es en el mundo empresarial donde obtenemos nuestro mejor material. La mayoría de los ejemplos de este libro se han extraído de nuestras experiencias personales trabajando en proyectos del mundo real con estudiantes, directivos, líderes y fundadores.

En el campus, enseñamos la innovación no solo a los ejecutivos, sino a todo el mundo, desde aspirantes a abogados y médicos hasta periodistas e informáticos en ciernes. Aunque sus futuras profesiones no podrían ser más dispares, todos estos alumnos ven el valor del conjunto de herramientas creativas que ofrece ahora este libro. Nuestros programas no existen en él sin un contexto. Si nuestro enfoque no se tradujera en resultados innovadores, los estudiantes acudirían a Harvard o Princeton. Sin embargo, nuestros programas están llenos; los principales bancos, fabricantes y minoristas siguen llamando a nuestra puerta, y nuestros cursos en línea están entre los más populares de Stanford. No lo mencionamos por egocentrismo, sino como prueba de que la creatividad no tiene nada de místico ni de aleatorio. Con las técnicas adecuadas, cualquiera puede dominarla. Incluido tú.

~

Capítulo a capítulo, este libro te enseñará los hábitos y las técnicas necesarias para generar, probar y poner en práctica ideas rompedoras. Aunque se puede dejar y retomar el material, lo mejor es leer *Flujo de ideas* de principio a fin y seguir nuestros consejos en orden. El libro se divide en dos partes: innovar, donde explicamos todo el proceso desde la ideación hasta la experimentación, y elevar, donde ofrecemos nuestras técnicas más poderosas para mejorar los resultados creativos. Independientemente de tu profesión o sector, la lectura de ambas partes de este libro transformará tu enfoque de la creatividad y la resolución de problemas. Y lo que es más importante, te ayudará a organizar, dirigir, amplificar y potenciar los esfuerzos de tus compañeros, colegas y colaboradores directos. En definitiva, este sistema puede ampliarse para potenciar la producción de innovación de toda una organización. La creatividad nunca es realmente una hazaña solitaria, incluso si se trabaja principalmente solo. Siempre conseguimos nuestro mayor impacto trabajando a la par con otros. Una de las principales ventajas de nuestro sistema es la forma en que nos ayuda a sacar lo mejor de cada uno y a combinar nuestras contribuciones únicas para lograr un objetivo mayor.

«Estoy impresionado por lo emocionada que está esta gente», le susurró Robb Webb, director de recursos humanos de Hyatt, a Jeremy durante una sesión. «No recuerdo la última vez que vi a un equipo tan entusiasmado con los proyectos en los que están trabajando». Años más tarde, cuando nos pusimos en contacto con Robb para asegurarnos de que recordábamos correctamente este comentario, tuvo más que decir con la ventaja de la retrospectiva: «Esto solucionó una necesidad que todos teníamos. Sin quererlo, habíamos estado eliminando la humanidad de nuestro trabajo diario. Me di cuenta de lo importante que era la creatividad cuando una de nuestras directoras generales dijo que le recordó por qué se había enamorado de la hostelería».

Empieza contigo mismo. Tanto si eres un colaborador como un líder, hablar es fácil. Cambiar tu propio comportamiento impulsa un cambio duradero y significativo en los demás, más que ninguna otra cosa. Recomendar este libro en la próxima reunión de empleados no hará el cambio más significativo. Tampoco lo hará un correo electrónico a toda la empresa instando a la gente a leerlo. (Siéntete libre de hacer ambas cosas, por supuesto). Basándonos en nuestros años de experiencia observando el éxito (y el fracaso) del cambio dentro de los equipos y en todas las organizaciones, te pedimos que te comprometas, desde el principio, a adoptar estos métodos tú mismo antes de pedir a tus colegas que lo hagan. Si la gente no ve que tú inviertes en el arduo trabajo de la innovación, no harán el esfuerzo necesario ellos tampoco. Da ejemplo. Lidera la carga. Demuestra tu voluntad de afrontar el miedo. Sí, el miedo, porque el miedo es lo que realmente se interpone en el camino de la mejora. ¿Dudarías en probar algo nuevo si su éxito estuviera garantizado? Por supuesto que no. Sin embargo, eso nunca ocurre en la vida real. Cualquier producto o servicio nuevo puede fracasar con los clientes. Cualquier mejora de un proceso puede tener consecuencias imprevistas. Las ideas son intrínsecamente arriesgadas. Si no aprendes a sopesar los riesgos de probar cosas nuevas frente a los peligros del estancamiento, el miedo siempre te impedirá alcanzar tus mayores logros.

El movimiento más arriesgado es no hacer nada. Las condiciones siempre cambian. Si tienes demasiado miedo de saltar a la siguiente placa de hielo, la que está bajo tus pies acabará derritiéndose de todos modos. Por supuesto, si ves la innovación como algo que exige grandes cantidades de esfuerzo, plantea enormes riesgos y ofrece malos resultados, solo elegirás la mediocridad. Sin embargo, este libro te mostrará lo que los emprendedores y las organizaciones más exitosas del mundo ya comprenden: un enfoque eficaz para la resolución creativa de problemas reduce el esfuerzo, minimiza el riesgo y mejora los resultados. Si no nos crees, compara una lista de las empresas más innovadoras del mundo con una lista de las empresas más rentables del mundo. Aparte de las empresas de combustibles fósiles, a las que les vendrían bien algunas innovaciones disruptivas, encontrarás básicamente la misma lista de organizaciones, lo cual no es una coincidencia.

Deja de lado tus ideas preconcebidas sobre cómo funciona la creatividad, el riesgo que representan las ideas o el valor que pueden ofrecer los nuevos enfoques. Los retos actuales exigen innovación a un nuevo nivel. De tu organización. De ti mismo. Arremángate y ponte a trabajar.

Primera parte

INNOVAR

1

Mide el éxito del mañana
con las ideas de hoy

«Se resiste la invasión de los ejércitos; no se resiste la invasión de las ideas». [5]

VICTOR HUGO

Una fría mañana de abril en Ventura, California, Perry se dio cuenta de que se había quedado sin ideas.

Al salir de su coche en la sede de Patagonia, con el jersey de lana subido hasta la barbilla y un café caliente en la mano, Perry se sentía exitoso y poderoso. Era el año 2002, y era responsable de una buena parte de las ventas y operaciones de la querida empresa de ropa para actividades al aire libre fundada por el iconoclasta escalador y herrero Yvon Chouinard. Los meses anteriores, desde los trágicos acontecimientos del 11 de septiembre, habían sido increíblemente estresantes para todo el mundo, pero al menos en aquel momento, las cosas empezaban a parecer normales de nuevo. Perry tenía la suerte de trabajar en una gran empresa con valores extraordinarios, y sus colegas eran estupendos. Aquella mañana, se sentía bien al respirar profundamente el aire salado del océano y dar la bienvenida a la primavera.

Sin embargo, la sensación de optimismo de Perry se enfrió más rápido que su café al revisar los estantes con la nueva colección de ropa para la temporada de primavera del año siguiente. *Ese* fúnebre surtido se enviaría a las tiendas de Patagonia y a otros innumerables minoristas de todo el país… *¿Esas* prendas monótonas e incoloras eran la idea que tenía Patagonia de la exploración y la renovación veraniegas? Perry se obligó a beber un sorbo de café, ya tibio.

Intentando (sin éxito) parecer despreocupado, Perry se dirigió la encargada de producto que se hallaba organizando todo para la revisión del equipo de producto.

«Buenos días, Adrienne», dijo, obligándose a respirar. «La línea de productos parece un poco… oscura para una línea de primavera, ¿no crees? ¿Dónde están las nuevas combinaciones de colores?». Hubo un silencio incómodo antes de que ella respondiera.

«¿Nuevas combinaciones de colores?». Perry sonrió con más fuerza e inclinó la cabeza hacia los desalentadores estantes de ropa negra y gris, como si dijera: «Los colores que aún no están aquí, pero que sin duda deben estar en camino». En ese momento, el rostro de Adrienne mostró algo de ese color que faltaba.

«Perry», dijo, «nos dijiste que teníamos que centrarnos en los modelos más vendidos».

Perry se mordió la lengua. Era cierto. Lo había dicho. De alguna manera, ir a lo seguro había tenido mucho sentido en su momento. Sin embargo, al ver que la línea de primavera de Patagonia parecía el armario de un funerario, ya no lo tenía tanto. Al ver un estante tras otro de ropa negra y gris, se imaginaba el discordante efecto que tendrían esas prendas en las brillantes y acogedoras tiendas de Patagonia. Deprimente. Esa era la consecuencia de una decisión tomada, sobre todo, para evitar riesgos. Sin embargo, al reducir sus opciones en busca de «seguridad», Perry había asumido un riesgo terrible.

«¿Cuándo crees que podemos conseguir algo de variedad?», preguntó Perry, manteniendo esa sonrisa falsa pegada a su cara. «Las cosas están volviendo a la normalidad. Los clientes están volviendo a las tiendas. Creo que estarán listos para un poco de color para la próxima primavera».

«Estás bromeando, ¿verdad?», respondió Adrienne, sin hacer ningún esfuerzo por imitar la sonrisa de Perry. «Sabes que nuestro plazo de entrega estándar es de dieciocho meses».

«¡Dieciocho meses!» pensó Perry. «¿Cómo hago para que las ideas de hoy lleguen a la empresa de ayer y podamos seguir teniendo un mañana?» Tiró su taza fría a medio terminar en una papelera. Hora de ponerse a trabajar.

EL PELIGROSO NEGOCIO DE LAS NUEVAS IDEAS

Como hemos dicho, una idea es simplemente una nueva conexión entre dos cosas que ya estaban flotando en tu cabeza. Cuando le das a tu cerebro un problema para que lo resuelva, se pone a trabajar, en segundo plano, mezclando piezas dispares de conocimiento y experiencia de diferentes maneras hasta que se le enciende una bombilla. «¿Funcionará esto?». Puede que sí, puede que no, pero no quieres cortar el flujo de ideas todavía, así que dices: «¡Buen trabajo, cerebro! ¿Qué más tienes?».

Un problema, como hemos dicho, es cualquier cosa que no sepas hacer. Puede ser cualquier cosa, desde «¿Cómo alcanzamos el objetivo de ingresos del próximo trimestre?» hasta «¿Qué colores deberíamos ofrecer para los pantalones de nieve de esta temporada?». La eficacia en el mundo real de cualquier solución potencial se desconoce hasta que se prueba, por lo que cada idea representa un riesgo. Olvídate de la posibilidad de un fracaso catastrófico; en muchos casos, simplemente no funcionará.

Por tanto, abordar un problema desconocido —o buscar una solución mejor para uno conocido— requiere no solo ingenio, sino valor y vulnerabilidad. La voluntad de mostrar tus ideas y cometer algún que otro error. La ironía del proceso creativo es que limitamos nuestra creatividad justo cuando más la necesitamos, tal como ilustra la experiencia de Perry en Patagonia. Cuando estamos bajo presión, recurrimos al enfoque conocido y familiar, incluso cuando es evidente que no es suficiente. Nos parece más seguro fracasar haciendo lo esperado que arriesgarnos a parecer tontos probando algo nuevo.

Utilizando el sistema propuesto en este libro, desaprenderás este instinto defensivo para poder mantener un flujo constante de nuevas ideas en circunstancias adversas. Debes aprender a confiar en tu ingenio. Si puedes mantener el flujo de soluciones potenciales tanto en los buenos como en los malos momentos, podrás superar cualquier desafío. La creatividad abundante y la capacidad de ejecutarla representan una ventaja competitiva extraordinaria. Para entender por qué, volvamos a Patagonia.

Hay tiempos difíciles, y luego hay catástrofes. Tras los trágicos acontecimientos del 11 de septiembre de 2001, nadie supo cómo reaccionar. Más allá de la sensación de amenaza existencial hacia Estados Unidos que muchos sintieron en ese momento, más allá del *shock* psíquico que supuso el asesinato no provocado de miles de civiles, los atentados perturbaron la vida cotidiana de todos los estadounidenses. Todo se detuvo. Un cielo sin aviones era solo el aspecto más visible de esta parálisis colectiva. En los días y semanas posteriores a la caída de las Torres Gemelas, la «normalidad» comenzó a sentirse como un recuerdo lejano. La gente operaba en un estado de vigilancia incesante. ¿Quién era el responsable de los atentados? ¿Habría más? ¿Qué pasaría después?

Naturalmente, el gasto discrecional se redujo después de los atentados. Las empresas de todo el mundo se enfrentaron a una dura decisión tras otra. La ralentización podría durar años, especialmente si se producían más atentados. ¿Cómo iban a sobrevivir el siguiente trimestre, por no hablar de cumplir sus metas y objetivos? En Patagonia, Perry y el resto del equipo directivo se enfrentaron a la presión de tomar medidas decisivas. La empresa estaba en proceso de comprar millones de dólares en materias primas para la próxima temporada. Apostar por el futuro parecía, bueno, arriesgado, así que, como casi todos sus competidores ese otoño, Perry había recortado el pedido de materias primas en un gran porcentaje para ajustarse a la caída de la demanda. En cuanto a dónde hacer esos recortes, ofreció una orientación clara a los comerciantes: «Mantengamos los favoritos que sabemos que podemos vender».

No hace falta una oleada de atentados terroristas para inspirar una toma de decisiones cortoplacistas y autodestructivas. La mayoría de nosotros intentamos algo nuevo solo cuando estamos desesperados. Consideramos las posibles pérdidas mucho más relevantes que las posibles recompensas. Esta aversión a la pérdida existe por una buena razón. Si un humano prehistórico confundía un arbusto con un león, podía echarse unas risas. Sin embargo, confundir un león con un arbusto no era bueno para nadie más que para el león. El instinto más arraigado nos dice que es más seguro mantenerse alejado de los arbustos en general, aunque algunos puedan esconder frutos sabrosos. Para intentar algo nuevo, hay que luchar contra el sesgo del cerebro. Sin embargo, el problema, cuando se trata de nuestras ideas, es que somos terribles a la hora de distinguir las ganadoras de las perdedoras hasta que las probamos. Veremos muchos, muchos ejemplos de esto a lo largo del libro. Según nuestra experiencia, cuanto más experimentado y exitoso es el innovador, menos confía en su propia capacidad para elegir a las ganadoras a primera vista. Nunca hay que elegir cuando se puede probar.

Para una empresa de ropa de exterior como Patagonia, los básicos negros y grises son las opciones «seguras». Cuando al equipo creativo se le dijo que apostara a los favoritos, eso significaba que no podía ser nada nuevo ni colorido. Se archivaron docenas de nuevos productos en desarrollo. El arcoíris de colores se desvaneció. En aquel momento, esa estrategia tenía sentido. ¿Qué pasa si la gente no quiere rosado la próxima primavera debido al clima nacional de ansiedad? ¿O qué pasa si querían el rosado, pero no el cerúleo? Todo el mundo puede estar de acuerdo con el negro.

¿No es así?

Sin embargo, cuando llegó la nueva línea de primavera para su revisión, la vida en Estados Unidos estaba volviendo a la normalidad. Y lo que es más importante, mucha gente estaba preparada para ponerse las botas de montaña y aventurarse de nuevo al aire libre para escapar de la depresión de la nueva guerra contra el terrorismo. Sin embargo, cuando estos clientes entraban en las tiendas de Patagonia para equiparse para estas excursiones tan necesarias, se encontraban con una gama de opciones tan lúgubres como el mundo que intentaban dejar atrás. Estanterías de chubasqueros negros hasta donde alcanzaba la vista. Nada más lejos del ambiente de renacimiento y renovación que la gente buscaría esa primavera. La apuesta segura de la Patagonia había demostrado ser cualquier cosa menos eso.

Al darse cuenta de la magnitud de su exceso de corrección, Perry descubrió que al cerrar la espita creativa de los diseñadores —una decisión que, en sentido comercial, era perfecta— se había quedado sin opciones. No tenía forma de adaptarse a una situación inesperada. Al reducir el flujo de la cadena creativa que va de la inspiración a las ideas, de los experimentos a los productos, Perry se había asegurado de que tardaría un tiempo dolorosamente largo en poner en las tiendas una gama de ropa más vibrante. Por supuesto, tenía que tomar medidas para proteger a la empresa en circunstancias adversas, pero, como veremos, también podría haberse dejado opciones en previsión de más de un posible giro de los acontecimientos. (¡Si hubiera tenido este libro en ese momento!). Por suerte, aunque el tráfico en las tiendas fue escaso esa primavera, Patagonia se salvó por el hecho de que sus principales competidores habían caído en la misma trampa. Si Patagonia hubiera dejado abiertas algunas opciones, podría haber arrasado con esos competidores.

Como descubriremos, nunca es seguro detener el flujo de nuevas ideas de forma definitiva, independientemente de las perspectivas y las condiciones externas. Detener la innovación, aunque sea un momento, tiene un efecto duradero. Dado que sopesamos más los riesgos que las recompensas, desalentar la creatividad no supone ningún esfuerzo en comparación con fomentarla, lo que requiere un trabajo constante y paciente. Las ideas no se generan de la noche a la mañana. Hay que hacer que fluyan en los buenos y en los malos momentos. Las ideas son soluciones a problemas futuros. Representan los beneficios del mañana. Sin ideas, no hay mañana. Por eso, medir la capacidad de innovación de la organización es la mejor manera de medir el éxito antes de que se produzca.

TODO PROBLEMA ES UN PROBLEMA DE IDEAS

¿Qué tan creativo eres? ¿Qué tan creativo es tu equipo u organización? A primera vista, esto podría parecer un *kōan*, un rompecabezas esotérico del tipo «¿Qué es el sonido de una mano aplaudiendo?». Pero la creatividad es concreta. Cuando se presenta un problema (ya sea «¿cuál debería ser el eslogan del producto?» o «¿cómo vamos a ahorrar el próximo trimestre?») o se tienen nuevas ideas o no. Lo bueno y lo malo aún no entra en juego. En la mayoría de los casos, no se puede juzgar realmente el mérito de una idea hasta que se haya probado en el mundo real. Al principio, solo necesitas muchas ideas. Cuando se trata de creatividad, la cantidad impulsa la calidad.

La medida más útil de la creatividad que hemos encontrado es la siguiente: el número de ideas novedosas que una persona o grupo puede generar en torno a un problema determinado en un tiempo determinado. A esta medida la llamamos flujo de ideas. Una organización con un bajo flujo de ideas tiene problemas porque se está quedando sin un recurso esencial. Sus líderes saben que hay un problema, pueden ver que el progreso se está estancando, pero no pueden identificar la escasez que está sofocando su potencial. Aunque la ejecución adecuada de las ideas es crucial, el flujo de ideas es la base, la fuerza esencial que impulsa todo el éxito futuro.

Puede que te preguntes si es práctico prestar tanta atención a la generación indiscriminada de nuevas ideas en lugar de, por ejemplo, una métrica más orientada a los resultados como las patentes generadas o las nuevas iniciativas lanzadas. El problema es que esos indicadores rezagados te dicen que hay un problema cuando ya deberías haberlo resuelto hace mucho tiempo. Ninguna medida es tan útil para diagnosticar los problemas de innovación a tiempo para resolverlos como el flujo de ideas. El seguimiento de los nuevos productos y servicios no te indicará los fallos de tu proceso de innovación antes de que sea demasiado tarde. Piensa en el tiempo de espera de dieciocho meses de Patagonia. Además, los resultados se manifiestan de diferentes maneras. Algunas empresas lanzan constantemente nuevos productos o servicios: compañías discográficas, fabricantes de juguetes, empresas incipientes. Otras, como empresas de automóviles, bufetes de abogados, bancos, perfeccionan continuamente un puñado de ofertas básicas. Para tener una idea clara y coherente de cuándo la creatividad necesita un impulso, hay que ir río arriba y observar la fuente.

El flujo de ideas es un indicador útil para medir la capacidad de innovación, ya que la capacidad de generar una avalancha de ideas a demanda se correlaciona con la salud creativa general. Es un barómetro: no indica dónde está cada nube, sino que se avecina una tormenta. Cuando el flujo de ideas decrece, como cuando la decisión de Perry de «apostar a los favoritos» ahogó las contribuciones en Patagonia, te indica que hay un gran problema en tu cultura creativa. Por ejemplo, al percibir la caída del flujo de ideas en el equipo de diseño, Perry podría haber acudido a ellos y pedirles nuevas ideas sobre cómo reaccionar ante la baja de los pedidos. Optar por una colección primaveral totalmente monótona era un enfoque, pero podría haber tenido muchos otros en cuenta.

El flujo de ideas debería ser un indicador de rendimiento clave en el radar de todo líder. Hacer un balance del flujo de ideas personal y de la organización es una forma rápida y sencilla de marcar una línea creativa de base y trazar el progreso.

Durante muchos años, los beneficios de Amazon no se parecían en absoluto a la capitalización bursátil de AMZN. Wall Street apostaba por el futuro que Jeff Bezos quería construir. Diríamos que el precio de las acciones de Amazon reflejaba el flujo de ideas de la empresa fuera de los gráficos. Para una empresa que cotiza en bolsa, ese valor proyectado tardó un tiempo inusualmente largo en manifestarse en sus métricas empresariales tradicionales. Sin embargo, el potencial de la empresa era visible desde el principio en su extraordinario flujo de ideas y su incesante compromiso con la experimentación. Como siempre, la mentalidad creativa de una empresa se extiende desde la cúpula. Incluso antes de fundar Amazon, Bezos «anotaba constantemente ideas en un cuaderno que llevaba consigo, como si pudieran huir flotando de su mente si no las anotaba». [6] Tampoco apreciaba estas ideas. Como líder, Bezos «abandonaba rápidamente las viejas nociones y adoptaba otras nuevas cuando se presentaban mejores opciones». Modelar uno mismo los buenos hábitos creativos es la forma más eficaz de cultivar y dar energía a un equipo u organización creativa. Como director ejecutivo, Bezos modeló un enfoque que se propagó por toda la empresa a medida que sus ambiciones crecían más allá de la venta de libros en internet.

Quizá pienses que la comparación no te sirve porque la disrupción es esperada en algo como el comercio electrónico. Entonces, ¿es tu situación diferente porque tu sector no se enfrenta a ninguna perturbación? Si tu negocio es de algún modo inmune a las fuerzas que afectan al resto de la economía mundial, háznoslo saber y tendrás nuestros currículums por la mañana.

Está claro que Jeff Bezos ha demostrado una enorme clarividencia en su carrera. Sin embargo, no atribuyas al talento o a la suerte lo que fue impulsado por la habilidad y el esfuerzo. No hay que ser capaz de ver el futuro para construir uno exitoso para tu organización. Un ensayo aleatorio y controlado en el que participaron más de cien incipientes empresas italianas demostró que los emprendedores formados en un enfoque riguroso para generar y validar ideas de negocio —como la mentalidad y el método que defendemos en este libro— superaron a sus competidores en un grupo de control. [7] Basándonos en nuestra experiencia trabajando con cientos de emprendedores en el *Launchpad* de Stanford, este hallazgo no es ninguna sorpresa.

Aunque aceptes que el flujo de ideas impulsa la innovación, es posible que no veas la necesidad de hacerlo tú mismo. Quizá te preguntes si este libro está escrito para ti, y si no es mejor que esté en manos de algún prometedor empleado en un puesto «creativo». Un becario en el departamento de diseño, tal vez. En una organización típica solo unas pocas personas son llamadas explícitamente a dibujar cosas, nombrar productos, acuñar eslóganes para campañas publicitarias o ser «creativos» en un sentido convencional. Para el resto de nosotros, no hay un cuaderno de bocetos literal al que acudir. Tanto si eres director de marketing como director de la NASA, tanto si tu empresa acaba de conseguir su primera ronda de financiación como si tu proyecto inmobiliario acaba de entrar en su primera fase de construcción, gran parte de tu día consiste en correos electrónicos, reuniones y llamadas. Claro que tomas decisiones, pero ¿con qué frecuencia necesitas nuevas ideas en sí? ¿Con qué frecuencia te encuentras estirado en un sofá de la oficina en un estado de contemplación creativa, jugueteando con un cubo Rubik o algo así? Ese no es tu caso. No es el de la mayoría de nosotros. *Pero eso tampoco es creatividad.* La verdadera creatividad es menos dramática y más universal de lo que crees.

La gruesa línea roja que separa a los creativos de todos los demás en una empresa se basa en un profundo malentendido de lo que es la creatividad, cómo funciona y para qué sirve. Cada vez que llega un nuevo grupo a la d.school de Stanford, empezamos por desengañar a los estudiantes entrantes de todas sus nociones contraproducentes sobre la creatividad. Los ejecutivos, en particular, llegan con la idea de que la creatividad es una habilidad reservada para los artistas y escritores, no para la alta dirección. Como se ha dicho en la introducción, recurrimos a nuestra creatividad cada vez que resolvemos un problema.

¿Cómo sabes cuándo tienes un problema y no una tarea?

Los problemas te mantienen despierto por la noche. Te sacan del momento en que deberías estar disfrutando con la familia del fin de semana. Si sigues releyendo la misma frase de un artículo que estás intentando terminar, tienes un problema, y un problema solo responde a una cosa, no al trabajo duro. No a las horas de dedicación. No a una actitud de proactividad. *Las soluciones*, y cada una de ellas comienza como una idea. Una de tantas. Esto nos lleva a la sencilla pero profunda idea que impulsa nuestro trabajo en la d.school de Stanford, la idea que constituye el núcleo de este libro: Todo problema es un problema de ideas.

¿Por qué es esto tan importante? ¿Por qué hacen las ramificaciones que salgamos de la cama cada mañana para enseñar y escribir y trabajar con líderes de grandes empresas de todo el mundo? Porque aprender a generar, probar, perfeccionar e implementar ideas de forma sistemática facilita todos los aspectos de la vida y el trabajo. Es la llave maestra, la metahabilidad que libera el potencial oculto. Si no ves ese correo electrónico frustrante o esa conversación que te da miedo como un problema de ideas que necesita un pensamiento creativo, te dará miedo enfrentarte a él. Lo dejas para más tarde cuando no sabes cómo proceder, y piensas erróneamente que deberías tener una solución a mano. Una vez que identificas estos problemas como problemas que exigen una nueva forma de pensar, como problemas de ideas, te das cuenta de que tienes una caja de herramientas. Sabes qué hacer a continuación: ser creativo. Se necesita práctica para reconocer que un nudo en el estómago es una señal para dar rienda suelta a la creatividad, pero una vez que se le coge el truco, se convierte en el máximo momento de «eureka», aunque técnicamente aún no se haya resuelto nada. Qué alivio saber que no sabes.

Hasta ahora, tu caja de herramientas creativas contenía un surtido desordenado de consejos, trucos y técnicas reunido a lo largo de una vida de ensayo y error. Este libro te proporcionará un conjunto organizado y completo de herramientas para la resolución de problemas, un sistema unificado para la innovación utilizado por los mejores emprendedores y líderes de la alta dirección de todo el mundo para aprovechar metódicamente las oportunidades y derribar los obstáculos.

Si cada problema es un problema de ideas, podría deducirse que no necesitas ayuda. Después de todo, ya debes ser bastante bueno en esto de las ideas.

Resuelves problemas todos los días de tu vida, ¿verdad? Dicen que la práctica hace la perfección. Pero no funciona si practicas lo incorrecto. Piensa en un problema con el que estés lidiando en este momento, algo que distraiga tu atención de este libro. Puede ser cualquier cosa: un malentendido con el banco, un conflicto con tu jefe, una búsqueda de trabajo, una presentación, una negociación. ¿Qué sientes cuando contemplas el dilema? Inténtalo por un momento. ¿Te sientes entusiasmado por afrontarlo? ¿Sabes exactamente cómo vas a resolverlo, paso a paso? Ahora, sé sincero contigo mismo. ¿Te fluye el jugo creativo o ese nudo en el estómago es más grande que nunca?

Si eres como la mayoría de la gente, tu respuesta instintiva a un problema es la evasión. Hay un deseo de retirarse y de evitar. Incluso cuando te esfuerzas y resuelves un problema espinoso con éxito, el camino hacia esa solución parece incierto y accidental, con muchos tropiezos infructuosos y reinvenciones de la rueda por el camino. Sin un conjunto de habilidades creativas reales y probadas, la «práctica» solo significa que mejoramos en la procrastinación, el bloqueo del escritor y la parálisis de la decisión, no en la eficaz y agradable resolución creativa de problemas. Afortunadamente, toda una vida de reflejos contraproducentes puede desaprenderse y sustituirse. Eso es lo que descubrió el estudio de las empresas italianas incipientes: si se enseña a la gente un método de innovación, los resultados mejoran notablemente. Solo hace falta un poco de técnica.

MEDIR EL FLUJO DE IDEAS

Entonces, ¿cómo se mide exactamente el flujo de ideas? No hace falta que te pongas ningún electrodo en el cuero cabelludo. Como métrica, el flujo de ideas es un simple indicador de la salud *relativa* de tu motor creativo o del de un equipo. El único valor de su medición reside en la comparación de la puntuación actual con las anteriores y las futuras es este:

$$ideas/tiempo = flujo\ de\ ideas$$

Medir tu flujo de ideas es fácil. Saca un bolígrafo y un papel. A continuación, selecciona un correo electrónico en tu bandeja de entrada, preferiblemente uno importante, que necesite una respuesta. (No pasa nada si ya has enviado una respuesta). Ahora, pon un temporizador en tu teléfono durante dos minutos. Durante ese tiempo, escribe tantas líneas de asunto diferentes para tu respuesta como puedas, una tras otra. No deliberes, no te detengas, no juzgues ni revises las líneas de asunto que ya has escrito. No te des tiempo para pensar. Escribe todas las líneas que se te ocurran tan rápido como puedas mover tu mano. Estas líneas pueden ser serias, informativas, humorísticas, incluso absurdas. Las variaciones del mismo enfoque cuentan. Fíjate solo en la cantidad, no en la calidad. Vuelve cuando se acabe el tiempo.

¿Ya está? Ahora cuéntalas. ¿Cuántas líneas de asunto distintas has sido capaz de generar? Divide ese número por dos y tendrás un índice de ideas por minuto que, a efectos de este ejercicio, representa tu flujo de ideas. Para que quede claro, puedes pasar cinco minutos generando eslóganes publicitarios o diez ideando productos. Lo importante es que hagas la misma medición con regularidad, utilizando la misma duración y un estímulo similar, idealmente el mismo tipo de generación de ideas del que te beneficiarías en el curso normal de tu trabajo. De este modo, podrás medir el aumento y la disminución de tu flujo de ideas a lo largo del día o medir el efecto de una técnica específica de este libro.

Flujo de ideas puede parecer simplista, pero piensa en los criterios y heurísticos engañosamente simples de tu propia área de experiencia. Un fisioterapeuta, por ejemplo, puede aprender bastante sobre la forma física general de un cliente a partir de algo tan simple como un intento de tocarse los dedos del pie. Del mismo modo, una métrica sencilla que se actualiza con frecuencia es mucho más útil para cualquier profesional que un diagnóstico complejo que solo se puede realizar de ciento en viento. Independientemente de si te encuentras, o no, rebosante de posibilidades, tu puntuación inicial significa algo. A medida que aprendas y adoptes las habilidades de este libro y veas cómo cambia tu propio número, esa relevancia se hará más evidente.

El flujo de ideas no es una medida de la inteligencia o el talento. En cambio, se podría decir que evalúa tu estado mental. Generar rápidamente posibilidades divergentes requiere suspender la autocrítica. Actuar sin miedo al fracaso o a la vergüenza. Para dar rienda suelta a todo tu flujo de ideas es necesario lo que la profesora de la Harvard Business School, Amy Edmondson, llama seguridad psicológica. Cuando nos sentimos lo suficientemente seguros como para asumir riesgos intelectuales y emocionales, «la recompensa de aprender del fracaso puede realizarse plenamente», escribe. [8] El cerebro abre las compuertas solo cuando los costes sociales y financieros de probar cosas nuevas —y de cometer posibles errores— se ven superados por los posibles beneficios. Si la idea de que la gente se ría de una de tus sugerencias te asusta, tu seguridad psicológica es muy escasa.

No puedes chasquear los dedos y «activar» la creatividad cuando no te sientes seguro, ya sea por tus propias creencias erróneas o por la mentalidad conservadora de las personas de tu organización. Si tu propio flujo de ideas es bajo, debes adoptar una mentalidad creativa y desarrollar la resistencia interna necesaria. Si el flujo de ideas de quienes lideras es bajo, no es su problema, sino el tuyo. Las mejoras en el extremo rentable de la corriente creativa (problemas resueltos, planes ejecutados, productos enviados) requieren una sensación de seguridad en todo el equipo desde el comienzo de esa corriente.

El flujo de ideas es un espectro, pero desde fuera puede parecer que alguien lo *tiene* o no lo tiene. Un miembro del equipo hará un montón de contribuciones cuando se le presente un problema, mientras que otros se quedarán callados. No caigas en la trampa de considerar la creatividad como un talento innato. En su lugar, utiliza el flujo de ideas para identificar y abordar los cuellos de botella del equipo. En lugar de dejar que una sola estrella lleve la carga creativa (lo que, como mínimo, da lugar a un conjunto de posibilidades más limitado y menos interesante), ayuda a los demás miembros a dar rienda suelta a su propio potencial creativo utilizando estas técnicas. De este modo, se profundiza en el talento y se abren las compuertas de la creatividad en un grado sin precedentes. A diferencia de una métrica fija como el coeficiente intelectual, el flujo de ideas fluctúa en función del contexto. Aumentarlo no solo es posible, sino necesario. Este es el objetivo de nuestro trabajo y de este libro.

Haz una nota con tu propio flujo de ideas al principio y revísalo con regularidad a medida que avanzas. Aunque tu puntuación variará dependiendo de factores como el sueño y el estrés, deberías ver una tendencia general al alza que se correlaciona con el esfuerzo que inviertes en implementar estos hábitos, comportamientos y técnicas. Para potenciar el flujo de ideas, buscarás información y te sentirás impulsado por la curiosidad de un modo que nunca habías imaginado. Una vez que hayas comprobado los beneficios de este cambio de mentalidad, estarás mucho mejor preparado para ayudar a elevar la producción creativa de los demás.

CAMBIA TU GUION

No innovar no es la única forma de descarrilar una empresa. Dicho esto, una organización con un bajo flujo de ideas inevitablemente fallará. Eso es porque las ideas son los beneficios futuros. Por muy estable que sea tu sector o por muy segura que sea tu posición en el mercado, el mañana acaba convirtiéndose en el hoy. Sin ideas, no tendrás un mañana.

Cuando se seca el pozo de la creatividad, es raro el líder que atribuye la culpa a algo tan endeble como la seguridad psicológica. Sin embargo, la toma de riesgos creativos la exige. Si la gente no se siente segura, no se arriesgará. Si no se arriesga, no se gana. De hecho, las intervenciones habituales en una crisis —objetivos más ambiciosos, plazos más cortos, rondas de despidos— tienen el efecto más escalofriante sobre la creatividad. En su lucha por la seguridad, los líderes suelen inspirar el mismo miedo que mata la innovación. (Si tienes un ejemplo de una empresa que salga de una caída en picado aumentando la creatividad de sus empleados, nos encantaría conocerlo). Una y otra vez, las organizaciones superan los trastornos gracias a una creatividad valiente y desenfrenada.

Es comprensible que los líderes acaben bloqueando el único recurso que podría rescatar su negocio. Cuando no dan prioridad a las verdaderas necesidades de la creatividad, es simplemente porque no entienden sus necesidades. La creatividad no parece creativa cuando estás en el proceso. Un simple paseo vespertino por el barrio, por ejemplo, puede revelar el camino hacia la rentabilidad. Sin embargo, en tiempos difíciles, se nos alaba por quedarnos en nuestros escritorios y quemarnos las pestañas. ¿Cómo se puede ver el horizonte con la nariz pegada a la hoja de cálculo? Gracias en gran parte a la mentalidad fabril de la cultura laboral moderna, las organizaciones desalientan los mismos comportamientos que pueden salvarlas.

En última instancia, los líderes que realmente entienden cómo construir y alimentar una organización de alto flujo de ideas —empresas como Netflix y Tesla, por ejemplo— tienen una enorme ventaja sobre sus competidores. ¿Qué saben ellos que el resto de nosotros no sabemos? En primer lugar, entienden que la creatividad es la fuerza vital de toda empresa, no solo de las industrias «creativas» como la publicidad y el diseño, industrias en las que se fomentan comportamientos «excéntricos» como los garabatos y las siestas. Es fácil restar importancia a la necesidad de innovación en sectores que experimentan largos periodos de estabilidad. Los líderes se permiten creer, falsamente, que pueden arriesgarse e invertir en innovación solo cuando la disrupción ocasional lo requiera. Esta mentalidad les permite centrarse exclusivamente en minimizar el riesgo y maximizar las ganancias a corto plazo el resto del tiempo, lo que conduce al pensamiento tóxico centrado en el próximo trimestre que ha envenenado a la América corporativa durante décadas.

Las empresas, a diferencia de las personas, no tienen una expectativa de vida. Cuando una marca establecida cae en la irrelevancia, no es algo inevitable, sino el resultado de un estancamiento creativo. Para prosperar, una organización debe renovarse y reinventarse continuamente. Hay que animar e incentivar al personal para que pruebe cosas nuevas y asuma riesgos. Si la innovación no es una parte integral del enfoque de la empresa, no se está quedando quieta, se está quedando atrás. En cambio, si la chispa innovadora permanece encendida, la edad no tiene relevancia para una empresa. Las organizaciones más antiguas, desde Siemens (1847), Goodrich (1870) y Nintendo (1889) hasta Procter & Gamble (1837) y Ball Corporation (1880), siguen dando beneficios gracias a la reinvención continua e incesante. Para los individuos, el flujo de ideas es una ventaja competitiva. Para las empresas, es la fuente de la juventud.

Si desempeñas una función tradicionalmente creativa, o te dedicas a una afición creativa, probablemente estés asintiendo con la cabeza. Sabes por experiencia que el flujo de ideas es un músculo que debe ejercitarse con regularidad. Cuanto más sistemáticamente crees, más fácil será hacerlo cuando realmente necesites ideas. Por otra parte, si nunca has pensado en ti mismo como una persona creativa y nunca se te ha pedido que impulses el pensamiento innovador en tu trabajo, este libro va a cambiar todo lo que crees saber sobre la resolución de problemas. La mentalidad creativa que desarrolles aquí hará que todo tu trabajo sea más agradable y menos frustrante de lo que alguna vez creíste posible.

En el fondo, un enfoque creativo de la resolución de problemas exige un cambio de mentalidad, un giro. Cuando se replantea un dilema que nos trae de cabeza como un problema de ideas, se le da la vuelta al enfoque habitual y contraproducente de la resolución de problemas. En lugar de luchar por dar con una única solución perfecta, se pasa:

- De la calidad a la cantidad.
- De valioso a rudimentario.
- De la perfección a la práctica.
- De «hecho» a «en proceso».
- De tu perspectiva a la de otra persona.
- Del aislamiento a la colaboración.
- De lo estrictamente necesario a la apreciación de la aleatoriedad.
- De la concentración al pensamiento libre.
- Del orden al caos.
- De tu experiencia a un territorio desconocido.
- Del enfoque en la producción al enfoque en la contribución.

Algunos de estos giros son indeseables en un contexto empresarial ordinario. Sin embargo, como veremos, el éxito de la creatividad empieza por reconocer su carácter especial. Al igual que en el carnaval medieval, la creación es un escenario en el que las reglas habituales se ponen patas arriba. Los factores cruciales para el funcionamiento de una empresa —enfoque, eficacia, calidad, jerarquía— solo obstaculizan tus esfuerzos. Cuanto más rápido y completo sea el cambio en la transición a la innovación, más eficaz será el uso de ese tiempo.

Como la mayor parte de nuestro trabajo lo hacemos con organizaciones, vamos a tener mucho que decir sobre cómo ayudar a los demás a hacer el cambio. Si te ganas a tus compañeros o incluso a tu organización, disfrutarás de los beneficios exponenciales de la colaboración creativa y la serendipia. Dicho esto, puedes beneficiarte de cambiar tu enfoque incluso si nadie en tu equipo entiende la necesidad de hacerlo. Ten en cuenta estos beneficios mientras recorremos los hábitos, comportamientos y rutinas que subyacen a una mentalidad creativa.

FLUJO DE IDEAS EN ACCIÓN

Impulsar el flujo de ideas requiere un esfuerzo sostenido en el tiempo. Sin embargo, para empezar, simplemente hay que comprometerse con el proceso. Estar dispuesto a salirse de los modos aceptados de hacer negocios en busca de ideas rompedoras. ¿Estás preparado para comprometerte con la creatividad? ¿O vas a seguir juzgando el proceso creativo desde fuera, saboteando las mayores contribuciones que puedes hacer?

Merece la pena lanzarse a la parte más profunda de la piscina. Al aumentar el flujo de ideas, tú y tu equipo obtendréis mejores resultados cuantitativos, al tiempo que mejoraréis la experiencia cualitativa de estar en el trabajo. Experimentarás una mayor facilidad, disfrute y compromiso, y al final del día, tus resultados finales serán mejores que nunca.

Si nunca has estado dentro de una organización creativa, esta nueva forma de trabajar puede parecer… un poco extraña a primera vista. Prepárate para las diferencias que puedan molestarte al principio. Por ejemplo, las personas que trabajan de forma creativa tienden a alejarse de sus escritorios con más frecuencia. Hablan más entre ellos y celebran menos reuniones largas y formales. (Cuando se sabe cómo abordar los problemas de forma eficaz, la pérdida de tiempo que suponen la mayoría de las reuniones resulta demasiado obvia como para soportarla). Las reuniones que se celebran tienden a ser rápidas y espontáneas o muy centradas, con un resultado específico y orientado a la acción. Las personas de las empresas creativas se reúnen para obtener energía e inspiración, o para resolver un problema que no podrían resolver solas, no para revisar colectivamente resultados que podrían haberse enviado por correo electrónico. Además, cuando la gente se reúne, suele ser por la tarde, una vez que ha terminado el trabajo duro del día, y fuera de las estiradas salas de conferencias.

Por último, sí, en una organización creativa la gente de vez en cuando se queda mirando al espacio o, el máximo cliché, hace garabatos. Déjalos en paz. Para los líderes y gerentes que lean esto, es crucial relajar su arraigado sentido de cómo *debería* ser el trabajo. Deben dejar de insistir en los rituales actorales del lugar de trabajo moderno y dejar un poco de margen creativo para el equipo. También es importante proteger a tu gente de otras personas de la organización que podrían socavar tus esfuerzos por establecer la seguridad psicológica. Los resultados de un mayor flujo de ideas justificarán con creces cualquier comportamiento extraño. Pero llevará tiempo, esfuerzo y confianza normalizar estos nuevos comportamientos en toda la organización.

Al igual que los atletas profesionales desarrollan una conciencia muy precisa de sus necesidades y límites físicos, los miembros de un equipo creativo aprenden a pensar y a rendir al máximo. Desarrollan una mayor introspección, un sentido más profundo y sutil de su estado de ánimo y de sus niveles de energía. Esto les ayuda a hacer el mejor uso posible de su tiempo. Cuando el flujo de ideas es alto, se esfuerzan por generar nuevas posibilidades. Cuando su energía decae, se dedican a tareas mundanas y se recuperan. Para recargarse, dan un paseo, beben un café, toman el aire y la luz del sol. Los detalles variarán, pero, como líder, se sirve mejor a las personas si se les permite calibrar su propio rendimiento. En todos los escritorios de una organización creativa, el ajetreo incesante y sin sentido se sustituye por un esfuerzo deliberado y orientado a los resultados que se alterna con un descanso reparador. Cada miembro del equipo aprende a respetar su cerebro como un motor de ideas de alto rendimiento que exige un cuidadoso mantenimiento para obtener resultados óptimos.

En una organización creativa, el trabajo ya no consiste en mantener contentos a los jefes o en apaciguar a los accionistas. Hacer bien el trabajo —de forma eficaz, elegante y ambiciosa— está motivado, ante todo, por el orgullo del logro. La gente aprende que el uso de todos los cilindros creativos sienta bien. Innovar, colaborar y experimentar son intrínsecamente reconfortantes. Cuando se incorpora la creatividad a todo lo que se hace, se experimenta una sensación profundamente gratificante de dominio y autorrealización, el nivel más alto de la jerarquía de necesidades humanas de Abraham Maslow. Esto es lo que debería ser el trabajo para todos nosotros. En una organización creativa, la satisfacción de los empleados aumenta a la par que los resultados empresariales.

~

La innovación es cada vez más difícil. Según un documento de un equipo de Stanford, la productividad de la investigación (el ritmo de innovación que se puede esperar en función de los recursos invertidos) lleva décadas disminuyendo.[9] Hace un siglo, un pequeño equipo podía lograr un gran avance como la telefonía o la máquina de vapor. En un mundo tremendamente complejo, con muchas innovaciones fundamentales ya establecidas, ahora se necesita un gran esfuerzo para conseguir incluso mejoras incrementales. Según el documento, la economía debe duplicar sus esfuerzos de investigación cada trece años para mantener el mismo ritmo de crecimiento. Estas tendencias globales se aplican tanto a los individuos como a las organizaciones. De todos nosotros depende ampliar nuestros esfuerzos de innovación. La historia no será amable con quienes ignoren este imperativo.

Esperamos haberte convencido de las ventajas de invertir esfuerzos en el flujo de ideas. Si eres un líder, puedes dejar de preguntarte cómo ayudar a tu equipo a mejorar. Es muy sencillo. El cambio empieza por ti. Si no cultivas tu propia práctica creativa y aprendes a enfocar cada problema como un problema de ideas, nunca inspirarás esa actitud en los demás. El flujo de ideas en tu organización seguirá siendo un goteo. Todo el mundo seguirá dándose cabezazos contra la pared, esperando que el universo les dé una solución en lugar de generarla ellos mismos.

En el próximo capítulo, expondremos una práctica creativa sencilla pero eficaz que impulsará tu flujo de ideas y dará un buen ejemplo a todos los miembros de tu órbita.

2

Amplifica el flujo de ideas

«El único ingrediente del genio es el acto diario de presentarse». [10]

Maria Popova

E l aumento del flujo de ideas no empieza con una mejor técnica de *brainstorming*, sino en el mismo momento en que te levantas. La forma en que inviertes tu limitado tiempo tiene un enorme impacto en tu producción creativa. Para ilustrar esto, pasemos un día con Jen y Jim, que son ejemplos modelo de los líderes que hemos conocido. Jen y Jim tienen funciones similares, pero consiguen resultados muy diferentes.

Jim dirige el departamento de marketing de una empresa de desarrollo de software. La empresa está en plena trayectoria de crecimiento desde el lanzamiento de su primera aplicación móvil a principios del año pasado. Entre el crecimiento de su equipo y la respuesta a una demanda urgente tras otra, Jim afronta cada día como un triaje. Cuando suena el despertador de su teléfono por la mañana, le espera un aluvión de notificaciones. A partir de ese momento, Jim solo levanta la vista de su pantalla cuando es absolutamente necesario: para ducharse, mientras conduce hacia el trabajo (excepto en los semáforos en rojo), para recibir su sándwich de huevo y su café en la ventanilla para automóviles de la cafetería. En una especie de trance, Jim apaga los fuegos a través del correo electrónico y el chat de trabajo hasta que entra en el aparcamiento de la empresa.

A las nueve de la mañana, Jim está agotado. Irritable y ansioso, sigue teniendo una bandeja de entrada repleta de problemas que resolver y un calendario repleto de reuniones. Reaccionar todo el día, todos los días, es como estar atrapado en una cinta de correr, pero, aunque hay acciones proactivas que podrían impulsar el crecimiento, intentar cualquier cosa nueva significa dedicarle tiempo valioso. Con el tiempo y la energía tan escasos, parece demasiado arriesgado invertir esfuerzos en algo que no está garantizado que dará resultados.

¿Cómo va a saber Jim de antemano qué nueva iniciativa de marketing puede tener éxito? Podría reservar una o dos horas aquí o allá, pero nunca sería capaz de mantener el esfuerzo durante semanas o meses sin saber con seguridad que algo dará resultados. Las grandes ideas tendrán que esperar hasta que disponga de una buena cantidad de tiempo ininterrumpido. En cuanto lo haga, cualquier día, se sentará a soñar con algo grande.

Todo lo que hace Jim es innegablemente relevante. Añade valor en las reuniones, responde a las preguntas por correo electrónico y gestiona su equipo en crecimiento. Claro que no está empujando una roca cuesta arriba, pero la empresa está creciendo increíblemente rápido. No hay necesidad de nuevas ideas cuando las que ya tienen funcionan tan bien. Jim podrá preocuparse por el futuro cuando este ritmo vertiginoso se detenga. Por ahora, correrá de reunión en reunión hasta que su calendario se aclare y pueda finalmente salir. De hecho, hará algo de planificación después de la cena.

(Por supuesto, cuando Jim llega a casa cada noche, está físicamente agotado, mentalmente en blanco y emocionalmente insatisfecho. Con solo una o dos horas para recuperarse antes de volver a hacerlo todo mañana, trabajar en nuevas ideas es lo último que haría. Este hecho innegable nunca le impide hacerse la misma promesa una y otra vez).

Mientras Jim se condena a otro día en piloto automático, el fundador convoca una reunión de todos los empleados para informarles de que la empresa no ha conseguido las inversiones que anticipaban. Van a tener que ser rentables antes de lo previsto. Este cambio requerirá un pensamiento audaz, principalmente de marketing.

«¿Algo relevante en proyecto, Jim?».

Al notar el repentino silencio en la sala, Jim levanta la vista de su teléfono, solo para darse cuenta de que todas las miradas están puestas en él. El fundador repite su pregunta. *¿Proyectos? Nadie me da tiempo para trabajar en un proyecto.* Jim sabe que no debe decir ese pensamiento en voz alta, por supuesto. «Muchísimas cosas», dice. «Luego, al desconectarnos te explicaré nuestras nuevas ideas». Eso le dará un par de horas. Más que suficiente tiempo para pensar en…. algo.

UNA HISTORIA DE DOS LÍDERES

¿Te resulta familiar la situación de Jim? Aunque tu día puede parecer diferente en la superficie, es probable que tú también pases gran parte de tu tiempo en el trabajo actuando rápido y en piloto automático. Al igual que Jim, es posible que desees ser más proactivo, creativo y productivo. Probablemente hayas observado que las personas que ascienden rápidamente, tanto en tu organización como en tu sector, son las que van más allá. Se les ocurren grandes ideas nuevas y las ponen en práctica de forma muy visible, además de sus tareas habituales. Simplemente no puedes entender cómo.

¿Qué saben los innovadores de alto rendimiento que tú no sabes? ¿Sus calendarios contienen un par de horas extra que el tuyo no? Siempre estás esperando ese momento mítico en el que las cosas se calmarán lo suficiente como para pensar y ejecutar algo significativo. De verdad. Sin embargo, en medio del caos habitual, no sabrías ni por dónde empezar con algo realmente nuevo.

La resolución creativa de problemas y la innovación son principalmente colaborativas. Resolver nuevos problemas es algo que se suele hacer con otros, ya sea como gerente, director general o incluso fundador de una empresa emergente, como veremos. En los próximos capítulos, te guiaremos a través de todo el proceso de innovación de una manera que será relevante independientemente de tu perspectiva particular, desde la recopilación de inspiración en bruto hasta la generación de posibilidades divergentes y la validación de posibles soluciones en el mundo real. Sin embargo, cada paso en cada nivel de todas las organizaciones se apoya en una base que ha sido descuidada demasiado: tú mismo. Dejando de lado las metáforas sobre la inspiración, tú no eres una antena. Las ideas no existen en algún lugar del universo para que las captes. Vienen del interior de tu cabeza. Un chef mantiene su cuchillo bien afilado. Un músico cuida meticulosamente su instrumento. En este capítulo, te mostraremos cómo mantener tus propias herramientas afinadas.

Como has experimentado un buen flujo de ideas al menos una vez en tu vida, sabes que tienes capacidad para crear. Así que culpas a tu carga de trabajo. O a tu vida familiar. Si la razón de tu falta de producción creativa es tu lista de tareas pendientes, que se multiplica constantemente, se deduce que serás más creativo en cuanto estés menos ocupado. Así que esperas. Y esperas. Si tienes suerte, realmente experimentarás un periodo de inactividad en el trabajo. Si tienes aún más suerte, te despedirán inesperadamente. Suerte porque solo así aceptarás finalmente la verdad: *de todos modos no pasa nada*. No hay una avalancha de grandes ideas. No hay una avalancha de motivación y entusiasmo para perseguir las ideas que ya tienes. Sigues atascado, solo que sin una excusa que poner. Entonces, y solo entonces, cuestionarás tus suposiciones. Tal vez estabas equivocado sobre cómo funcionan las ideas todo el tiempo.

Básicamente, todos queremos hacer avances medibles y significativos hacia nuestros objetivos. Sin embargo, si sigues operando como lo hace Jim, ese día nunca llegará. Cuando llega la esperada pausa, lo hace sin previo aviso y no estimula una reflexión pausada. Una pausa suele ser una emergencia en sí misma. Piensa en el estancamiento de los pedidos en Patagonia tras el 11 de septiembre. Un parón en tu negocio es el último momento en que empezarías a planificar para mañana.

Si la mayoría de nosotros aborda la creatividad de la misma manera que Jim, ¿cuál es la alternativa? ¿Cómo se concibe algo grande, o aún más difícil, cómo se pone en práctica? Según nuestra experiencia, los grandes logros de la mayoría de las organizaciones se basan en el trabajo de un puñado de creadores estrella, los pocos que consiguen resultados significativos de forma constante. Independientemente de su experiencia específica, comparten los mismos comportamientos y características: Flujo de ideas masivo. Pruebas y perfeccionamiento pacientes. Aplicación constante de las ideas validadas. Estas personas trabajan de forma deliberada, administrando su tiempo y energía para llevar a cabo esfuerzos de gran valor. Optimizan el resultado (el logro) por encima del espectáculo (parecer ocupados). Si te atrae unirte a sus filas, comprende que esta forma de trabajar no se basa en consejos de productividad o eslóganes de motivación, sino en un profundo cambio de mentalidad, una forma totalmente nueva de abordar los problemas.

¿Cómo se ve un creador estrella en acción? Vuelve a la reunión de todos los empleados. Desplázate unas cuantas sillas a la izquierda de Jim para ver un primer plano de su colega Jen, directora de ventas de esta empresa de software repentinamente inestable. Su equipo es tan grande como el de Jim y sus responsabilidades igual de apremiantes, pero Jen maneja su carga de trabajo de forma relajada pero decidida. Nunca hace un gran alarde de estar acosada, como hace siempre Jim. No frunce el ceño, ni usa su teléfono para enviar un mensaje de texto mientras habla con alguien, ni corre de reunión en reunión para evitar que la gente cuestione su importancia para la empresa. Se limita a llevar a cabo una iniciativa tras otra.

Lo más importante es que esto no se debe a que Jen ignore sus responsabilidades cotidianas. Como cualquier otro departamento, el de ventas tiene un montón de incendios que apagar, pero se resuelven con prontitud y sin excesivas complicaciones. Esto se debe a que Jen —y, por extensión, el equipo de ventas que dirige— aborda el trabajo de forma estratégica. Planifica con antelación, agrupa tareas similares y prioriza las necesidades del futuro junto con las demandas del presente. Esto libera el tiempo y la energía necesarios para la innovación. Con el tiempo, sus colaboradores directos han aprendido a hacer lo mismo. A pesar de lo que Jim sospecha en secreto, Jen tiene las mismas veinticuatro horas en su reloj. Veamos cómo las utiliza de forma diferente.

Llega la mañana. Habiendo desactivado las notificaciones innecesarias en su teléfono, Jennifer mira el dispositivo solo el tiempo suficiente para apagar la alarma. A continuación, dedica una hora a preparar su mente y su cuerpo para un esfuerzo mental sostenido, meditando, haciendo ejercicio y completando un periodo de reflexión en silencio y escribiendo un diario. Piensa que esto es como ponerse en sintonía consigo misma. La preparación intensiva es necesaria porque tiene la intención de actuar, y no simplemente reaccionar, a las exigencias del día. Sintiéndose tranquila y despejada, disfruta de un desayuno nutritivo mientras lee un libro de un campo no relacionado con su trabajo para ejercitar su cerebro y estimular nuevas ideas.

Antes de salir camino a la oficina, Jen revisa sus notas, que guarda en un gran cuaderno que nunca abandona. El cuaderno, que no sigue ningún sistema de organización concreto, es simplemente un lugar donde anotar las próximas acciones de las reuniones, las ideas sobre los proyectos actuales y potenciales del trabajo, y algún que otro garabato. Es el lugar donde Jen piensa en papel. A medida que revisa las ideas de ayer, se le ocurren otras nuevas, que anota obedientemente sin juzgarlas. Preparada para la creatividad y rebosante de posibilidades, Jen se dirige al trabajo con los ojos puestos en la carretera durante todo el trayecto.

Al llegar a la oficina descansada y fresca, Jen confirma que la primera hora de su calendario está libre, como casi todas las mañanas. Jen defiende las mañanas de su equipo contra las intrusiones externas. Aparte de las emergencias inevitables y de la ocasional reunión de todos los miembros del equipo, esa primera hora es para planificar, escribir textos de ventas, preparar presentaciones y, a veces, simplemente pensar. El aire de quietud en el departamento de ventas atrae las miradas curiosas de los nuevos empleados, que no pueden evitar el contraste con el caos general en el resto de la oficina. Casi parece que otra empresa está alquilando el espacio. Sin embargo, los recién llegados aprenden rápidamente que el departamento de ventas es el corazón de la organización. Es un departamento que te da lo que necesitas cuando lo necesitas. Y, lo que es mejor, te da lo que no sabes que vas a necesitar mañana.

Cuando tratas con el departamento de marketing, cada petición parece toparse con retrasos inesperados y complicaciones imprevistas. Nunca es estrictamente culpa de nadie, pero siempre surgen problemas a pesar de los interminables *sprints* y *stand-ups* y otros esfuerzos de productividad que son más un acto para el resto de la empresa que algo realmente necesario. Aprendes a seguir molestándoles si quieres conseguir algo que necesitas de ellos, lo que solo hace perder el tiempo y desgasta a todos. Sin embargo, aunque Jim y su equipo hacen mucho ruido con todo lo que tienen entre manos y que es más importante que tu petición, todo este ajetreo nunca conduce a nada tangible. Mucha agitación superficial, pero nada visible en el fondo. (Recuérdalo la próxima vez que alguien sugiera otro *hackathon* para resolver un problema. Gustave Flaubert, autor de *Madame Bovary,* aconsejaba a un amigo: «Sé regular y ordenado en tu vida, para que puedas ser violento y original en tu trabajo» [11]).

Gracias a la fiabilidad y capacidad de respuesta del departamento de ventas, la gente ha aprendido a no fastidiarles ni a desperdiciar su valioso tiempo incluyéndoles todas las cadenas de correos electrónicos e invitaciones a reuniones. El departamento de ventas está tranquilo, entienden, porque está trabajando en cosas importantes. El departamento de Jen no solo mira el futuro de la empresa, sino que lo construye. Son los que se aseguran de que todos los demás tengan un trabajo el año que viene y la gente lo respeta.

Para ser claros, Jen no consiguió la regularidad ordenada de Flaubert de la noche a la mañana. A diferencia de Jim, ella invierte tiempo en delegar y priorizar su trabajo en lugar de abalanzarse sobre cualquier asunto que le parezca más urgente en el momento. Crea sistemas y procesos para ahorrar tiempo en tareas repetidas. Aumenta constantemente su eficiencia porque necesita la mayor parte de su tiempo para abordar eficazmente las necesidades del futuro. Esta mentalidad previsora explica por qué Jen, aunque se enfrente a alguna crisis ocasional y celebre alguna reunión matutina, no experimenta nada parecido al caos que siempre sufre Jim.

Cuando Jim se paraliza en la reunión de todos los miembros, Jen abre una página de su cuaderno. Cuando el fundador le presta atención, ella está lista con varias posibilidades que su equipo ha estado probando activamente en previsión de este cambio. Tanto Jim como Jen sabían que la empresa empezaría a cobrar por su aplicación tarde o temprano. Jen apostó por más pronto. El fundador le da el visto bueno para dedicar más recursos a la experimentación y poner en marcha una de las ideas validadas. Jen y su equipo consiguen trabajar en el reto de mañana. Jim vuelve a apagar los fuegos de ayer mientras se preocupa impotentemente por el mañana.

Aunque Jen y Jim son solo ejemplos, están firmemente basados en nuestras experiencias de trabajo con cientos de líderes en empresas de todo el mundo. Cada uno de ellos debería resonar contigo si has pasado algún tiempo trabajando en una organización de cualquier tamaño. Has trabajado para Jim en algún momento. Incluso es posible que tú seas Jim. Si tienes suerte, también has trabajado para Jen, aunque es menos probable. Sin embargo, no hay ninguna razón real por la que no podamos ser todos Jen en nuestros esfuerzos profesionales. Si esa idea te atrae, sigue leyendo.

~

En el momento en que el progreso se estanca, los líderes, presos del pánico, exigen soluciones en el acto. Cuando una avalancha de creatividad no se materializa, empiezan a culpar a las personas en lugar de a la cultura anticreativa que han establecido. Si este es tu caso, es hora de dejar de pensar en la creatividad en términos de su producción. Al centrarte en las soluciones, estás mirando por el extremo equivocado del telescopio. La creación es un proceso, no un producto. Los innovadores eficaces no salen de la habitación durante una hora y vuelven mágicamente con un montón de ideas. Solo aportan pensamiento creativo cuando se necesita, estableciendo y manteniendo una práctica creativa. Con una inversión constante de tiempo y energía en la creatividad, el resultado se produce solo.

Al igual que un tomate, una idea necesita tierra fértil y mucho tiempo para crecer. A diferencia de un tomate, no puedes coger una nueva idea en la tienda de comestibles de camino a casa desde el trabajo. Una idea, al igual que un tomate rojo y maduro, representa la generosidad de un jardín que ya has cuidado con esmero. ¿Cómo puedes esperar que crezca algo si no has labrado la tierra ni plantado ninguna semilla? La inspiración puede parecer misteriosa, pero las ideas no surgen así como así en el supermercado. Solo lo parece cuando no somos conscientes del camino que han seguido. Se plantó una semilla. Un rico abono de experiencias e información ayudó a que esa semilla echara raíces: conexiones valiosas con otras ideas, hechos y conceptos. Solo entonces aparece un brote verde en tu conciencia. Para aprovechar un flujo de ideas constante y abundante siempre que lo necesites, debes pasar de arrancar algún que otro tallo de hierba de paseo a cultivar los frutos de un jardín exuberante y bien cuidado.

Es hora de cambiar la mentalidad de los problemas y los proyectos por la de los procesos y la práctica. La innovación no tiene nada de episódico. La creatividad es una capacidad que se entrena y desarrolla como la fuerza física o la flexibilidad. Sin una técnica adecuada y un esfuerzo regular, generar ideas es agotador y a menudo improductivo. Por eso la base de una práctica creativa es un ligero calentamiento diario.

LA CUOTA DE IDEAS

Aflojar los músculos creativos cada mañana te ayuda a pasar de una mentalidad de calidad a una de cantidad cuando llega el momento de tener ideas. Hacer que la siguiente cuota de ideas forme parte de tu día aligerará la presión subconsciente por la perfección que obstaculiza la exploración creativa.

A partir de ahora, todas las mañanas escribirás diez ideas. (En un momento hablaremos de qué tipo de ideas). La calidad de estas ideas no es lo importante. Al contrario de lo que puedas creer, no puedes juzgar el mérito de una idea mientras está dentro de tu cabeza. La validación de las ideas es tan crucial para el proceso creativo como la generación de ideas. Pero eso ocurre más adelante. Por el momento, nuestro objetivo es refrescar el pensamiento estancado.

La puesta en práctica de una cuota de ideas es un proceso sencillo de tres etapas:

1. **Semilla**. Selecciona un problema y estúdialo.
2. **Sueño**. Deja que la mente inconsciente procese el problema.
3. **Solución**. Atiborra de ideas el problema.

Veamos cómo funciona cada paso en detalle.

Semilla

Nunca se generan ideas en el vacío. Seamos o no conscientes de ello, el cerebro siempre está procesando problemas en segundo plano. Puedes generar una lista de ideas «al azar», pero inevitablemente estarán influenciadas por cualquier cosa que haya estado molestando a tu cerebro. Sin embargo, suelen ser molestias insignificantes. Darle vueltas no es un uso valioso de tu capacidad para resolver problemas. Dado que tu subconsciente no puede distinguir entre urgencia e importancia, debes dirigir tus esfuerzos conscientemente. De lo contrario, tus pensamientos se centrarán en lo más importante, y no necesariamente en lo que más importa para tus ambiciones a largo plazo.

A partir de ahora, alimentarás a tu cerebro con problemas de gran importancia, dirigiéndolo hacia áreas en las que el nuevo pensamiento contribuirá plenamente a tus objetivos. En lugar de rumiar sobre algo grosero que ha dicho un desconocido o desentrañar una trama de una serie que has estado viendo compulsivamente, tu cerebro se dedicará a resolver un obstáculo en un proyecto de trabajo, un problema interpersonal en la oficina o incluso una falta de visión para tu carrera. Recuerda que una tarea es algo que sabes hacer, aunque prefieras no hacerlo. Un problema es algo que no sabes cómo abordar. Un verdadero problema solo responde a nuevas ideas. Antes de irte a la cama cada noche, sembrarás tu mente con un problema que valga la pena consultar con la almohada:

- ¿Cómo voy a reducir los costes este trimestre?
- ¿Dónde vamos a llevar a los niños de vacaciones este año?
- ¿Cómo le pido a mi jefe ese aumento?
- ¿Cuál es la mejor manera de empezar mi presentación en una conferencia de ventas?

No te preocupes por identificar el problema perfecto y no pases más de un par de minutos eligiendo. Si marcas un correo electrónico como «no leído» porque no puedes ocuparte de él en ese momento, es un signo clásico de un problema de ideas. Si sigues despejando tu bandeja de entrada para evitar un trabajo que te produce sentimientos de temor, lo mismo. En lugar de esperar hasta la hora de acostarte, anótalo. Si tienes más de un problema de ideas urgente, crea una cola de problemas. (Nunca se tienen demasiados problemas buenos en los que trabajar).

Mientras te relajas para dormir, selecciona un problema de tu cola de problemas y deja que tu mente juegue con él de forma relajada y desenfocada. Incluso puedes dedicar unos minutos a leer sobre el tema. Sin embargo, no fuerces las soluciones. Lo que estás haciendo aquí es atraer el interés de tu subconsciente. Reflexiona sobre los detalles relevantes, pero no intentes que todo encaje todavía.

Sueño

Aunque estés inconsciente por la noche, tu cerebro sigue ocupado. Las investigaciones demuestran que el sueño es esencial tanto para el rendimiento cognitivo como para el mantenimiento rutinario del cerebro. [12] Mientras la mente consciente descansa, el cerebro procesa lo que ha experimentado durante el día de una forma más relajada e intuitiva que puede ser increíblemente poderosa. ¿Por qué dejar que esa extraordinaria capacidad se desperdicie?

Los grandes descubrimientos llegan en sueños. El químico August Kekulé afirmó haber deducido la forma circular de una molécula de benceno tras soñar con una serpiente que se tragaba su propia cola. Asimismo, el premio Nobel Otto Loewi demostró que los impulsos nerviosos se transmiten químicamente, no eléctricamente, en el cerebro, tras llegar al planteamiento correcto en un sueño. [13] Dicho esto, las personas rara vez sueñan con soluciones completas. En su lugar, cuando se despiertan del sueño se encuentran con que el pensamiento estancado ha sido sustituido por uno nuevo.

Las investigaciones demuestran que el sueño mejora nuestra capacidad para resolver problemas durante el día. [14] Por lo tanto, dormir poco es un golpe por partida doble: no aporta nuevas ideas y no te prepara para innovar eficazmente mientras estás despierto. Además, la falta de sueño «perjudica la atención y la memoria a corto plazo» y «afecta a otras funciones, como la memoria a largo plazo y la toma de decisiones». [15]

Si tienes problemas para dormir, están los remedios probados: reducir el alcohol, evitar las comidas copiosas antes de acostarse y tomar suplementos como el magnesio. Para problemas de sueño más graves, como la apnea del sueño o el insomnio, acude a un experto. De una forma u otra, debes dormirte a una hora razonable y permanecer dormido durante toda la noche para rendir al máximo.

Solución

En la ducha, mientras preparas el desayuno, mientras corres por la mañana... durante cualquier actividad física que te distraiga ligeramente, piensa en el problema de forma relajada. Después, antes de salir a trabajar, dedica unos minutos a anotar las posibles soluciones. Apunta un mínimo de diez, pero cuenta todas las iteraciones y variaciones. Si estás pensando en los colores de un nuevo logotipo, por ejemplo, el aguamarina y el azul aciano cuentan como dos colores distintos.

Aunque generar diez ideas cada mañana parece intimidante, el participante medio de uno de nuestros programas de formación aprende habitualmente a hacerlo en menos de tres minutos si no intenta que se le ocurran «buenas» ideas. Si dejas que las nociones de calidad nublen tu mente, puedes agonizar sobre una página en blanco durante medio día. El proceso de generación de ideas debe girar siempre en torno a la cantidad, no a la calidad. Una cuota de ideas por la mañana aumenta el flujo de ideas al insensibilizarte ante la incomodidad de expresar ideas «malas». Recuerda que al principio no sabemos distinguir las malas ideas de las prometedoras. Una vez que has dejado de lado la necesidad de que tus ideas sean «correctas», las posibilidades fluyen más rápidamente. Una vez que hayas alcanzado el mínimo de diez ideas, marca la hazaña como realizada y sigue con tu día.

Trabajamos con un ejecutivo tecnológico de Singapur que nos dijo que siempre encuentra la cuota de ideas insoportable, al principio. Las primeras ideas tienden a ser banales y obvias, como si su cerebro estuviera limpiando la mugre de las tuberías. Pero luego surgen posibilidades más ricas e interesantes. En cuanto se da permiso para escribir algo verdaderamente extravagante, ridículo o simplemente ilegal, se abren las compuertas. Es como ese momento en el que las endorfinas hacen efecto durante una carrera. Inevitablemente, las dos o tres últimas que genera resultan ser las más valiosas.

DEJA DE MATAR IDEAS

Rechaza la tentación de juzgar qué ideas son las que hay que conservar. Como verás, el mayor obstáculo para el flujo de ideas no es la falta de ideas. Es tu censor interno. Por muy bueno que sea el cerebro a la hora de generar posibilidades, es mucho mejor a la hora de descartarlas. Al fin y al cabo, es el músculo que has entrenado durante la mayor parte de tu vida adulta. De hecho, a veces cuestionas una idea prometedora antes de ser plenamente consciente de que la has tenido. Una cuota diaria de ideas es el primer paso para relajar esa respuesta instintiva.

La autocensura es un reflejo cognitivo útil. Experimentar un flujo incesante y desinhibido de nuevas ideas a lo largo del día dificultaría bastante la concentración, por no hablar de terminar cualquier cosa que se empiece. El problema es que este músculo del *no* se desarrolla en exceso, como los abultados antebrazos de Popeye. La tendencia a dudar de uno mismo se fomenta desde la escuela primaria. Observa cualquier aula y verás cómo se regaña a los niños por sugerir algo fuera de lo normal, o incluso por hacer una pregunta difícil que no tiene una respuesta clara de sí o no. No culpes a los profesores, culpa al sistema. Las ideas son perturbadoras cuando se trata de mantener las cosas *en su lugar*. Una eficiencia óptima significa podar el pensamiento divergente siempre que surja. Sin embargo, la eficiencia es contraproducente cuando se trata de la creatividad, sobre todo en tiempos de crisis y de disrupción. Para aumentar el flujo de ideas, vamos a tener que deshacernos de estas inhibiciones extraordinariamente fuertes y rápidas contra el pensamiento original.

El Dr. Charles Limb es un médico y músico que combina sus dos pasiones de forma fascinante. Ha estudiado a músicos de jazz y artistas de hip-hop mediante resonancias magnéticas para entender exactamente qué ocurre en el cerebro durante el acto de creación espontánea. Limb ha descubierto que, durante la improvisación, las partes del cerebro que se activan cuando nos sentimos autoconscientes se silencian. Ya sea que estemos componiendo una melodía, interpretando un rap de estilo libre o anotando diez ideas para un nuevo eslogan, la creatividad requiere que el cerebro deje de vigilar tan de cerca sus propios actos. «Si, como músico de jazz, estás continuamente pensando en lo que podría pasar si te equivocas», dijo Limb a un entrevistador, «tomas menos riesgos, por lo que reducir la autoinhibición es un ingrediente necesario para la generación de novedad musical».[16] En particular, Limb ve un paralelismo entre el estado creativo y el del sueño. «[Cuando] estás soñando también te enfrentas a resultados no planificados y a asociaciones libres», dijo. «Uno de nuestros momentos más creativos es cuando soñamos, no estamos inhibidos y tenemos la capacidad de ser increíblemente imaginativos».

Con el tiempo, la cuota de ideas desarrollará tu capacidad de producir nuevas ideas a demanda. Si la practicas con diligencia, desharás tu condicionamiento contraproducente contra la novedad y te entrenarás para relajar la parte inhibidora de tu cerebro cuando lo desees. Te sentirás cómodo expresando todas las ideas que se te ocurran, por muy tontas o extravagantes que te parezcan.

Al engrasar los engranajes por la mañana, notarás un pensamiento creativo más rico y rápido a lo largo del día. Catherine Allan, directora de la UCIN del Hospital para Niños de Boston, experimentó este efecto recientemente. «Esta mañana», nos dijo, «estaba pensando en cómo resolver el problema de los impedimentos para la atención en la cabecera de la cama del paciente: múltiples cables, piezas de equipos grandes, etc.». Su cuota de ideas incluía algunas soluciones potenciales, pero entonces, al pasar por el pasillo al salir de casa, se fijó en los ganchos de la pared donde cuelga sus llaves y se dio cuenta de que una configuración similar podría ser ideal para las camas de los pacientes: «¡Bingo!».

Laura D'Asaro, fundadora de la empresa de proteínas de grillo Chirps, se propuso generar una nueva idea de negocio cada día durante un año. La práctica regular de esta herramienta durante semanas y meses mejoró su agudeza empresarial. «Soy muy consciente de los problemas», nos dijo. «Cada vez que estoy molesta, cada vez que siento ese pequeño "Oh, esto es molesto", pienso: "Oh. Si yo tengo este problema, quizá otras personas lo tengan"». En Halloween de ese año, se dio cuenta de que las calabazas en California se pudren rápidamente después de ser talladas. Desarrolló un spray a base de sal que podía conservar las calabazas recién talladas. Y eso fue solo un día de los trescientos sesenta y cinco.

Los problemas no resueltos nos producen ansiedad. La ansiedad es la forma que tiene el cerebro de llamar la atención de forma consciente sobre algo que aún no puede resolver. Sin embargo, en lugar de obedecer esta señal de advertencia, tendemos a dejar que esta emoción tan útil inhiba el propio rendimiento creativo que requeriría una solución. Cuando un problema nos pone nerviosos y no vemos un camino claro para resolverlo, utilizamos distracciones para evitar pensar en él, posponiendo la sensación de incomodidad hasta más tarde. Por desgracia, un momento de alivio dedicado a navegar por las redes sociales solo refuerza la ansiedad subyacente. Este hábito de evasión crea un bucle de retroalimentación negativa que alimenta la procrastinación y nos deja mental y emocionalmente agotados. Estamos luchando con nosotros mismos en lugar de con el problema en sí. Una vez que disponemos de un método de confianza para la resolución de problemas que nos indica exactamente cómo proceder ante la incertidumbre, resulta mucho más fácil controlar la ansiedad y utilizar su poder de forma adecuada.

LA DISCIPLINA DE LA DOCUMENTACIÓN

En la d.school, tenemos un dicho: «Si no lo capturas, no ha ocurrido».

La memoria no es tan fiable como se cree. La gente sobreestima crónicamente lo que recordará de algo, incluso después de unos pocos minutos. Esto es aún más cierto en el caso de nuestras propias ideas que en el de simples hechos como dónde hemos aparcado el coche, o lo que nuestra pareja quiere del local de comida para llevar.

El simple hecho de cruzar una puerta es suficiente para que el cerebro deseche la memoria de corto plazo. [17] Por eso entras en una habitación para coger algo y te das cuenta de que no recuerdas lo que querías en primer lugar. Este olvido tampoco se produce por accidente. Recordar requiere un esfuerzo cognitivo, y ese esfuerzo puede obstaculizar, por ejemplo, el procesamiento rápido y preciso de dónde está todo en un entorno nuevo. Así, el cerebro abandona la información que ya no es útil, y asume que la información no es útil cuando no se actúa sobre ella inmediatamente. A la basura.

Si quieres recordar algo, escríbelo ahora, en el momento. Muéstrale al cerebro lo que te importa sacando ese bolígrafo. De lo contrario, aunque retengas el núcleo de una idea más tarde, habrás perdido el contexto y los detalles que la hacían tan vital e interesante cuando la tenías. Anotar las cosas de inmediato es un hábito creativo fundamental que llamamos la disciplina de la documentación. Es lo primero que enseñamos en la d.school porque sustenta todo lo demás. Todo profesional que trabaja con ideas de forma regular aprende a tomarse con seriedad la integridad de sus notas. Al fin y al cabo, si pierdes la cartera, puedes conseguir más dinero en el cajero automático. El dinero es fungible: algunas ideas solo se dan una vez. ¿Y cómo vas a ganar dinero sin ideas? Son la moneda más valiosa. Científicos, ingenieros, matemáticos, escritores, músicos y diseñadores tienden a volverse fanáticos y obsesivos con sus notas. Según uno de los hijos de Victor Hugo, el gran escritor transcribía casi todo lo que oía decir a la gente. Gran parte de estos diálogos llegaron a las novelas de Hugo. «Todo acaba en la imprenta», afirmó su hijo. [18] Incluso hay blocs de notas impermeables que se adhieren a la pared de la ducha. Para un creador, poder tomar notas en cualquier momento es importante.

En tus notas, documenta no solo tus propias ideas, sino también las citas, hechos, historias, estadísticas y otras aportaciones que puedan ser relevantes en el futuro. La naturaleza de lo que coleccionas estará dictada por lo que creas. Y viceversa: nuestras creaciones están condicionadas por nuestros hábitos de recopilación. El director de cine David Lynch utiliza una grabadora de audio para recoger sonidos interesantes y evocadores que puedan ser útiles en futuros proyectos. [19] Recoge esta «leña», como él la llama, no con una escena específica o incluso una película concreta en mente, sino simplemente para almacenar una reserva de posibilidades sonoras. Lo que despierte tu interés debe guardarse para más adelante.

En el ámbito de las ciencias, se requiere un enfoque específico para la toma de notas. Sin embargo, para la mayoría de nosotros no existe una norma, lo que significa que tendrás que imponer tu propia disciplina de documentación. He aquí algunos principios rectores.

Hazlo a lo grande. Una superficie de escritura limitada también limita tu forma de pensar. Siempre que generamos ideas en un grupo, buscamos la mayor superficie de escritura del edificio. Idealmente, conseguimos una fila de pizarras blancas para la sesión. En tu casa o en tu oficina, puedes utilizar una pintura especial para convertir una pared en una superficie de pizarra blanca o negra. Algunos de nuestros estudiantes de posgrado lo han hecho en sus dormitorios. Si una pared entera de ideas no es una opción, envuelve una mesa en papel madera. Cuanto más espacio en blanco tengas, más creará tu mente para llenarlo. Para capturar lo que escribes, haz una foto con tu teléfono.

En tu escritorio, procura tener un bloc de notas de tamaño carta u *office* como mínimo —más grande si es posible, por supuesto— y utiliza blocs más pequeños solo para los bolsillos.

Hazlo de forma analógica. Aunque puedes tomar notas en tu ordenador, teléfono o tableta, inevitablemente habrá un momento en el que tu dispositivo esté apagado en el preciso instante en el que tengas una gran idea, o tendrás una idea cuando resulte inapropiado utilizar el teléfono. Por ejemplo, durante una reunión importante con un cliente. No querrás dar a los demás la impresión de que estás revisando disimuladamente los correos electrónicos. El papel es más seguro, aunque solo sea como respaldo del software para tomar notas.

Lo más importante es que tu objetivo al generar ideas sea pasar del pensamiento convergente al divergente. En lugar de centrarte en la respuesta, intenta generar tantas direcciones como sea posible. Esto es difícil de hacer cuando se está atrapado en las minucias del día a día. Un ejecutivo de ventas escocés al que asesoramos se sorprendió al descubrir que un cuaderno físico, aunque menos cómodo que la aplicación para tomar notas de su teléfono, era mucho mejor para conseguir el estado de ánimo adecuado. Nos contó lo liberador que era no ser interrumpido por un flujo constante de notificaciones. Además, explicó, el teléfono le mantiene atado a lo que es, mientras que el cuaderno le permite explorar lo que podría ser.

~

Todo esto puede parecer innecesario, incluso infantil, pero si alguna vez has experimentado la agonía de perder una gran idea por falta de un bolígrafo, sabes el valor de estar preparado. Cubrir una habitación con material de escritura también fomenta la creatividad de todos los que entran en ella. La gente siente la diferencia y se anima. No podemos evitar querer llenar un espacio en blanco.

EL RIGOR DE LA REVISIÓN

El empresario y capitalista de riesgo Henrik Werdelin —más información sobre él en un capítulo posterior— llena su cuaderno principal cada diez días aproximadamente. En ese momento, lo revisa y transcribe los mejores fragmentos en las primeras páginas del siguiente. «De este modo», nos dijo, «termino con una versión destilada de todos los pensamientos del último cuaderno». Transcribir una idea de un cuaderno a otro demuestra tu propio entusiasmo al respecto. Como veremos, el entusiasmo es una métrica crucial en el proceso de toma de decisiones creativas. En una vida solo se pueden emprender un número determinado de negocios. Destilar regularmente las ideas de este modo pone de relieve las que más se ajustan a los intereses, valores y objetivos de Henrik.

No basta con anotar todas las ideas. Hay que combinar la disciplina de la documentación con el rigor de la revisión. Un viejo refrán dice: «La tinta más tenue es mejor que la memoria más aguda». Pero eso no es cierto si nunca vuelves a leer lo que has escrito.

Naturalmente, revisarás las notas específicas de cada proyecto a lo largo del mismo y quizás de nuevo al final como parte de una autopsia. Sin embargo, si una idea no se aplica a un proyecto activo, o si nunca se utiliza durante un proyecto, pero sigue teniendo mérito, guárdala. Puedes transcribir las que guardes a un único archivo digital o, como Henrik, trasladarlas a cuadernos posteriores en un proceso de destilación continua. Esta reserva de ideas te servirá como recurso para futuras reflexiones.

«El vínculo entre un problema y una solución», dijo a *Harvard Business Review* el profesor de negocios de Stanford James G. March, «depende en gran medida de la simultaneidad de sus "apariciones"». [20] Con las ideas, el tiempo lo es todo. El tú de mañana que retoma una idea será diferente del tú de hoy que la escribe. Dependiendo de las experiencias y los problemas a los que te hayas enfrentado en el ínterin, esa idea puede parecerte muy diferente. El *eureka* del mes pasado puede perder su fuerza. En cambio, una idea improvisada del año pasado puede ser exactamente lo que requiere tu dilema actual. Revisa tus notas con regularidad para aprovechar la intersección fortuita entre tu pasado y tu presente.

Si tienes un método de toma de notas y revisión que te funciona, hazlo con criterio. Lo que aconsejamos en Stanford es una revisión semanal de todas las notas que has generado en la que transfieres todo lo interesante a un registro permanente, ya sea analógico o digital. A continuación, dedica en tu calendario un tiempo cada trimestre para sentarte a revisar este archivo. Aprovecha esta oportunidad para buscar conexiones entre lo que pensabas antes y lo que has aprendido desde entonces. No dudes en desarrollar una idea cuando te sugiera nuevas vías de pensamiento interesantes.

Sí, diez o veinte minutos cada semana y un par de horas cada trimestre representan un compromiso de tiempo para un profesional ocupado, pero no uno oneroso, y nos parece que ofrece un retorno de la inversión extraordinario.

Además de la revisión trimestral, saca tu expediente cada vez que te enfrentes a un nuevo proyecto, sobre todo uno que esté fuera de tu zona de confort. Un reto desconocido puede ser intimidante porque no sabes ni por dónde empezar. Los escritores no son los únicos que se bloquean de esta manera. Hojear tus notas puede desbloquear las sinapsis. A medida que el rigor de la revisión se convierta en una parte rutinaria de tu práctica creativa, llegarás a confiar en tu yo anterior como una fuente esencial de consejo e inspiración.

DEJA ESPACIOS EN TU AGENDA

¿Qué posibilidades hay de que hagas un descubrimiento interesante haciendo algo exactamente igual que siempre? Para aprender algo nuevo hay que probar cosas nuevas, y los experimentos siempre tienen un riesgo de fracaso. Para asumir ese tipo de riesgo con regularidad, no puedes perseguir el 99 % de eficiencia en cada momento de tu día. Maximizar cada minuto funciona muy bien en una línea de montaje, pero no deja espacio para la exploración creativa. Date espacio para asumir riesgos valiosos.

El director general de Keller Williams, Carl Liebert, se reserva todos los viernes como un espacio libre: «Es un espacio abierto para explorar», nos dijo Liebert. Un viernes puede leer un libro, estudiar en detalle un aspecto de la organización o simplemente dar un paseo con un agente de Keller Williams y verle en acción con los clientes. «Me reservo el material que no tengo tiempo de abordar durante la semana», dijo. «Cosas que quiero hacer, aprender y completar». Liebert no asiste a las reuniones de los viernes y solo atiende las llamadas de emergencia. Sobre todo, el viernes es una oportunidad para que él piense, procese y alimente el estanque, recogiendo las aportaciones necesarias para un pensamiento innovador.

Liberar tiempo no es fácil para ningún director general, pero Liebert ha aprendido que merece la pena defender su momento a toda costa. Cuando una llamada o una reunión se retrasa, la traslada a la semana siguiente en lugar de dejarla para el viernes, como suele ocurrir con los eventos difíciles de programar. En caso de necesidad, incluso sacrifica el tiempo del fin de semana. «He descubierto que una llamada con un candidato potencial es mejor un sábado de todos modos», nos dijo, «ya que están trabajando en otro lugar». De un modo u otro, el viernes es sagrado. «Ese es mi día creativo», dijo. «Trabajaré para protegerlo».

Perry llegó a una conclusión similar cuando era director general del fabricante de bolsas Timbuk2. Durante un período turbulento, Ken Pucker, miembro del consejo de administración y director de operaciones de Timberland, le dijo a Perry que se tomara todos los viernes libres. Dado que la empresa tenía problemas, a Perry le pareció una sugerencia extraña para un miembro del consejo de administración.

«Claro», dijo Perry. «Lo entiendo, Ken. Tomaré tiempo para pensar. Me mantendré alejado del correo electrónico ese día y me concentraré».

«No», respondió Pucker. «Quiero decir que no vengas a la oficina. No trabajes en absoluto. Nunca lograrás este cambio si no tienes tiempo para procesar lo que has aprendido los otros cuatro días de la semana. ¿Cómo vas a aportar nuevas ideas si siempre estás apagando incendios? No trabajes en absoluto los viernes». Eso es exactamente lo que hizo Perry, y el tiempo solo le ayudó a distinguir los problemas que merecían su atención del millón de otros que no. Esa perspectiva crucial le dio la claridad necesaria para dirigir el cambio de Timbuk2.

Google es famoso por conceder a sus empleados un *20 % del tiempo* para perseguir ideas que les interesen personalmente mientras trabajan. Desde hace décadas, 3M ofrece a sus empleados un 15 % más pequeño, pero también sustancial, para trabajar en proyectos personales. Stanford también da a cada miembro de la facultad una parte de tiempo discrecional. Nosotros siempre hemos invertido este margen en nuestro trabajo de asesoramiento con las empresas. Aunque solo se trata de unos cuarenta días de cada año, siempre aprendemos más durante ese tiempo. De hecho, casi todas las historias de este libro provienen de este resguardo de tiempo. Incluso una pequeña dosis de divergencia ofrece grandes beneficios.

PON EN PRÁCTICA TU CREATIVIDAD

Cuando uno actúa como una persona creativa, empieza a sentirse más cómodo siendo creativo en su trabajo y fomentando la creatividad en los demás. Además, las personas a las que asesoramos, independientemente de su función o sector, experimentan una mayor satisfacción y realización en todos los ámbitos cuando adoptan estos hábitos. Aprenden a disfrutar —en lugar de temer— de los retos creativos que les plantea la vida. Al crear regularmente, se desarrolla la confianza de que siempre se puede encontrar una solución mejor. La ansiedad de enfrentarse a un problema desconocido se sustituye por la emoción de jugar a un juego que realmente te gusta. Cuando no tienes práctica con la creatividad, es natural que las ideas te den miedo. Cada idea representa un riesgo de fracaso. Aunque ignorar los problemas es, en última instancia, más arriesgado que intentar un nuevo remedio, no se puede culpar al líder de dar un paso en falso si no lo hace. Cuando un líder antepone las necesidades de hoy a las inevitables de mañana, puede culpar a la economía, a la disrupción tecnológica y a los competidores hambrientos cuando su miopía le pase factura. Si se mira el informe trimestral de resultados de cualquier empresa pública en apuros, se pueden encontrar ejemplos de esta evasión pasiva. Por otro lado, defender una idea ambiciosa que fracasa deja las consecuencias directamente sobre tus hombros.

La solución no es evitar la innovación, sino duplicarla. Las organizaciones innovadoras no se limitan a perdonar los fracasos, sino que esperan que se produzcan muchos. Si no se fracasa con la suficiente frecuencia, es una señal de que hay que ampliar el abanico de posibilidades. Más ideas, más experimentos, más iteraciones. Fracasar es una consecuencia natural de dar un paso adelante, pero si calientas el banquillo todo el día, no podrás batear un *home run*. A medida que los *home runs* se acumulen en paralelo con los *strikeouts*, te liberarás de tu aversión a los grandes *swings*.

El flujo de ideas crece lentamente al principio, sobre todo si te has considerado una persona no creativa durante la mayor parte de tu vida. Sé paciente contigo mismo y establece estos hábitos fundamentales antes de sugerirlos a los demás. Si tus compañeros y subordinados directos no te ven plasmar tus propias ideas, no se sentirán seguros sacando sus propios lápices. Muestra, no digas.

~

Una vez establecida la práctica personal, podemos centrarnos en la única técnica creativa que casi todos hemos empleado: la lluvia de ideas. Salvo raras excepciones, todo el mundo las teme, y con razón. De hecho, algunos expertos sostienen que la generación de ideas en conjunto nunca superará lo que el mismo grupo de individuos puede lograr trabajando solos en sus escritorios. Sin embargo, como veremos, una lluvia de ideas conjunta puede ser una forma extraordinariamente eficaz de generar una enorme variedad de posibilidades divergentes.

3

Llena tus problemas de ideas

«Para una buena idea es necesaria una multitud de malas ideas».[21]

KEVIN KELLY, editor ejecutivo fundador de la revista *Wired* y autor de *THE INEVITABLE*

Un evento de calendario con una vaga descripción aparece en tu bandeja de entrada. Hay una necesidad urgente de pensamiento innovador y estás invitado. Tiene algo que ver con la gran conferencia de ventas de la semana que viene. O un nuevo cliente importante. O esa reciente ola de críticas negativas en Yelp. No importa. Lo importante es que aparezcas. La lucha desatada y de última hora de una organización por las ideas es siempre democrática. Todo el mundo es bienvenido a aportar soluciones, siempre que parezcan viables y no supongan ningún riesgo para nadie con poder en la mesa.

Es hora de hacer una lluvia de ideas.

Inevitablemente, la gran sesión se celebra en un momento incómodo de la tarde, cuando todo el mundo está agotado. O, peor aún, al final del día, cuando la gente está ansiosa por volver a casa. «¿Por qué estoy aquí?», se preguntan todos haciendo muecas en sus teléfonos ante los cada vez más sombríos resúmenes del tráfico en hora punta.

Si alguien supiera cómo resolver esto —las ventas estancadas, los costes en aumento, un desastre de relaciones públicas— no sería un problema. Solo sería un proyecto que se delegaría en la persona o el equipo adecuado. Solo se convoca a todo el mundo cuando no se ve un camino claro hacia la resolución. Olvídate de las respuestas. Nadie está seguro de la pregunta. En última instancia, la sesión de *brainstorming* corporativa es un acto de desesperación: «Alguien tiene que saber cómo manejar esto, yo seguro que no».

¿Hay algo más desmoralizador que verse obligado a «innovar» de esta manera? Teniendo en cuenta las probabilidades de parecer un tonto o un ignorante al opinar sobre un problema desconocido, resulta arriesgado decir algo ambicioso o inusual. Es más seguro quedarse callado y aprovechar las aportaciones de los demás.

Si estás realmente ansioso por coger el tren, lo mejor es señalar la falta de datos completos sobre todos los aspectos de la situación y sus perspectivas a cinco años. Se trata de una clásica táctica dilatoria que puede inducir a los dirigentes a devolver el problema a alguna pobre alma para que lo investigue más. Será la última vez que se oiga hablar de este problema durante un tiempo.

Si la solicitud de datos o el retraso no funcionan, no tienes suerte. Estás en la mira. Vas a tener que generar un montón de ideas si quieres volver a ver a tus seres queridos. Abróchate el cinturón.

Regla número uno de la lluvia de ideas corporativa: nada negativo. No hay que señalar los defectos de una idea ni decir lo que no se puede hacer. El director general es tremendamente alérgico a la palabra «no». Nunca digas en voz alta lo que la empresa no puede hacer, no importa cuántas veces haya fracasado en el pasado.

Segunda regla: nada ambicioso. Las personas que van a tener que seguir tu idea no quieren un gran dolor de cabeza. Así que no les asustes con una gran idea que parezca requerir un esfuerzo enorme. Apunta a lo rápido y barato. En una sesión de *brainstorming* se gana más puntos cortando con elegancia el nudo gordiano: «¿Por qué no hacemos X y lo dejamos?». Deja el micrófono. Tu trabajo ha terminado aquí. Hay un alivio palpable en la sala cuando alguien sugiere una salida fácil a un problema. ¡Uf! Supongo que, después de todo, no necesitaremos todas estas notas adhesivas.

Según la lógica del *brainstorming*, una buena idea es (a) sencilla de ejecutar y (b) no puede fracasar, incluso si la barra está lo suficientemente baja como para cruzarla con patines de hielo. En cuanto una sugerencia cumple estos criterios, la reunión ha terminado. A veces, los líderes siguen solicitando sugerencias durante unos minutos más como muestra de buena fe. En el fondo, sin embargo, todo el mundo sabe que el momento de pensar a lo grande ha terminado.

Si esto parece una forma agotadora e ineficaz de generar un manojo de tímidas ideas, pues lo es. Sin embargo, según nuestra experiencia, sigue siendo una práctica habitual en muchas empresas, si no en la mayoría. Ni siquiera hemos empezado a enumerar todas las demás formas en que el *brainstorming* puede fracasar. Luchas jerárquicas y guerras territoriales. Objetivos preexistentes. Las ideas favoritas que la gente se niega a abandonar. Compañeros quejicas que encuentran lo negativo en cada idea. Y así sucesivamente. Sin barreras de protección y directrices eficaces, el *brainstorming* en grupo saca a relucir las peores tendencias creativas de todos.

¿Hay alguna alternativa? Si se necesitan más cabezas trabajando en un problema, hay que reunirlas, ¿no?

Hace décadas, el ejecutivo publicitario Alex Faickney Osborn popularizó el *brainstorming* en varios libros sobre pensamiento creativo, presentando la técnica como una forma de generar más y mejores ideas de las que los mismos participantes podrían lograr solos. La lluvia de ideas pretendía eliminar los cuellos de botella reuniendo los conocimientos, la experiencia y la capacidad de todos en un mismo lugar y haciendo saltar chispas. Sin embargo, los estudios de la lluvia de ideas en grupo han sido muy variados. Por ejemplo, un metaanálisis de estudios de *brainstorming* publicado en 1987 en el *Journal of Personality and Social Psychology* encontró pocas pruebas sólidas de un efecto positivo. [22]

Si el *brainstorming* no rinde bien, ¿por qué sigue haciéndose? Una reunión de un equipo de una hora de duración representa una importante inversión de recursos de la empresa. Ocupar el tiempo de todos para obtener resultados mediocres no tiene mucho sentido, y, sin embargo, así es como la mayoría de los equipos responden a una necesidad urgente de ideas. ¿Podría ser el deseo de apoyo moral? Una sesión de grupo puede reducir la producción creativa de un equipo, pero también distribuye la responsabilidad. Es mejor fracasar en grupo que asumir los riesgos en solitario. Es una noción deprimente, pero demasiado comprensible si se tiene en cuenta la mentalidad predominante hacia la creatividad y el riesgo en la mayoría de las organizaciones.

Es posible obtener los beneficios prometidos por Osborn. El método de generación de ideas en grupo que enseñamos en la d.school y en organizaciones de todo el mundo conduce a resultados muy diferentes de los que probablemente hayas experimentado. Con el enfoque expuesto en este capítulo, cada participante es un átomo de uranio-235 en un reactor nuclear. Cuando una persona lanza una idea, esta choca con los conocimientos y la experiencia de todos los demás, lo que hace que surjan nuevas ideas. Las contribuciones comienzan a ir de un lado a otro. Antes de que te des cuenta, tienes una reacción en cadena, una fisión creativa. Si se organiza y se lleva a cabo correctamente, una hora en una sala de conferencias proporciona una carga de pensamiento divergente muy superior al tiempo y la energía invertidos.

Si es cierto que el *brainstorming* puede llevarse a cabo de forma eficaz, ¿cómo funciona «mejor»: en grupo o en solitario? Las dos cosas. Resulta que para maximizar la producción creativa de un equipo hay que alternar entre la generación de ideas individual y la colaborativa. Un estudio en el que se comparaba el trabajo en solitario, la lluvia de ideas en grupo y un modelo híbrido que alternaba ambos descubrió que este último enfoque era el que producía más ideas. [23] De hecho,

Osborn lo dijo en sus propios libros, aunque es evidente que el mensaje se perdió con el tiempo. Para obtener los mejores resultados, utiliza un sándwich de innovación: Reúne a la gente para obtener todos los beneficios de la serendipia y el conocimiento compartido; haz que vuelvan a sus mesas para contemplar en silencio lo que han discutido y, por último, reúnelos una vez más para que compartan sus ideas y saquen aún más chispas.

Uno de los obstáculos de la creatividad es la necesidad psicológica de lo que el psicólogo social Arie Kruglanski denominó «cierre cognitivo».[24] Resulta cada vez más incómodo posponer el juicio y seguir pensando en nuevas posibilidades cuando hay una o más respuestas viables sobre la mesa. Hay un fuerte instinto de avanzar con lo que hay en cuanto se tiene algo. En consecuencia, la gente corta el flujo de posibilidades divergentes demasiado pronto. Al interrumpir el proceso del grupo para dar a cada uno la oportunidad de reflexionar a solas, se interrumpe esa tendencia a la convergencia prematura.

El sándwich de la innovación funciona mejor incluso si eres un autónomo, un emprendedor o te enfrentas a los problemas de las ideas en solitario. Nunca llegarás a la misma amplitud de posibilidades sin la ayuda de otras personas. Al igual que los equipos deben incorporar periodos de reflexión en solitario, los individuos deben buscar oportunidades para rebotar sus ideas en otros como parte de su proceso creativo: amigos, compañeros, cónyuges. Cuando necesites ideas, pide refuerzos.

Pero ¿realmente se necesitan tantas ideas? ¿Hay que seguir adelante después de la primera buena sugerencia? Al final, un problema solo necesita una solución. ¿Por qué no parar en cuanto tengas una?

EL COCIENTE DE IDEAS

En contra de la opinión popular, los creadores de éxito no son solo personas que tienen grandes ideas. Cualquier idea generada por un artista de alto rendimiento no suele ser más o menos viable o interesante que una generada por cualquier otra persona en la sala. La regla de la igualdad, propuesta por el profesor de psicología Keith Simonton, afirma que el número de éxitos creativos está relacionado con el número total de obras creadas. A más sinfonías, más grandes sinfonías. A más teoremas matemáticos, más teoremas revolucionarios. La regla de la igualdad de probabilidades parece aplicarse a un conjunto asombroso de campos. [25]

Lo que diferencia a los ganadores en la investigación de Simonton —y en nuestra propia experiencia— es el volumen. Los innovadores de talla mundial generan habitualmente muchas más posibilidades que la media. Si quieres obtener mejores resultados, para lograrlos, llena la parte superior de tu embudo de innovación con muchas, muchas más ideas. Y, lo que es igual de importante, amplia el espectro de posibilidades en el que reúnes tus ideas todo lo que puedas.

¿Cuánto más es «suficiente»? ¿Cuántas ideas hacen falta para llegar a una gran idea? Según nuestra experiencia, la respuesta es alrededor de dos mil. Sí, es un dos con tres ceros después: 2.000 a 1. A esto lo llamamos el cociente de ideas.

Para ser claros, no te estamos diciendo que entres en una habitación y pienses en dos mil ideas en el momento. La creatividad es iterativa. Cuando sugerimos un cociente de dos mil posibilidades a una solución entregada, estamos contando cada combinación, variación y refinamiento a lo largo de toda la línea de innovación.

El mérito del cociente de ideas se debe a nuestro colega Bob Sutton, que lo vio por primera vez en su trabajo en la consultora de diseño IDEO. En colaboración con un fabricante de juguetes, se enteró de que los inventores de la empresa pasaron por cuatro mil ideas de productos para llegar a doscientos prototipos funcionales. [26] De ellos, una docena se lanzaron al mercado y dos o tres tuvieron un éxito legítimo. Una vez que identificó esta pauta, empezó a verla en todos los creadores que obtenían grandes resultados de forma constante.

Podemos dividir estos números en dos y hacer un pequeño redondeo para que sea más fácil de recordar: Para llegar a un único producto de éxito, dos mil ideas se convierten en cien prototipos. Esos cien prototipos se convierten en cinco productos comerciales. De los últimos cinco, uno tendrá éxito. Sin embargo, para comprender realmente las implicaciones de 2.000:100:5:1, hay que olvidar el hecho de que estamos hablando de juguetes, o incluso de productos en general. Lo que hemos descubierto trabajando con innovadores de todo tipo es que la escala de este enfoque se aplica universalmente.

La proporción de ideas aparece una y otra vez en los estudios de casos de innovación de éxito. Por ejemplo, los Insights Labs de Taco Bell desarrollaron los revolucionarios Doritos Locos Tacos partiendo de una treintena de recetas básicas y convirtiéndolas en «incontables variaciones», cada una de las cuales requería un muestreo. [27] ¿Cuántas variaciones tuvo que comer el director de desarrollo de productos, Steve Gómez, antes de dar con el producto que cambiaría el juego? «Si dijera que un par de miles de tortillas», dijo Gómez a un periodista, «probablemente parecería que estoy exagerando». Taco Bell es un reconocido gigante de la innovación en la comida rápida por su flujo de ideas. «Escribo cincuenta ideas de producto al mes», dijo la directora de marketing Kat García al periodista. (Entre otros logros, García inventó el adorado Double Decker Taco). «En la fase inicial, producimos entre trescientas y quinientas ideas al año. Reducimos la cifra a unas veinte o treinta ideas que llegan al mercado. Muchas cosas se descartan».

¿Cómo es posible un volumen así? Con un proceso. Un sólido proceso de innovación explica por qué empresas como Apple, Pixar y, sí, Taco Bell, son constantes incluso cuando empleados de gran talento van y vienen. Mientras tanto, otras empresas luchan por conseguir resultados con regularidad, incluso cuando invierten en la contratación y retención de los mejores talentos. (¿Recuerdas a Quibi?). El instinto combinado con la experiencia puede lograr cosas magníficas, pero es frágil. No se puede confiar en él. El proceso hace que el cociente de ideas no solo sea posible, sino sostenible.

El proceso correcto no solo implica generar tantas ideas como sea posible sin juzgarlas, sino alimentarlas continuamente a través de un proceso de validación y descarte, algo que trataremos en el siguiente capítulo. El movimiento de las ideas es clave. Queremos un flujo de ideas, no un estanque de ideas. Al utilizar lo que se aprende de la experimentación para generar aún más posibilidades, las ideas en bruto se cruzan con los datos concretos para generar ideas que nunca se habrían tenido sentados en una sala de conferencias. Sigue este enfoque de forma metódica y llegarás fácilmente a las dos mil variaciones cuando termines.

¿Hay algo mágico en el número dos mil? No necesariamente. En algunos sectores, es incluso mayor. Según nuestro amigo Wolfgang Ebel, de la empresa farmacéutica japonesa Eisai, el número de posibles compuestos en la parte superior del embudo de soluciones es más bien de diez mil a veinte mil. Según el inventor y empresario Sir James Dyson, se necesitaron 5.127 prototipos para crear su homónima aspiradora sin bolsa.[28] (No queremos ni pensar en cuántas ideas se necesitaron para crear tantos prototipos reales). En otros ámbitos, la proporción correcta entre ideas y resultados exitosos podría ser de *solo* quinientos o mil a uno.

El número correcto no es dos, diez o veinte. El secreto para tener buenas ideas es tener muchas más ideas. Con la práctica y la experimentación, llegarás a la proporción de ideas que mejor se adapte a tu contexto. Mientras tanto, empieza a generar ideas durante mucho más tiempo del que sueles hacerlo. A medida que vayas probando y validando esas ideas, aprenderás rápidamente que cualquier idea es solo un punto de partida, una chispa. Algunas ideas que parecen totalmente factibles se quedan en nada en el mundo real. Otras parecen totalmente irrealizables, incluso tontas. Luego las pruebas y descubres que bastan unos cuantos retoques para que funcionen.

Vale la pena repetirlo: para que la cantidad se dispare, relaja las expectativas en torno a la calidad. Como estás aprendiendo de tu cuota de ideas, generar muchas ideas requiere una zona de no juzgar. Descubrirás que gran parte del valor de cualquier idea nueva reside en las ideas adicionales que despierta en otros. Recuerda que el objetivo es la fisión creativa.

En *Bird by Bird*, la autora, Anne Lamott, insta a los escritores a aceptar que los primeros esfuerzos suelen ser terribles. Un primer borrador pésimo es la forma en que los escritores llegan a «buenos segundos borradores y magníficos terceros borradores». Esto es normal. Los escritores novatos se atascan porque esperan escribirlo bien de inmediato. La necesidad de iterar no es exclusiva de las artes. Thomas Edison es famoso por su trabajo de repetición de ideas para llegar a un producto final. «No he fracasado», se le cita a menudo. «Solo he encontrado diez mil formas que no funcionan». Las palabras reales de Edison fueron ligeras, pero notablemente diferentes. Llevaba meses trabajando en el desarrollo de una nueva batería. Un amigo lo encontró rodeado de los escombros de innumerables esfuerzos fallidos.

«¿No es una pena que con el tremendo trabajo que has hecho no hayas podido obtener ningún resultado?», dijo el amigo de Edison. [29] El inventor respondió: «¡Resultados! Pues, hombre, ¡he obtenido muchos resultados! Conozco varios miles de cosas que no funcionan». Edison enmarcó sus intentos fallidos en resultados. Llegar a miles de ideas requiere perseverancia, pero Edison no llegó a ellas por una disciplina férrea sino por un sentido de juego y disfrute. Le gustaba generar y probar posibilidades. Nunca habría perseverado hasta llegar a una solución golpeándose la cabeza contra el banco cada vez que una idea no resultaba. Fue esta mentalidad la que dio lugar a tantos productos de éxito comercial. Interpretó cada iteración no como un fracaso, sino como un victorioso paso adelante.

POR QUÉ LA GENTE SE DETIENE DEMASIADO PRONTO

Según nuestra experiencia, la típica sesión de *brainstorming* da como resultado, en el mejor de los casos, un puñado de ideas. Una vez que hay un par de opciones viables sobre la mesa, el entusiasmo por continuar disminuye rápidamente. Antes de que nos demos cuenta, la discusión se ha trasladado a la acción. En un momento, todo el mundo se pone a pensar. Al siguiente, están elaborando un presupuesto y delegando subtareas.

Los líderes que en cualquier otra circunstancia son inteligentes y exitosos consideran que esta mísera cantidad de ideación es suficiente incluso en el caso de proyectos ambiciosos y de gran envergadura. En su opinión, dedicar una hora a idear ocho o nueve posibilidades son sesenta minutos bien invertidos. Un equipo de un gran banco nos preguntó: «¿Cuál de estas seis nuevas empresas deberíamos presentar al consejo?». Seis. Cada una de estas empresas implicaría meses de esfuerzo por parte de un gran equipo y una inversión de siete cifras. Piensa en cuál podría ser la séptima idea, si solo si hubieran dedicado unos minutos más. En lugar de eso, dieron por terminado el día a las seis.

Si el número de partida correcto no es el seis, sino el lado más alejado del seiscientos, ¿cómo salvamos la brecha entre lo que la gente cree que necesita y la escala de producción que conduce a resultados de clase mundial? Para empezar, ayudaría utilizar todo el tiempo disponible. En nuestro trabajo en Stanford hemos descubierto que incluso los creativos profesionales tienden a dejar de generar ideas antes del tiempo asignado. En la mayoría de los casos, la gente se ancla en la primera buena idea en el momento en que se sugiere y, una vez que esto ocurre, la energía en la sala cambia. El grupo pasa el resto del tiempo asegurándose de que la idea a la que se han adherido es buena. Creo que tenemos un ganador aquí, amigos.

No llegarás a una estrategia que salve a la empresa o a un producto que defina una era si se te ocurren ocho posibilidades y luego vuelves al número tres, que ha sido tu favorita desde el número cuatro. Sin embargo, esto es lo que ocurre siempre en ausencia de un proceso riguroso de *brainstorming*. Hay varios factores en juego:

Presión. Aunque tu problema no sea una verdadera emergencia que requiera una solución inmediata, cada minuto de tiempo del grupo constituye una inversión importante. Si la gente no es consciente de la correlación entre cantidad y calidad, persistir más allá de la primera buena idea puede interpretarse como perfeccionismo. Despilfarro. La gente se molesta cuando un colaborador sigue lanzando nuevas ideas cuando la mayoría está formando un consenso. Si se valora la opinión de los compañeros, se aprende a callar una vez que se ha sugerido una idea suficientemente buena. Con una opción viable sobre la mesa, se alivia la ansiedad de no saber. Todo el mundo se relaja. Puede que sugieran a medias otras posibilidades, pero a medida que la reunión continúa hay una clara inclinación hacia esa primera idea. Llámalo el impulso de la convergencia.

El precipicio creativo. Otro sesgo cognitivo en juego es la «ilusión del precipicio creativo», un fenómeno identificado por los profesores de psicología Brian Lucas y Loran Nordgren.[30] En su investigación, Lucas y Nordgren descubrieron que las personas en una lluvia de ideas sienten que su creatividad se está «agotando» cuando generan ideas. Sin embargo, a diferencia de otras fuentes cognitivas como la paciencia y la fuerza de voluntad, que pueden agotarse con el tiempo, la creatividad permanece estable o aumenta a medida que se utiliza. Debido a la ilusión del precipicio creativo, la gente no persiste en la generación de ideas durante tanto tiempo como podría. De hecho, lo dejan justo cuando llegan a sus ideas más interesantes. Las ideas que llegan después de ignorar el imperativo interno de parar tienden a ser las mejores del lote.

Esto no es una cuestión de talento. Es una cuestión de expectativas. Lucas y Nordgren descubrieron que las creencias de las personas sobre la creatividad —por ejemplo, si creían (incorrectamente) que las mejores ideas llegan primero— estaban relacionadas con el tiempo que dedicaban a las tareas creativas. En otras palabras, entender la ilusión del precipicio creativo ayuda a disiparla.

Sin embargo, el conocimiento sin un proceso no es suficiente, porque estos prejuicios son obstinados. De la misma manera que un entrenador te ayuda a superar las limitaciones físicas que percibes, un proceso creativo te ayuda a superar el precipicio creativo. Como verás, solo después de haber aportado todas las sugerencias obvias que se te ocurren empiezan a llegar tus mejores ideas. Tus aportaciones más inesperadas, inusuales e inéditas están esperando más allá de ese precipicio imaginario.

Sesgo de anclaje. Un tercer limitador del flujo de ideas es el sesgo de anclaje, propuesto por primera vez por Amos Tversky y Daniel Kahneman, dos progenitores clave de la economía del comportamiento. [31] Al tomar decisiones, las personas tienden a aferrarse a un punto de referencia inicial o ancla. Por ejemplo, si se pide a un grupo de personas que calcule el tamaño de un objeto, el resto de las estimaciones se agruparán en torno a la primera, aunque esa primera estimación esté muy equivocada. Esa cifra inicial se convierte en un punto focal, un horizonte de sucesos del que es difícil escapar cognitivamente para los demás participantes. Y lo que es peor, el efecto puede observarse en el patrón de adivinación incluso si todos son conscientes del sesgo de anclaje.

El sesgo de anclaje, poderoso y sutil a la vez, desempeña un papel secundario en la resolución creativa de problemas. Las primeras sugerencias en una sesión de *brainstorming* dirigirán inevitablemente lo que sigue. Incluso los creadores más experimentados caen en el anclaje, posicionando conscientemente todas sus sugerencias en relación con las anteriores en lugar de dejar que el proceso de desarrollo diverja a través de todo el espectro de posibilidades. Por eso necesitamos un proceso que impida sistemáticamente la formación de anclajes.

El efecto Einstellung. Suponiendo que resistas la presión lo suficiente como para superar el precipicio creativo y volar con anclas y todo, todavía te queda un último obstáculo que superar. Observado por los psicólogos durante décadas, el efecto Einstellung se produce cuando una solución posible te impide ver otras. El simple hecho de pensar en una sola dirección para abordar un problema puede impedirte ver toda la gama de alternativas.

Si alguna vez has jugado a un juego de búsqueda de palabras y te has dado cuenta de que vuelves a mirar las palabras que ya habías localizado, estás familiarizado con el poder de este sesgo. Una vez que tu cerebro ve un camino a través del laberinto, se hace muy difícil dejar de verlo, considerar rutas alternativas.

Merim Bilalić y Peter McLeod utilizaron cámaras de seguimiento ocular para demostrarlo en un novedoso estudio de jugadores de ajedrez. [32] Aunque los jugadores insistieron en que estaban escaneando todo el tablero en busca de una solución a un problema de ajedrez, sus ojos siguieron el mismo patrón, uno que habían sido instados a ver al resolver un problema similar antes. El enfoque de la solución anterior no funcionaba para este nuevo problema, pero no podían liberarse de él. Estos jugadores no se dieron cuenta de que iban en círculos.

El efecto Einstellung explica por qué la generación de ideas en solitario rinde menos. Para conocer todo el espectro de posibilidades, necesitamos que otros nos empujen a salir de los surcos en los que ni siquiera sabemos que estamos.

UN MÉTODO SENCILLO PARA RESOLVER PROBLEMAS COMPLEJOS

Si vamos a reunir a un grupo para abordar un problema, queremos salir con el mayor volumen y variedad de ideas posibles a cambio de la inversión de tiempo y energía.

El resultado de una sesión de *brainstorming* debe reflejar toda la gama de experiencias, antecedentes y estilos de pensamiento de la sala. Debe abarcar a todos los participantes, no solo a los que disfrutan del sonido de sus propias voces.

Las siguientes directrices han demostrado su eficacia en organizaciones de todos los tamaños y sectores. Para el trabajo a distancia e híbrido, ahora puedes elegir entre una sólida gama de herramientas en línea diseñadas específicamente para facilitar sesiones virtuales. Este enfoque se adapta sorprendentemente bien a las pizarras digitales y a los Post-its pixelados, y lo mejor es que nunca te distrae ese tipo que se pasea por la sala de conferencias con una bolsa de patatas fritas en lugar de quedarse en su mesa.

Reúne la mezcla adecuada

Los líderes suelen invitar a la gente a una sesión de *brainstorming* de forma indiscriminada: cuantos más, mejor. En un capítulo posterior veremos cómo reunir diversas perspectivas puede estimular el pensamiento divergente, pero debe hacerse con cuidado. Una lista bien calibrada ayuda a garantizar el éxito de la sesión. Si no se tiene cuidado, se puede acabar con el equipo principal por un lado y un grupo de personas ajenas que no pueden ofrecer contribuciones relevantes por el otro. Las personas ajenas al equipo que carecen de contexto pueden distraer al equipo principal con ideas completamente inviables o permanecer en silencio por miedo a hacerlo.

Resiste el impulso de poner en copia a toda la empresa la próxima vez que necesites ideas. Lo pequeño es bueno. Tres personas con conocimientos sobre un problema son suficientes para aprovechar los beneficios de la lluvia de ideas. Si participan más de seis personas, acabarán en una larga mesa de conferencias en la que cada persona interactuará con un puñado de personas al alcance de su oído. (Si se reúnen más de seis personas para la lluvia de ideas, divídelas en equipos de tres a seis personas, como se indica a continuación).

Todos los miembros de la sala deben tener suficiente experiencia y conocimientos relevantes para ofrecer contribuciones fundamentadas. Esto no significa que todos deban proceder del mismo departamento, por supuesto. Como veremos en el capítulo siete sobre la minería de perspectivas, invitar a alguien con una función muy diferente que siga teniendo visibilidad de tu problema puede ser increíblemente útil.

Esto tampoco quiere decir que los puntos de vista de los novatos no puedan ser útiles. Para acoger una nueva perspectiva en el debate, basta con hacerlo deliberadamente y con un fin específico en mente en lugar de incorporar un montón de becarios como una idea de última hora.

Navistar se encontró con problemas en su flota de autobuses eléctricos que requerían un pensamiento innovador. Desgraciadamente, los empleados más familiarizados con el problema actuaban a la defensiva, sugiriendo solo mejoras incrementales. La excesiva familiaridad con el problema se había convertido en una desventaja. Para combatirlo, los responsables reunieron a un grupo de empleados de toda la organización, les informaron del problema y les dieron un día para generar todas las ideas que pudieran. Los novatos no tenían ningún interés en el proyecto y, en este caso, eso les dejaba libertad para pensar en grande. Generaron sesenta ideas, que finalmente condujeron a una solución.

En el capítulo siete se hablará más de la utilización de las perspectivas de los novatos como táctica avanzada para superar la inercia. En la mayoría de los casos, querrás aprovechar al máximo la experiencia y los conocimientos cuando reúnas al grupo.

Recoge las primeras sugerencias

Esperar que la gente hable en un grupo favorece a los extrovertidos. También deja a todos vulnerables al anclaje: las primeras sugerencias dirigirán todas las contribuciones siguientes, limitando el alcance final. Antes de reunir a todo el mundo, da a los participantes una indicación relacionada con el problema en cuestión y pídeles que presenten al menos dos contribuciones por adelantado. Estas sugerencias iniciales servirán como semillas para la generación de ideas y como protección contra el insidioso sesgo del anclaje, asegurando que se explore el más amplio espectro de posibilidades.

Una buena pregunta suele adoptar la forma de un «¿Cómo podríamos...?», por ejemplo: «¿Cómo podríamos ayudar a los clientes a encontrar productos más fácilmente en nuestra aplicación móvil?». (En el capítulo nueve se explica cómo crear instrucciones útiles). Para este y muchos otros propósitos en la d.school, creamos un «andamio», una plantilla que puede reutilizarse cada vez que realicemos ese ejercicio en particular. El andamio de la lluvia de ideas del grupo podría tener la pregunta «¿Cómo podríamos...?» en la parte superior, seguida de una indicación: «Aprovechando tu propia experiencia y perspectiva únicas, ¿qué nuevas soluciones podrías recomendar?». Si los participantes carecen de contexto, los detalles básicos pueden ayudar. Debajo, deja diez o más espacios en blanco para fomentar más de dos sugerencias como mínimo.

La distribución de un andamio impreso con instrucciones claras aumentará la participación en comparación con un correo electrónico. Además, como un andamio eficaz puede adaptarse y reutilizarse, asegúrate de guardar el documento.

En una situación ideal, da a cada participante la tarde anterior a la reunión del grupo para trabajar en el andamio. Sin embargo, si no hay mucho tiempo, una hora de almuerzo es suficiente para anotar algunas posibilidades. Cualquier cosa es mejor que «en sus marcas, listos, ya».

Consigue que todo el mundo tenga la mentalidad adecuada con los calentamientos

Dedica los primeros diez o quince minutos a calentar en grupo, igual que harías con un compañero de tenis antes de un partido. Los ejercicios de calentamiento ayudan a los participantes a quitarse las telarañas, así como los objetivos y las ideas preexistentes que puedan tener en mente. Los ejercicios de calentamiento también sacan al grupo de la mentalidad convencional y convergente en la que se basan en el trabajo.

Cuando hacemos nuestro trabajo, estamos preparados para notar los errores, minimizar el riesgo, organizar el caos y mantenernos centrados. Generar ideas juntos requiere un modo de funcionamiento diferente. En lugar de converger en un camino hacia adelante (eliminar la variabilidad, reducir el riesgo, tomar decisiones) queremos divertirnos lo más posible, generando muchas direcciones potenciales para explorar en el tiempo que tenemos disponible.

Después de explicar esta distinción a un grupo de ejecutivos de Japón, un participante de alto rango ofreció una interpretación novedosa: «Cuando divergimos, está bien sugerir cualquier cosa», dijo. «Cuando convergemos, tenemos que pensar con responsabilidad». Un hablante nativo de inglés probablemente no habría insinuado que el pensamiento creativo es de algún modo irresponsable, pero esta interpretación me pareció exactamente correcta. Es irresponsable lanzar una idea descabellada o arriesgada en el trabajo. Queremos ser buenos administradores, ya sea de los recursos de la empresa o simplemente de nuestra propia reputación. Sin embargo, en un contexto creativo, necesitamos nuevas ideas que nunca surgirían en el curso normal de un día. Esto significa permitirse, solo durante esa ventana de tiempo, pensar «irresponsablemente». Cuando se adopta una mentalidad divergente, ya no hay errores. Solo, en palabras del gran experto en creatividad y paisajista Bob Ross, «pequeños accidentes felices».

Un buen ejercicio de calentamiento marca la pauta, estableciendo implícitamente reglas de participación creativas como diferir el juicio, apostar por la cantidad, mantener cada contribución breve y aprovechar las ideas de los demás. Probablemente estés familiarizado con los ejercicios habituales para romper el hielo, como el reflejo de los movimientos de los demás o un torneo de piedra, papel o tijera. Cualquier ejercicio que haga que las cosas se muevan física y mentalmente servirá. Sin embargo, según nuestra experiencia, el mejor calentamiento es hacer lo mismo que se hará durante la sesión, pero con apuestas más bajas.

Por ejemplo, si estás buscando formas de convencer a los clientes de que pasen de comprar cada nueva versión de tu aplicación a pagar una suscripción mensual, plantea al grupo un reto paralelo: «¿Cómo podríamos convencer a los hijos de Alan para que coman sus verduras?».

Para un grupo que es relativamente nuevo en este método, comienza con una regla de que todos tienen que decir no a cada idea:

«¿Tal vez podríamos mezclar las verduras en un batido?».

«No, eso no funcionará. Tienes que asarlas».

«No, asarlas lleva demasiado tiempo. En vez de eso, cubrámoslas con aderezo para ensaladas».

Una vez que los participantes hayan hecho esto durante uno o dos minutos, pídeles que afirmen y construyan sobre las ideas de los demás, utilizando el mantra, «sí, y...»:

«Sí, y utilicemos un aderezo para ensaladas orgánico y bajo en calorías para obtener aún más beneficios para la salud».

«Sí, e incluso podrías darles a elegir dos aderezos diferentes para la ensalada, para que se sientan más a cargo».

Y así sucesivamente. Al final del calentamiento, pregunta a todos si han notado la mejora tras el cambio de «no» a «sí, y». Decir «no» es innecesario (todavía no estamos depurando las ideas) e interrumpe el flujo. Decir «sí, y» anima al participante a utilizar la salida de la otra persona como una entrada divergente para estimular una nueva dirección. Una vez más, la idea es que los participantes tengan la mentalidad adecuada.

Divide en equipos y asigna coordinadores

Si tienes un grupo de tamaño inabarcable, divídelo en equipos de tres a seis personas. Piensa como un planificador de bodas que se acerca a un plano de asientos: rompe las conexiones existentes siempre que sea posible para crear la mayor diversidad posible de puntos de vista (y minimizar cualquier distracción). Piensa en la diversidad no solo en términos de edad, raza y género, sino también de función, departamento y lugar en la jerarquía. Haz un mapa en papel o utiliza una hoja de cálculo y baraja las cosas. Una vez que estén todos en equipos, asigna a un miembro de cada equipo como su coordinador y, si es necesario, tómate un minuto para instruir a los coordinadores en el siguiente enfoque.

El coordinador del equipo comienza la sesión distribuyendo rotuladores y notas adhesivas a cada miembro del equipo. Lo ideal es utilizar notas adhesivas de distintos colores para poder identificar las contribuciones de cada persona. También es útil colocar a todos cerca de la pizarra.

La disposición física del grupo subraya que cada miembro del equipo tiene la misma oportunidad de contribuir.

Es importante que el coordinador no sea un jefe. Esto es cierto incluso si es, de hecho, el jefe. (Los roles y la jerarquía desaparecen cuando generamos ideas, y si para ello hay que quitar las insignias, los títulos u otros signos visibles de rango, hazlo). El coordinador se limita a dirigir la sesión, asegurándose de que todos participan plenamente y cuidando el nivel de energía. El coordinador revisa los andamios del equipo y selecciona cinco o seis semillas para estimular la generación de ideas. Como queremos generar la mayor diversidad posible de soluciones, queremos que cada miembro del equipo aporte al menos una idea. Además, hay que buscar un equilibrio entre novedad y viabilidad. Todo lo que no se ajuste a la realidad generará posibilidades demasiado frívolas o extravagantes para ser útiles. Todo lo que sea demasiado obvio o pedestre mantendrá el debate en órbita baja.

Una vez escritas las semillas en la pizarra, cada una en la parte superior de una columna separada, es el momento de empezar en serio.

Marca el ritmo

Normalmente, dedicaremos una hora a una sesión de grupo como esta, incluyendo esos diez o quince minutos de calentamiento. Si te resulta útil disponer de más tiempo, divídelo en varias sesiones de una hora o menos, dejando cinco minutos al final de cada hora para recoger ideas y mantener un rápido debate posterior.

Cuando se pone en marcha el cronómetro, el coordinador invita a aportar ideas inspiradas en la semilla de la primera columna de la pizarra. Para contribuir, un participante (a) escribe su idea, (b) la dice en voz alta al equipo y (c) la pega en la columna correspondiente. A medida que avanza la sesión, el coordinador aporta sus propias ideas mientras anima a los demás, siempre en términos de cantidad, no de calidad.

No puedes evaluar tus propias ideas con demasiada atención si las cosas se mueven con rapidez, así que mantén un ritmo ligero y rápido para que nadie tenga tiempo de cuestionarse a sí mismo. A lo largo de la sesión, el coordinador debe animar continuamente a los demás miembros del equipo a diferir el juicio y a basarse en las ideas de los demás. Hay que seguir rechazando cualquier tendencia a converger en un «ganador» o el esfuerzo de cualquiera por dirigir el resultado del grupo en una determinada dirección. Lo importante no es lo que pensamos de una idea concreta, sino lo que cada idea nos ayuda a pensar después.

A medida que las columnas se van llenando, hay que vigilar los colores: «Bill, no veo ninguna nota adhesiva verde en la pizarra, asegúrate de añadir algunas cosas también». Quieres conseguir una participación lo más completa posible para aprovechar al máximo la diversidad del equipo. Si uno o dos participantes siguen dominando, asigna un orden y solicita las contribuciones de una en una. Esta táctica de mano dura no suele ser necesaria, pero a veces, sobre todo en las sesiones virtuales, la gente no habla a menos que sepa que es la siguiente en la fila. De la misma manera, sigue recordando a la gente que use sus rotuladores. Si no lo escribes, no lo has hecho, ¿recuerdas? «¡Es una gran idea, Bill, pero ponla en una nota adhesiva y pégala a la pizarra!». (Puede que tengas que decir esto muchas veces).

Generar ideas es como hacer palomitas en el microondas. Al principio, un par de ideas sencillas «saltarán» en rápida sucesión. A continuación, irán surgiendo ideas más constantes y divergentes, a medida que se agoten las direcciones obvias y se supere el precipicio de la creatividad. Antes de que las ideas dejen de surgir —normalmente, esto lleva cinco o seis minutos—, el coordinador dirige la atención del grupo hacia la siguiente columna, tanto para mantener la energía como para que el grupo pase por todas las columnas en el tiempo previsto. Con seis columnas y seis minutos por columna, tendrás tiempo suficiente para el calentamiento al principio y el cierre al final en la hora determinada.

Capturar, marinar y volver a montar

Al final de la sesión, reúne a todos los equipos y dedica cinco minutos a analizar los resultados y sus aportes. Asegúrate de hacer fotos de todas las pizarras. Sobre todo, no intentes decidir qué ideas son las más prometedoras. Como veremos, eso no es algo que la gente haga muy bien, especialmente de inmediato.

A continuación, envía al grupo con una misión clara: «Nos gustaría que siguierais reflexionando sobre el tema, así como sobre las soluciones que hemos imaginado juntos», explica. «Algunas de las ideas más frescas se producirán después de que esta reunión haya terminado. Cuando volvamos a reunirnos para tomar decisiones sobre cómo avanzar, todo el mundo podrá compartir las percepciones e ideas a las que hayan llegado en el ínterin».

Antes de dispersarse, cuenta el número total de ideas generadas por cada equipo. Saber que el grupo produjo, por ejemplo, unos cientos de ideas en el transcurso de sesenta minutos puede ser increíblemente motivador para todos los que participaron. Ayuda a resaltar el rendimiento de la hora que han dedicado.

Con el tiempo, desarrollarás un sentido del cociente de ideas correcto para el tipo de trabajo que estás haciendo. Esa proporción se convierte en un objetivo que hay que alcanzar siempre. Recuerda que la ilusión del precipicio creativo sigue diciendo a nuestros cerebros que estamos sin ideas cuando no es así. Las métricas nos ayudan a mostrar lo contrario, cambiando nuestras expectativas y haciendo que sea mucho más fácil persistir más tiempo la próxima vez.

~

Con este método sencillo y sistemático, en una hora conseguirás más de lo que jamás creíste posible. No llegarás a las dos mil ideas, pero generarás docenas o incluso centenares para empezar, y empezarás a ver cómo los datos generados por la experimentación pueden encaminar las restantes.

Para potenciar tus resultados, haz que las cosas sean competitivas (en el buen sentido). Con varios equipos, comprueba cuál es capaz de generar más posibilidades. O reta a cada equipo a superar su número de ideas anterior con cada nueva columna. Hazlo divertido. Piensa en una maratón de recaudación de fondos, no en un enfrentamiento de ajedrez entre Estados Unidos y la Unión Soviética durante la Guerra Fría.

Nuestro amigo Dan Klein, director de los *Stanford Improvisors*, ofrece un último consejo: No intentes ser creativo. Atrévete a ser obvio. Lo que a una persona le parece *obvio* a otras les parecerá novedoso, incluso inspirador. Haz explícito lo tácito. Nunca nada es *obvio*. ¿Recuerdas esos neutrones creativos que vuelan alrededor del reactor nuclear? En lugar de intentar soñar con algo fuera de tu propia realidad, di lo que se te ocurra inmediatamente y mira cómo empieza la reacción en cadena. Atrévete a ser obvio y confía en que el equipo sea fantástico.

Esta es la principal ventaja de trabajar en grupo. Es un proceso en el que el acero afila al acero. Es la razón por la que no nos retiramos a nuestros escritorios para generar ideas solos. En un grupo, ninguna persona lleva la carga de ser el héroe creativo. Todos podemos relajarnos y dar rienda suelta a nuestras ideas, y hacernos saltar chispas unos a otros mientras avanzamos.

Cuando termina una sesión, el entusiasmo da paso al pragmatismo. La cantidad sin juicio es divertida, pero ¿qué pasa con la calidad que se supone que impulsa? La pregunta inevitable que escuchamos de los participantes es: «¿Cómo sabemos si alguna de estas cosas es una buena idea?». El siguiente capítulo comienza a responder a esta pregunta. A medida que establezcas un proceso de innovación para validar las ideas en el mundo real, verás cómo los resultados experimentales inspiran un pensamiento aún más creativo. En lugar de trazar un camino y seguirlo a ciegas, el truco consiste en ir tanteando el terreno.

Las sesiones de grupo son una herramienta inestimable para resolver problemas de ideas, pero la generación de ideas no es un acontecimiento discontinuo que se produzca al principio de un proyecto. El ciclo de pruebas, perfeccionamiento y exploración continúa durante todo el proceso de innovación. Solo termina una vez que se ha alcanzado el objetivo, o se ha abandonado para extraer un filón aún más rico de oportunidades.

4

Construye una línea
de innovación

«Intentamos demostrar que estamos equivocados tan pronto como
sea posible, porque solo así podemos encontrar el progreso». [33]

RICHARD FEYNMAN

Silicon Valley Bank es un gran banco comercial con sede en Santa
Clara, California. Desde su fundación en 1983, el SVB se ha especializado en un producto local: las nuevas empresas de alta tecnología.
En la actualidad, SVB (Silicon Valley Bank) es uno de los mayores
bancos de Estados Unidos, con operaciones en todo el mundo. Sin
embargo, a pesar de su alcance, la tecnología y el capital riesgo (la innovación) siguen desempeñando un papel fundamental en su éxito.
Ansioso por impulsar el crecimiento, el director general Greg Becker
nos invitó a trabajar con líderes de alto potencial en el banco en 2016.
Becker reunió a nueve equipos de toda la organización y dio a cada
uno un área de oportunidad estratégica para explorar.

Al trabajar con un grupo nuevo, solemos presentar un proyecto
hipotético con fines didácticos. Como ya teníamos las nueve áreas
estratégicas de Becker, decidimos empezar con una de ellas. La financiación

de la deuda para las empresas incipientes nos pareció una demostración ideal, con mucha relevancia para la actividad principal de SVB. Ese equipo estudiaría cómo los fundadores piden préstamos para lanzar nuevas empresas. ¿Qué tipo de condiciones esperan esos clientes? ¿A qué problemas se enfrentan habitualmente? ¿Cómo podría SVB hacer más atractiva su oferta de financiación de la deuda? Las respuestas podrían tener importantes ramificaciones.

Tras explicar el proceso de generación de ideas descrito en el capítulo anterior, dividimos el grupo en nueve equipos y los pusimos a trabajar. Durante tres días, cada equipo generó ideas, creó prototipos y recogió las opiniones de los usuarios. Al final del tercer día, todo el grupo se reunió para compartir los resultados. El equipo encargado de abordar finalmente este problema actuaría como jurado, seleccionando las sugerencias más prometedoras para probarlas y validarlas.

Aunque la revisión de la cartera tuvo un buen comienzo, quedó cada vez más claro que el jurado daba prioridad a evitar los riesgos sobre las ventajas. Al final de la presentación, pasaron al frente de la sala y anunciaron su elección. Como nos temíamos, era la que habíamos visto como la opción menos arriesgada, interesante y prometedora. Al darse cuenta de que el público no estaba actuando como se esperaba, el jurado vaciló. Pedimos que se levante la mano. «Fuera del jurado», preguntamos, «¿quién habría votado por esta idea en concreto?». Tras una pausa, dos manos de las cuarenta se levantaron.

«¿Hablas en serio?», exclamó uno de los miembros del jurado.

«¿Y tú?», dijo alguien desde el fondo.

Todos los miembros del jurado pensaron que habían elegido al ganador obvio. Todos los demás pensaron lo contrario. ¿Qué pasó?

POR QUÉ ES DIFÍCIL ELEGIR

Todos conocemos a alguien que grita a la pantalla las jugadas «correctas» durante la Super Bowl. Hay mariscales de campo en todos los ámbitos. Algunos de nosotros amamos cuestionar una decisión… cuando no nos enfrentamos a ninguna de las consecuencias de tomar una decisión equivocada.

Esto no es necesariamente malo. Saber que serás tú quien se enfrente a las consecuencias de una decisión no puede no afectar tu forma de pensar al respecto. Con la piel en el juego, tus opciones son diferentes. Si vas a tener que llevarlo adelante, instintivamente reducirás el alcance y acortarás el horizonte. Puede que sea obvio desde fuera que tu amigo necesita dejar ese trabajo tóxico que le está llevando a una muerte prematura. Sin embargo, cuando se trata de tu propio trabajo tóxico, el panorama no está tan claro. El esfuerzo y el riesgo que supone dejar un trabajo o incluso cambiar de profesión son mucho más intimidantes. Quizá tu jefe no esté tan loco después de todo. Es difícil pensar a lo grande cuando eres tú quien lleva la carga.

El enfrentamiento en el Silicon Valley Bank ilustra esta tensión. Si no hay que preocuparse por la logística, los recursos o el riesgo, ¿por qué pensar en pequeño? Hubo más de un puñado de ideas realmente novedosas que despertaron la curiosidad de todos. La validación de cualquier idea requiere la experimentación en el mundo real, pero estas ideas rebosaban de potencial. Aunque no fueran viables, explorarlas habría llevado a direcciones interesantes.

El grupo de jurados de SVB se decantó por la idea con menor potencial porque era la más factible de la lista. Estamos programados para eludir a los tigres dientes de sable, no para maximizar el potencial de crecimiento de los programas de financiación de la deuda en los bancos del área de la bahía de San Francisco. Este es el sesgo cognitivo conocido como aversión a las pérdidas, que aparece una vez más. Cuando nos jugamos el cuello, los riesgos superan las recompensas. Bajo presión, la mente confía más en el instinto. Luego justifica estas decisiones intuitivas de forma retroactiva, añadiendo un toque de lógica y razón a las decisiones que fueron impulsadas por sesgos cognitivos.

La idea más segura y menos interesante les pareció realmente la opción correcta a los miembros del jurado. Por eso les sorprendió la reacción del público. A nivel emocional, se habían aferrado a algo seguro: una cantidad manejable de esfuerzo requerido con una línea de visión clara hacia la meta y la alineación con el *statu quo*. Solo entonces sus mentes racionales entraron en escena para hacer el caso de negocio. Como dice nuestro buen amigo de Stanford, el profesor Baba Shiv, «La parte racional del cerebro es excelente para racionalizar las decisiones tomadas en otro lugar».

Dado que el esfuerzo y el riesgo percibidos obstaculizan la capacidad de pensar a lo grande, ayuda rebajar la presión. Lo hacemos estableciendo un proceso de pruebas para las ideas. Un proceso de validación da a las ideas una salida, un lugar donde ir más allá de los dos cubos etiquetados como *Sí* y *No*. Cuando oigas pruebas, olvida el costoso y burocrático «programa piloto» corporativo. En su lugar, piensa en pruebas rápidas y rudimentarias, sacadas de la clase de ciencias del instituto. De la hipótesis a los resultados en una hora y luego a comer.

Cuando se seleccionan las ideas para probarlas, en lugar de ponerlas en práctica, lo único a lo que te comprometes es a una prueba rápida y superficial. Esta mentalidad te permite evaluar tus ideas por sus propios méritos. La creación de un proceso de validación de las ideas es crucial para mantener el flujo de ideas. Cuando la única opción es una luz verde costosa y aterradora, la mayoría de las ideas parecen demasiado arriesgadas y requieren demasiados recursos como para considerarlas. Por eso tus ideas más ambiciosas tienden a estancarse mientras sigues buscando las que son más fáciles y menos arriesgadas de implementar. Una vez que tu mente creativa reconoce este atasco, suele dejar de generar más grandes ideas.

Mientras que el mar Muerto de Israel es famoso por su salinidad, el mar de Galilea, de agua dulce, a ciento cincuenta kilómetros al norte, mantiene un ecosistema diverso. Aunque ambas masas de agua se alimentan del río Jordán, el mar Muerto no tiene salida, mientras que el mar de Galilea suministra el 10 % de las necesidades de agua de Israel. El caudal es esencial para la vida y la vitalidad. Un sistema de prueba de ideas de bajo riesgo restablece el flujo de la creatividad. Si nos atascamos en la mentalidad de que debemos generar una tonelada de ideas al principio y luego elegir la «correcta», la presión de la perfección nos lleva a elecciones estériles y seguras. Con el enfoque binario, no probamos las cosas, y mucho menos utilizamos lo que hemos aprendido para adaptar nuestro pensamiento.

La realidad es una excelente fuente de aportación creativa. A través de la experimentación, tus ideas se beneficiarán de las enseñanzas de los costes, los clientes y los usuarios.

Por eso no se genera una montaña de ideas en el vacío, se decide cuál gana y se hace realidad. A partir de ahora, pondrás a prueba las ideas en el mundo real, utilizando los datos que recojas para perfeccionar las que tienes y dar lugar a otras mejores en el camino. Así es como avanzamos, paso a paso, por el camino que va de la inspiración a la convicción.

En este capítulo, te mostraremos cómo establecer un proceso de comprobación de ideas.

NUNCA DEJES DE PROBAR

Incluso si eres un experto reconocido en tu campo, simplemente no estás cualificado para decidir qué ideas seguir en ausencia de datos del mundo real. Nadie lo está. Hay demasiadas incógnitas. Sin pruebas en el mundo real, estás dejando el éxito de tu proyecto en manos de la suerte en un grado u otro. La innovación sin validación es el equivalente a apuntar el coche en dirección a casa, cerrar los ojos y pisar el acelerador. Puede que llegues a casa, pero lo más probable es que acabes en una zanja. No tiene sentido, y, sin embargo, las empresas conducen rutinariamente a casa con los ojos vendados, invirtiendo barriles de dinero y tiempo en soluciones de ingeniería antes incluso de validar el deseo. Cuando resulta que nadie quiere el producto o servicio, la culpa recae en el departamento de ventas o en las cambiantes condiciones del mercado. Nunca en el proceso de innovación defectuoso, que es donde se encuentra. Así, el ciclo vuelve a empezar.

General Motors vio una tracción temprana cuando desplegó su servicio de coche compartido, Maven, en 2016. [34] Miles de personas se inscribieron en el proyecto piloto de la ciudad de Nueva York para alquilar coches GM (General Motors) por horas o por días. El siguiente paso correcto habría sido ampliar Maven a los alrededores o, incluso mejor, probar en un lugar diferente. Un segundo programa piloto en Phoenix, Arizona, habría puesto a prueba los supuestos de GM de una manera muy diferente. En su lugar, ansiosa por hacerse un hueco en el sector, GM gastó millones en un esfuerzo mal diseñado por expandir Maven a más de una docena de ciudades a la vez. Lo que los dirigentes de GM descubrieron demasiado tarde fue que el concepto presentaba lagunas críticas que no se habían puesto de manifiesto en el ensayo de la Gran Manzana. Esos defectos solo se hicieron evidentes en otros mercados con condiciones diferentes. Desgraciadamente, la ampliación implicaba abordar todos estos problemas simultáneamente para mantener el concepto a flote. Pero no hubo tiempo de arreglarlo todo antes de que la iniciativa llegara al final de su recorrido. GM cerró Maven solo cuatro años después de su prometedor lanzamiento.

Algo similar ocurrió cuando se propuso un nuevo y audaz concepto en Keller Williams, según nuestro amigo John Keller, jefe de transformación de la empresa. Como nos explicó Keller, los conocimientos locales son oro en polvo en el sector inmobiliario. Cualquiera puede poner una placa y anunciar algunas propiedades. Llegar a conocer bien un lugar requiere tiempo y esfuerzo. Va mucho más allá de hacer una búsqueda en Yelp de buenas cafeterías. Los mejores agentes inmobiliarios acumulan un conocimiento enciclopédico sobre sus zonas, y esta experiencia ganada con esfuerzo se convierte en una ventaja competitiva. La gente aprende a confiar en los conocimientos de un agente sobre los distritos escolares, la contaminación acústica, las calles residenciales que son utilizadas como atajos por los viajeros y otros factores relevantes. Con el tiempo, esta experiencia se ve recompensada con lealtad y referencias. Cuando un agente inmobiliario te evita comprar la casa equivocada por una razón que nunca habrías detectado por ti mismo, lo recuerdas.

Colectivamente, los agentes de Keller Williams poseían una enorme reserva de conocimientos locales. Sin embargo, no tenían forma de compartir este conocimiento entre ellos. Para aprovechar mejor este valioso recurso, la empresa quería crear una base de datos interna. Los agentes de Keller Williams compartirían sus conocimientos. A cambio, podrían recurrir a esa base de datos siempre que necesitaran respuestas. Por ejemplo, podrían ponerse al día mucho más rápidamente cuando se trasladaran a una nueva zona. La incorporación sería también más fácil con todo ese conocimiento colectivo en un solo lugar. No habría que explicar las mismas peculiaridades locales a cada nuevo agente.

La idea de la base de datos era prometedora, pero planteaba dudas. ¿Qué tipo de información podría considerarse como información local? ¿Opciones gastronómicas? ¿Buenos pediatras? ¿Contratistas fiables? En cuanto a la implementación, ¿funcionaría el software estándar o la empresa tendría que invertir en una costosa solución hecha a medida? A la hora de utilizar la base de datos, ¿cómo de fácil sería aportar y encontrar información, sobre todo en un teléfono móvil? Los buenos agentes inmobiliarios no son conocidos por quedarse quietos.

Toda idea lleva aparejada una serie de preguntas. La única manera de proceder es hacer suposiciones sobre cuáles podrían ser las respuestas.

Sin embargo, no sabrás si has acertado hasta que hayas puesto a prueba tus suposiciones en el mundo real. Dejar ese proceso de prueba para el lanzamiento público de un producto o servicio terminado es un error crítico que cometen demasiadas organizaciones. Keller Williams fue lo suficientemente inteligente como para empezar con una versión piloto de la base de datos, abriéndola a los agentes de una sola zona. En poco tiempo, se introdujeron miles de datos en el nuevo repositorio. Los participantes parecían estar contentos. Lo que había amenazado con ser una molestia era en realidad fácil de usar y bastante valioso en la práctica. El índice de adopción superó las expectativas de la empresa.

Al igual que en el caso de Maven en GM, el siguiente paso correcto habría sido ampliar la oferta a un área muy diferente para probar los mismos supuestos desde otro ángulo. Y, de nuevo, eso no fue lo que ocurrió. Si la institución no tiene una cultura de pruebas y una línea de innovación establecida, es demasiado tentador avanzar con ideas prometedoras en lugar de «perder el tiempo con pruebas interminables».

Como Keller admitió con pesar años después, Keller Williams lanzó la base de datos a nivel nacional después de esa prueba exitosa. Pero los responsables no habían comprendido que la escala magnifica la complejidad. Hacer una idea incluso un poco más grande puede hacerla mucho más complicada. Durante la prueba piloto, los agentes inmobiliarios podían vigilar fácilmente la base de datos, instruyéndose mutuamente sobre las mejores prácticas y eliminando las contribuciones de baja calidad que entorpecían los resultados de las búsquedas. A escala nacional, la base de datos se inundó de repente con aportaciones a un ritmo que superaba con creces la capacidad de autocontrol de los usuarios. Una vez que la base de datos alcanzó el medio millón de entradas, fue imposible separar las ideas valiosas de la escoria acumulada. Los mejores colaboradores se cansaron de ver cómo sus aportaciones, cuidadosamente redactadas, se diluían en un mar de comentarios de una sola frase. Además, el software aún no se había optimizado para clasificar grandes cantidades de datos. Encontrar cualquier cosa se hizo difícil, ya que la sobrecargada base de datos se volvió más lenta y con más errores. La base de datos chocó con un muro de ladrillos cuando decenas de miles de usuarios dejaron de utilizar el producto casi simultáneamente. Los intentos de arreglar el sistema fracasaron. Cuando toda la frustración amenazó con convertirse en una distracción del trabajo de venta de propiedades, los dirigentes cancelaron el proyecto. En su afán por cosechar los beneficios de una idea prometedora, Keller Williams había matado la gallina de los huevos de oro.

John Keller considera que se trata del mayor fracaso en materia de innovación de la historia de la empresa, ya que el concepto central tenía un gran potencial. Si la empresa se hubiera tomado el tiempo necesario para validar sus hipótesis a través de múltiples etapas de iteración y pruebas, podría haber dado con un enfoque viable, evitando lo que Keller denominó «una agitada lucha causada por no tener un plan en marcha». Sin embargo, una vez que una idea se desploma a gran escala, rara vez existe la voluntad institucional de volver a ponerla en marcha y empezar a perfeccionarla desde una fase anterior de desarrollo. En el momento en que Keller Williams retiró su base de datos de opiniones, los usuarios habían perdido el interés en invertir tiempo en esta actividad voluntaria y no remunerada. El fracaso de este proyecto ilustra el peligro de apostar por una idea, incluso si se ha probado con éxito.

El proceso de validación correcto es cíclico. No se trata de generar un montón de ideas, probar una y luego ampliarla como un loco si funciona. Por el contrario, se pasa por etapas: probar, analizar los resultados, perfeccionar, volver a probar. Nuestra observación, confirmada muchas veces, es que las organizaciones están tan ansiosas por ampliar las ideas prometedoras que se saltan compulsivamente este esfuerzo. En su prisa por conseguir una victoria, socavan involuntariamente sus esfuerzos. Esto es doblemente cierto en el caso de las empresas que están siempre hambrientas de innovación. Hay que tener especial cuidado con el impulso de poner en marcha rápidamente las ideas prometedoras cuando el flujo de ideas acaba de crecer en una organización. Siempre hay problemas que deben resolverse en cada etapa de crecimiento antes de poder avanzar. Ve a tu ritmo. La gente culpa a la mala ejecución cuando un proyecto se desvía, pero ni siquiera los grandes conductores pueden conducir a ciegas. Cuanto antes abandones la ilusión de que puedes «hacer la vista gorda» o «hacerlo sobre la marcha», más consistente será su éxito. Prueba antes de invertir, no una vez, sino en cada etapa. Probar es prever. Es la forma de ver el éxito antes de conseguirlo.

Hay varias razones que explican la reticencia institucional a realizar pruebas, entre las que destacan los falsos incentivos. Si no conoces las consecuencias, probar parece mucho trabajo para poca recompensa. El proceso de innovación suele comenzar con el mandato de un líder de hacer o arreglar algo. Nadie asciende en el escalafón de una organización diciendo a los líderes que algo no va a funcionar, del mismo modo que los científicos no ganan premios Nobel por publicar la falta de resultados positivos. Si las pruebas se consideran simplemente como un descarte, un acto binario que termina con la victoria o la derrota, lo que está en juego es demasiado grande. Ya que vas a arriesgarte a la derrota, al menos ve a por todo. Por eso, la mayoría de la gente es reacia a analizar cualquier idea que parezca viable antes de ponerla en práctica. Mientras tanto, los líderes tienden a interpretar la cautela y la curiosidad en la fase de desarrollo como escepticismo y dilación. Nadie quiere ser visto como un destructor del impulso.

Esta resistencia se desvanece una vez que todo el mundo entiende lo que realmente suponen las pruebas. Una prueba rápida y poco rigurosa debería durar horas, como máximo. No semanas, ni mucho menos meses. Como vimos con los esfuerzos de Thomas Edison para desarrollar una bombilla de larga duración, los experimentos no son para matar ideas. Sirven para filtrar las mejores del resto. Lo consiguió con frecuencia a base de meter todas las pruebas posibles en cada período de veinticuatro horas. Cuando se potencia el flujo de ideas, el filtrado basado en pruebas se convierte en una necesidad. Hay demasiadas ideas que considerar y, como hemos visto, nuestros prejuicios tienden a alejarnos de las ganadoras, incluso si fuera posible identificarlas sin datos del mundo real. Una buena prueba descarta muchas opciones que no funcionarán y se centra en las que sí lo harán, lo que reduce enormemente el riesgo de fracaso. Reformular las pruebas como un proceso de aprendizaje, perfeccionamiento y validación es la clave para evitar la reticencia a experimentar.

En cuanto al esfuerzo requerido, realizar una prueba puede y debe ser rápido y fácil en relación con la implementación de la idea en su forma final. Se van a realizar muchas pruebas, por lo que siempre se busca el mayor beneficio para el dinero destinado a la experimentación. Cuando diseñamos pruebas, ya sea para empresas de reciente creación o para corporaciones multinacionales con enormes presupuestos de investigación y desarrollo, siempre optimizamos la eficiencia experimental. Los mejores experimentos aportan muchos datos útiles a cambio de una pequeña inversión de tiempo y energía. ¿Por qué invertir meses y millones en un nuevo producto cuando unos pocos días y unos cientos de dólares pueden revelar que nadie quiere comprarlo tal y como está concebido? De hecho, ¿por qué perseguir seriamente cualquier idea nueva si no se tienen pruebas creíbles del deseo?

Prueba, perfecciona y vuelve a probar hasta dar con una solución que funcione. Con el proceso de validación adecuado, sabrás si una idea tiene alas mucho antes de llegar al final de la pista. En el caso de un producto, incluso sabrás qué precio debes cobrar y qué cantidad de inventario debes tener a mano antes de salir al mercado. De este modo, puedes aprovechar todo el valor de tus ideas y minimizar la incertidumbre y el riesgo que supone hacerlas realidad.

CREA UNA CARTERA DE EXPERIMENTOS

Deja de intentar predecir los ganadores. Una investigación realizada por nuestro colega Justin Berg en la Stanford Graduate School of Business descubrió que «los participantes tendían a subestimar su idea con mayor potencial». [35] Para obtener los mejores resultados, prueba todas las posibilidades y compara los resultados. Aunque suene desalentador, probar todo lo que tienes es más factible de lo que crees. Aunque la lista de posibilidades que has generado puede ser intimidantemente larga, normalmente no hay tantas direcciones distintas que seguir una vez que has combinado ideas similares. Puedes comparar los méritos de las rayas y los lunares antes de preocuparte por la anchura exacta de cada raya. Al probar cada rama principal, se crea la convicción entre los interesados de que se está en el camino correcto. A partir de ahí, deja que los datos del mundo real te guíen probando posibilidades cada vez más específicas que partan de esa rama principal.

Para crear la aspiradora sin bolsa, sir James Dyson probó al menos una variación al día durante cuatro años, documentando meticulosamente el impacto de cada cambio gradual en el diseño. «Era fascinante», dice. [36] «Hacía un experimento y a veces mejoraba, a veces empeoraba. Pero, como solo hacía un cambio cada vez, sabía exactamente qué era lo que mejoraba o lo que empeoraba». Deja que los datos decidan por ti en la mayor medida posible. Revisa tu idea basándote en lo que aprendas de tus pruebas y procede en una dirección solo cuando los resultados indiquen un claro ganador.

A diferencia de sir James, la mayoría de la gente no puede pasar años trabajando con miles de variaciones, prueba a prueba. Prueba una serie de ideas de forma simultánea creando una cartera de ideas y creando prototipos en paralelo. Al igual que ocurre con las inversiones financieras, la clave de una cartera de éxito es la diversidad: incluye una cosa «segura», un puñado de apuestas prometedoras y una o dos posibilidades arriesgadas. El número de pruebas que puedes realizar a la vez dependerá de la naturaleza de las ideas que estés probando, y tendremos mucho más que decir sobre las pruebas efectivas en los próximos dos capítulos. Piensa como un inversor que cubre sus apuestas en condiciones de mercado volátiles. Apostar todo a un solo enfoque, incluso uno completamente razonable, puede fracasar fácilmente, mientras que una pequeña apuesta en una dirección poco probable puede dar buenos resultados. Procura tener una cartera tan amplia y diversa como puedas. Cuanto más amplia sea la red, mayor será la probabilidad de conseguir un trofeo. Conserva la mayor parte del potencial creativo que has generado durante el mayor tiempo posible en el proceso de innovación, conserva también las ideas excluidas. Incluso después de haber creado una cartera y realizado una serie de pruebas, siempre puedes volver a la lista original de posibilidades y reconsiderarlas a través de la lente de las lecciones que has aprendido.

Un enfoque de cartera para tus experimentos tiene sentido una vez que aceptas que la innovación es inherentemente una actividad de bajo rendimiento. Cada intento individual conlleva un alto riesgo de fracaso. Esto no solo está bien, sino que es un atributo esencial para probar cosas nuevas. La innovación funciona de forma diferente a otras áreas de la empresa. En lugar de intentar reducir la tasa de fracasos, hay que minimizar los costes y riesgos de cada prueba y tratar de acumular tantos fracasos como sea posible. Así sabrás que estás poniendo el listón lo suficientemente alto.

No dejes que las preocupaciones sobre los recursos o el tiempo entren en escena a la hora de seleccionar qué ideas probar. Si un experimento revela un enorme potencial en una idea que requiere una gran inversión de tiempo y energía, tendrás datos sólidos para justificar los recursos adicionales. Lo que parece intimidante cuando estás solo en tu escritorio parece muy diferente con un presupuesto de siete cifras y un gran equipo adjunto. Los experimentos exitosos consiguen el apoyo interno o la atención de inversores externos. Según nuestra experiencia, los responsables de la toma de decisiones prefieren los datos del mundo real al mejor discurso de venta.

Para construir una cartera verdaderamente diversa, obtén la ayuda de personas que no participen en la implementación. En Logitech, el director general Bracken Darrell hace de esto una política de empresa. «Los de fuera pueden pensar de forma mucho más radical en las soluciones», nos explica Ehrika Gladden, una alta directiva de la empresa. Recuerda que los demás equipos del Silicon Valley Bank podían sopesar el potencial de las distintas ideas con más precisión que el equipo del jurado. Estar libre de la expectativa de aplicación proporciona una perspectiva valiosa.

Si eres un empresario autónomo, aprovechar un punto de vista imparcial de esta manera es más difícil. Es posible que no te sientas cómodo delegando en otra persona la decisión de qué idea de negocio seguir. Después de todo, ellos no pueden saber tanto como tú sobre tus puntos fuertes, habilidades e intereses. Sin embargo, una vez más, no se trata de elegir la idea a seguir, sino de hacer una serie de pequeñas apuestas. No cabe duda de que otra persona te ayudará a diseñar una cartera de opciones más diversa de lo que puedes crear tú solo. Como empresario, puedes pedir la opinión de un amigo, un socio o un antiguo colega sin entregar tu destino a sus caprichos. Obtener una perspectiva externa imparcial es demasiado importante como para no hacerlo.

Cuando no sea posible probar todas las ideas, construye la cartera de experimentos más diversa que puedas. Dependiendo del número de ideas con las que empieces, incluso esto puede ser una tarea abrumadora. Es entonces cuando resulta útil un proceso de depuración sólido como una roca.

SEPARA POR EMOCIÓN

Cuanto más grande sea el conjunto de ideas, más fuerte será el atractivo de la fruta fácil de recoger. Cuando la empresa solicita sugerencias de los empleados, por ejemplo, una enorme hoja de cálculo de resultados acaba en la bandeja de entrada de alguien. Al desplazarse por cientos o miles de filas de ideas al azar tratando de elegir las «mejores», uno se va a conformar con las victorias rápidas y fáciles que le llamen la atención.

Para evitarlo, establece criterios para reducir la lista antes de revisarla. Si consideras las opciones y luego decides los criterios de selección, inevitablemente diseñarás criterios que se orienten hacia tus preferencias subconscientes. En lugar de ello, puedes empezar por clasificar la lista en función de algunos ejes diferentes: tiempo de implantación, coste potencial, etc. Utiliza este enfoque para filtrar las cosas hasta un tamaño manejable. A partir de ahí, puedes establecer una serie de requisitos basados en una comprensión bien documentada de las complejas necesidades empresariales de la organización. Ten en cuenta tus objetivos para los próximos trimestres. Elabora algunos cuadros y gráficos. Pasa rigurosamente todas las ideas por un filtro tras otro: retorno de la inversión, EBITDA [37], Esfuerzo/Valor, y así sucesivamente. En una gran organización, los cuadros y los gráficos son a veces necesarios para argumentar qué ideas hay que probar. Sin embargo, si tienes flexibilidad, como empresario en solitario, por ejemplo, puedes utilizar una sola pregunta para eliminar las malas ideas con más eficacia que cualquier proceso burocrático basado en métricas:

«¿Es esto emocionante?».

¿Recuerdas cómo el empresario Henrik Werdelin copia minuciosamente las ideas más prometedoras en un nuevo cuaderno cada vez que llena el actual? Está midiendo su propio entusiasmo. La emoción es el combustible de la innovación. Según nuestra experiencia, la clave para lograr resultados de primer nivel es esperar el deleite. La mayoría de las personas en la mayoría de las empresas ni siquiera lo buscan. Cuando uno se entusiasma con una nueva idea y la ve fracasar unas cuantas veces en su carrera, se cansa. La indiferencia se convierte en una estrategia de supervivencia en las grandes empresas que no saben cómo innovar. No queremos involucrarnos emocionalmente en las ideas porque no vemos un camino claro para hacerlas realidad. Esta sensación de fracaso inevitable en torno a la innovación se convierte en una profecía autocumplida.

Esa idea iluminada que tuviste a la madrugada nunca se hará realidad tal y como la imaginaste. Los compromisos son inevitables. Por lo tanto, si no estás entusiasmado ahora, no des un paso más. Como demostró la investigación de Justin Berg, puede que coloquemos nuestras mejores ideas en segundo o tercer lugar, pero aun así terminan cerca de la cima. Con o sin prejuicios, las perdedoras siguen acabando en el fondo. No hay forma de llegar a un gran resultado al final de un proceso que comienza desde un lugar de indiferencia. Si no tienes curiosidad por saber si una idea va a funcionar, no intentes averiguarlo. Tanto si se trata de un nuevo negocio, como de una mejora de un proceso interno o de una solución a un problema persistente de un cliente, lo que importa en última instancia es la satisfacción de las partes interesadas. No solo las partes interesadas de la alta dirección o el director general, sino todas las partes interesadas: clientes, proveedores, socios, empleados. Cualquiera cuyo problema vaya a ser resuelto por la idea. Si no te entusiasma el potencial de una idea para deleitar a todos los implicados, confía en tu creatividad y elimínala de la lista.

Sí, vamos a presentar un gran argumento comercial basado en datos concretos. Pero antes de eso, necesitamos ideas que provoquen asombro, emoción y alegría por puro pragmatismo, ya que las ideas aburridas pierden dinero y arruinan la dinámica. Sea lo que sea que pasaba por la mente del jurado en nuestro ejercicio con el Silicon Valley Bank, no era emoción. No pretendían deleitar a nadie. Vieron una forma de hacer algo concreto con un mínimo de alboroto. Fundamentalmente, todos estamos hechos como el equipo del jurado. Para conseguir mejores resultados, aprende a exigirlos. Las ideas en las que no puedes dejar de pensar, las que te entusiasman de verdad, son las que más provecho te darán.

Los grandes resultados nunca empiezan con un encogimiento de hombros.

TU PROPIO TABLERO DE I+D

Los centros de innovación tienen una sólida cultura creativa y un proceso de investigación y desarrollo establecido. Si no se dispone de un marco para evaluar las ideas, los empleados aprenden que es más fácil seguir haciendo las cosas como siempre se han hecho. Incluso si hay una oportunidad obvia de mejora, simplemente no vale la pena el esfuerzo de perseguirla. Si te mantienes en el *statu quo*, los jefes no pueden culparte por meter la pata.

Para restablecer el flujo de ideas, crea una tubería para ellas. Una vez que el agua vuelve a fluir por el canal, la vida regresa. Una tubería anima a la gente a crear, dándoles un lugar para canalizar las posibilidades. También elimina la presión. En la mayoría de las organizaciones, si alguien sugiere una idea prometedora, la respuesta típica es: «Suena bien, ¿por qué no lo desarrollas?». Nadie está sentado deseando tener un nuevo peñasco que empujar cuesta arriba solo. Tampoco nadie quiere que la dirección se entusiasme con una idea que podría no funcionar. Cambia el énfasis de «llévalo adelante» a «veamos si alguien está interesado en esto y partamos de ahí».

Se puede establecer un proceso de prueba de ideas rápido y rústico con poco más que un gran tablero de corcho (si parte de tu equipo trabaja a distancia, utiliza en su lugar una herramienta de pizarra virtual como indican las instrucciones a continuación). Colócala en un lugar prometedor —un pasillo muy transitado, por ejemplo— y deja al alcance de la mano una generosa cantidad de fichas, rotuladores, pegatinas de estrellas y chinchetas.

Este es tu departamento de I+D (investigación y desarrollo) en un tablero. Cada vez que alguien tenga una idea que compartir con el equipo, la colgará en el tablero. No hay que ponerle un título, cada idea debe ser independiente. Los demás miembros del equipo pueden revisar las tarjetas del tablero al pasar, ya sea garabateando comentarios o sugerencias y añadiendo estrellas para expresar su entusiasmo. A medida que se acumulen las tarjetas, no dejes que se forme un estanque de ideas. Semanalmente, mueve la tarjeta con más comentarios y estrellas al lado derecho bajo la etiqueta «Probando». Esto indica que el equipo llevará a cabo un experimento rápido y de gran eficacia esa semana.

Ahora tienes un laboratorio de investigación y desarrollo funcional por menos de cien dólares.

Realizar una prueba cada semana puede parecer mucho trabajo, pero ¿hay un mejor uso de los escasos recursos que probar ideas interesantes con el potencial de deleitar a las partes interesadas? Si tu organización, o tú mismo, tiene un lugar designado para colocar las posibilidades, un espacio que se alimenta de un proceso de validación, inevitablemente impulsará el flujo de ideas. Cuando una de esas ideas se convierta en realidad, la creatividad de toda la empresa aumentará aún más. Un departamento de investigación y desarrollo con forma de tablero hace que el valor de la experimentación sea visible para todos.

Unos amigos nuestros de DIRECTV hicieron algo parecido por necesidad. Querían crear un laboratorio de innovación centrado en el usuario, pero no podían conseguir un espacio dedicado en la sede de la empresa. Así que fueron creativos y se apropiaron de un tramo de pasillo. La repercusión de esta maniobra rebelde fue increíblemente positiva en toda la organización. Personas que no *debían* participar en la innovación acabaron enganchadas al pasar por el tablero del pasillo, contribuyendo voluntariamente a los esfuerzos del laboratorio con sus propias ideas. No pudieron evitarlo, al pasar por todos esos proyectos interesantes de camino a la máquina de café, debido a que la visibilidad y el entusiasmo están estrechamente relacionados.

Si tienes un departamento de investigación y desarrollo en un tablero un laboratorio de innovación en el pasillo, nunca te comprometes a nada más que a una prueba rápida y rudimentaria de cualquier idea. Si el experimento fracasa rotundamente, no tienes que volver a pensar en él. Al menos, no en su forma actual. Del mismo modo que Thomas Edison, has identificado con éxito otra cosa que no funciona. En cambio, si la idea es prometedora, será mucho más fácil justificar un poco más de esfuerzo para desarrollarla. Con el tiempo, eliminarás el cuello de botella de las ideas no probadas y restablecerás un flujo constante de creatividad fresca.

Bob McKim, uno de los fundadores de la d.school de Stanford, abogaba por mantener una «lista de molestias». Las cosas que nos fastidian suelen suscitar las mejores contribuciones. Por ejemplo, Bette Nesmith Graham era secretaria en un banco cuando cambió a la nueva máquina de escribir eléctrica de IBM. [38] Le molestaba que las teclas fueran tan sensibles que provocaran más errores tipográficos. Como pintaba carteles en su tiempo libre, se le ocurrió una solución novedosa: un pequeño bote lleno de pintura blanca para tapar rápidamente los errores. Graham patentó el Liquid Paper en 1958 y acabó vendiendo el negocio que creó en torno a él a Gillette por 47,5 millones de dólares.

Pega esta útil indicación en la parte superior del tablero para iniciar las contribuciones: «Me molesta que...». Es posible que tus compañeros tengan grandes ideas para hacer que la cultura del lugar de trabajo sea más energética y creativa. Una idea puede ser algo tan sencillo como «No más reuniones matinales». Sería bastante fácil poner a prueba esa idea antes de convertirla en política de empresa. Si todo el mundo se da cuenta de que consigue hacer más cosas y siguen reuniéndose con la frecuencia necesaria, comprométete. Si el cambio da lugar a problemas imprevistos, modifica la política basándote en lo que has aprendido y vuelve a intentarlo. Continúa hasta que la sugerencia sea validada o descartada de forma concluyente.

ELIGE MENOS, PRUEBA MÁS

Se puede hacer una selección, pero un entorno de innovación ideal no implicaría ninguna selección. No cabe duda de que la experimentación supera siempre a la selección. Por muy bueno que sea el historial de detección de los ganadores, no se puede superar el aprendizaje que se obtiene de las pruebas en el mundo real. Puede parecer tedioso o simplemente imposible probarlo todo, pero una vez que aprendas las técnicas de experimentación rápidas y efectivas de los dos próximos capítulos, descubrirás que realizar pruebas útiles (y descartar amplias franjas de ideas a la vez) es más rápido y fácil de lo que crees. Entonces sí que necesitarás ampliar el flujo de ideas.

Nuestro amigo Nicholas Thorne es uno de los socios originales de Prehype, una empresa de desarrollo de emprendimientos excepcionalmente innovadora. Prehype lanza sus propias empresas e invierte en otras nuevas, por lo que el equipo está constantemente evaluando nuevas ideas y aportando dinero a las más prometedoras. Al principio, Nicholas y su socio Henrik Werdelin, el documentalista disciplinado que conocimos en el capítulo dos, probaron el enfoque habitual del capital riesgo de elegir a los ganadores. No funcionó muy bien.

«Hemos aprendido que tenemos una pésima intuición sobre cuáles de nuestras innumerables ideas son buenas», nos dijo. En su lugar, Prehype empezó a confiar cada vez más en la experimentación. Cuando aprendieron a confiar en los resultados de las pruebas por encima de las opiniones y las proyecciones hipotéticas, el porcentaje de aciertos de la empresa mejoró drásticamente. En la actualidad, esperan prescindir por completo de la selección. «Intentamos dejar de lado el proceso de pensamiento de "¿Es una buena idea?" por completo», dice Thorne.

Prehype prueba las ideas mediante un proceso que denomina «minería de señales». En un momento dado, el equipo podría estar sopesando inversiones en un supositorio para el bioma intestinal, una empresa de *coworking* y una aplicación de transporte en furgoneta. Para vislumbrar el futuro, anuncian estas ofertas aún inexistentes a millones de personas a través de las redes sociales. A continuación, hacen un seguimiento del número de personas que hacen clic en ellas. Los datos generados por cada experimento conducen a otro más refinado hasta que la demanda por la propuesta sea innegable. De este modo, Prehype examina rápidamente las posibilidades en el mercado, reduciendo la incertidumbre que conlleva una sola inversión.

Gracias a este elaborado sistema de validación, Prehype explora muchas más direcciones a la vez que cualquiera de sus competidores. Tras haber acumulado múltiples lanzamientos de mil millones de dólares, Thorne goza de gran credibilidad cuando aboga por no hacer ningún tipo de selección. Sabe lo suficiente como para saber que no sabe.

Como inversor de riesgo, Thorne puede beneficiarse de una cartera diversa de empresas, haciendo múltiples apuestas a la vez y cubriendo sus riesgos. Los fundadores no tienen ese lujo. Los inversores de capital riesgo aborrecen a los diletantes. Invierten en empresarios que persiguen obsesivamente una sola idea de negocio. No puedes tener varios proyectos y prototipos a medio terminar a la vez si esperas que los inversores serios se comprometan con tu idea. El verdadero riesgo para un emprendedor, nos dijo Thorne, no es fracasar en la construcción de un negocio exitoso, sino tener éxito en la construcción de uno lo suficientemente bueno. Un fracaso claro es estupendo porque significa que puedes recoger las estacas y pasar a algo más prometedor. Pero ¿y si la idea no fracasa de forma inequívoca? ¿Y si funciona más o menos? ¿Cómo saber si tiene suficiente éxito para justificar su compromiso? Los emprendedores no son los únicos que se enfrentan a esta cuestión.

Hay que tener en cuenta el coste de oportunidad de lanzar cualquier negocio. Se necesitan años para poner en marcha la típica empresa de nueva creación. La única forma de asegurarse de que se obtiene el mejor rendimiento posible de esa inversión de tiempo y energía es pensar en muchas posibilidades de negocio diferentes, probar cada una de ellas y perfeccionarlas en función de lo que se aprenda, al igual que con cualquier otro tipo de idea. Sin embargo, según la experiencia de Thorne, muy pocos empresarios se esfuerzan por considerar cualquier alternativa antes de comprometerse con la primera buena que tienen. Si consiguen ser rentables, lo consideran un éxito, sin darse cuenta de que su segunda o tercera idea podría haber alcanzado éxitos mucho mayores con menos esfuerzo.

El hecho de que algo sea rentable no significa que sea el mejor uso posible de tu tiempo. «Hay que preguntarse: ¿Qué otras ideas hay ahí fuera?», dijo Thorne. «¿Es esta la mejor idea para mí?». Una vez más, la única forma de que un aspirante a empresario lo sepa con seguridad es llenar el embudo con muchas ideas de negocio y luego probarlas. Esto requiere una paciencia que la mayoría de los emprendedores no poseen. «El truco como inversor de riesgo», dijo Thorne, «es mantener a los emprendedores en la etapa de desarrollo un poco más de tiempo para evaluar sus opciones».

Incluso con la extracción de señales que Prehype ofrece a los empresarios, muchos siguen resistiéndose a la exploración. «Probar es agotador», explicó Thorne. «Es más fácil decir: "Esta es una idea bastante buena". Hace falta disciplina para contenerse, para probar más de una cosa, para preguntarse: "¿Puedo enfocar esto de otra manera?"». Por supuesto, la recompensa está en la diferencia entre un pequeño negocio muy rentable y una pérdida de mil millones de dólares. Aunque suene contradictorio, al principio no hay que distinguir entre ambas cosas. «Hemos visto cómo nuestras ideas más descabelladas se convertían en grandes negocios», afirma Thorne. «La venta de una caja mensual de golosinas y juguetes para perros tiene ahora un valor de dos mil quinientos millones de dólares. BARK ha funcionado mucho mejor que las empresas que eran objetivamente mejores en términos de análisis e investigación de mercado. Hemos aprendido visceralmente que las ideas triviales pueden ser enormes.

Así que tratar de ser bueno eligiendo se siente mal. Prefiero jugar a las probabilidades».

~

Ahora que hemos establecido el valor de la experimentación, la pregunta sigue siendo: ¿Cómo se hace realmente? ¿Cómo se construye el tipo de canal de experimentación rápido y eficaz que hace que una empresa como Prehype sea tan extraordinariamente eficaz en la validación de ideas? Cuando hablamos de pruebas, es posible que tu mente se dirija directamente a las inversiones de alto riesgo en tiempo, dinero y recursos humanos. Deja de lado esa mentalidad. Te sorprenderás de lo mucho que puedes aprender con algo tan sencillo como ir por la calle y preguntar a un desconocido: «¿Quieres comprar esto?». Un prototipo aproximado o unas simples preguntas pueden eliminar el 80 % de las posibilidades de tu lista con el 20 % de la inversión que supone un proceso de pruebas formal y burocrático. Intenta siempre maximizar la eficacia experimental. Un experimento bien diseñado proporciona una gran cantidad de información útil a cambio de una pequeña cantidad de tiempo, energía y dinero. Invierte más esfuerzo solo cuando los resultados lo justifiquen.

«Es imposible no reconocer la tracción», nos dijo Thorne. «Las cosas que no funcionan son siempre: "Tal vez esto funcione, y tal vez no". Las buenas ideas están muy claras. Todo se vuelve mucho más fácil. Expresamente más fácil». Las cifras prometedoras merecen una mirada más atenta, pero cuando los resultados son inequívocamente geniales, cuando todo se vuelve mucho más fácil, se pasa a la siguiente fase de desarrollo.

5

Pon a prueba tus ideas

En 2014, una empresa inmobiliaria mundial con más de cien centros comerciales y decenas de miles de millones de dólares en activos bajo gestión se enfrentó a un pequeño pero grave problema. Desde hacía algún tiempo, los alquileres habían caído en picado en la cuarta planta de su centro comercial de lujo en un importante centro urbano. Con la esperanza de atraer a los oficinistas adinerados para que compraran y comieran en el nuevo centro comercial, la empresa no había escatimado en gastos, y la cuarta planta, revestida de mosaicos y coronada por una cúpula, era la *pièce de résistance*. Al subir al ascensor se podía disfrutar de vistas panorámicas de toda la ciudad.

Por desgracia, poca gente lo hacía. La cuarta planta era una ciudad fantasma, y los inquilinos luchaban y sucumbían uno tras otro. No importaba lo que la empresa intentara, simplemente no podía atraer suficiente tráfico a la cuarta planta para mantener la viabilidad de esas tiendas. Para solucionar este problema, la dirección organizó una sesión de *brainstorming*. En ella, a los diez minutos aproximadamente, alguien soltó una gran ancla que guiaría todo el debate posterior.

«Construyamos una cervecería».

¡Qué gran idea! Después de todo, ¿qué combina mejor con una hermosa vista que una cerveza helada? Después de un largo día de trabajo, los empleados locales podrían degustar cervezas artesanales orgánicas mientras observaban las calles como dioses griegos sorbiendo ambrosía desde las alturas del monte Olimpo. La lluvia de ideas continuó, pero la fuerza de gravedad de esa ancla era irresistible. Todas las sugerencias posteriores demostraron su influencia:

«Olvídate de la cervecería al aire libre por un segundo. ¿Qué tal… una terraza de vinos?».

Por muy encantadora que pareciera la idea de una cervecería al aire libre en aquella sala de conferencias, la empresa no iba a invertir más dinero en un lugar en decadencia sin confirmar su conveniencia. ¿Querrían los compradores beber cerveza en la cuarta planta de un centro comercial? ¿Una cervecería al aire libre convencería a más personas de subir a los ascensores y, lo que es más importante, a hacer algunas compras allí arriba? Para una empresa, la cuestión del deseo debe preceder a la viabilidad. No importa si se puede ofrecer un producto o servicio si nadie lo quiere. Pero ¿cómo confirmar el deseo de algo que aún no existe?

La empresa empezó preguntando a los clientes qué les parecía la idea. Un equipo dirigido por la directora general llevó tablas sujetapapeles a la zona de restaurantes. Acercándose a un comensal tras otro, hicieron la misma pregunta: «Si pusiéramos una cervecería al aire libre en la cuarta planta, ¿la visitaría?». De los mil clientes a los que preguntaron, el 85 % respondió afirmativamente. Al igual que los ejecutivos de la sala de conferencias, los comensales de la zona de restaurantes no tuvieron problemas para imaginar lo agradable que podría ser una cervecería al aire libre con vistas a la ciudad.

Con una clara mayoría de clientes a favor del proyecto, la empresa invirtió cientos de miles de dólares en la construcción de una cervecería al aire libre. La nueva instalación ofrecía cervezas de primera calidad de barril, una serie de aperitivos gourmet y asientos de lujo. Una señalización en las plantas inferiores y una campaña en las redes sociales dirigían a los compradores a disfrutar de la nueva oferta. Todo lo que tenía que hacer la empresa era esperar la inevitable avalancha de clientes. La cuarta planta estaba ya salvada.

Un mes más tarde, la directora general solicitó un informe de progreso y descubrió que la inundación aún no había llegado. De hecho, la nueva cervecería había atraído a menos de una docena de clientes por noche. Imposible. Más de ochocientos compradores habían prometido que vendrían. No es posible que todos nos hayan mentido, ¿verdad?

Esto es lo que habría ocurrido en la mayoría de las empresas. Por suerte, la directora general y sus colegas se pusieron en contacto con nosotros antes de abordar este problema. Al haber adoptado las técnicas de experimentación que aprenderás en los próximos capítulos, estaban totalmente preparados cuando esos clientes de la zona de restaurantes proclamaron fervientemente su interés por una cervecería en la cuarta planta. La empresa ya sabía que hay una diferencia entre lo que la gente dice que hará y lo que realmente hará. El comportamiento demuestra la conveniencia, no las encuestas. Para saber si tienes algo de valor para los demás, debes colgarlo delante de ellos y ver si pican (o beben). La pregunta no es «¿Tenemos capacidad para hacerlo?», sino «¿Lo querría alguien si lo hiciéramos?». No «¿Podemos construirlo?», sino «¿Deberíamos hacerlo?». Como dijo una vez Charles Eames: «La primera cuestión del diseño no es cómo debe ser, sino si debe ser».[39]

Con los resultados de la encuesta en la mano, la directora general y su equipo diseñaron un experimento rápido y barato. Con carpas impresas en la zona de restaurantes y publicaciones en las redes sociales del centro comercial, dirigieron a los clientes a la cuarta planta para ofrecerles una selección de vino y cerveza gratis. No había asientos de lujo, ni barra, solo una mesa plegable, vino y cerveza por botellas, y una sola persona que tomaba las identificaciones y servía. Todos los sábados de un mes, la empresa realizó la misma prueba increíblemente barata, y cada vez atrajo a menos de una docena de clientes a la cuarta planta.

«Como no podíamos conseguir que la gente subiera con vino y cerveza gratis», nos dijo la directora general, «nos dimos cuenta de que teníamos que replantearnos toda la cervecería desde cero». Eso es algo que todavía tenían posibilidades de hacer, porque, en lugar de hundir cientos de miles de dólares en lo que parecía una idea muy prometedora, la empresa había refutado su conveniencia por unos pocos cientos de dólares en total.

Para poner a prueba tus ideas, debes hacerlas reales, pero solo lo suficiente como para probar el comportamiento, tanto si la acción buscada es una compra como si es algo completamente no transaccional, como responder a un correo electrónico o seguir un nuevo procedimiento interno. El objetivo de un experimento es demostrar una hipótesis: «Si hago X, la persona Y responderá haciendo Z». Como te dirá cualquier científico, el trabajo consiste en *refutar* las hipótesis. Diseña experimentos no para confirmar tus creencias, sino para desafiarlas. Ahí es donde se esconden las aportaciones creativas más valiosas: La brecha entre lo que imaginas que es cierto sobre la situación y la situación tal y como es en realidad.

Como veremos, no pasa nada por ofrecer algo que existe como prototipo, como en el centro comercial, o incluso algo que aún no has fabricado en absoluto; hay formas de mitigar esos riesgos y mantener a los clientes contentos, como veremos. Para asegurar el éxito, hay que dar el mayor número de golpes posibles. Eso significa maximizar la eficacia experimental. En este capítulo, te mostraremos cómo poner a prueba incluso tus mayores ideas.

SUPERA LA RETICENCIA

Es posible que ya estés pensando: «Eso nunca podría funcionar en mi empresa». Si lideras la experimentación en tu organización, puedes contar con varias formas de oposición. Cuando aún no se ha establecido una cultura creativa, la gente se resiste a probar por varias razones, cada una de las cuales debe abordarse estratégicamente si se espera prevalecer.

Un ingeniero de software que conocemos en una marca de tecnología de audio de primera calidad concibió una forma innovadora de grabar actuaciones en directo de alta fidelidad en una sola toma utilizando varios *smartphones*. Cada teléfono graba el audio y el vídeo de un solo intérprete de un grupo. Durante la actuación, el software determina automáticamente cuál es la actuación más destacada y cambia sin problemas la alimentación de vídeo. Cuando el cantante canta, pasa automáticamente al primer plano. Lo mismo ocurre con el guitarrista principal. Cuando todos tocan juntos de nuevo, se pasa a un plano general. El vídeo resultante parece producido profesionalmente por un equipo de varias personas, pero una banda *indie* adolescente podría lograrlo sin ayuda. Para el ingeniero de software de la empresa, esta idea parecía hecha a medida para los músicos que hacen vídeos para TikTok y otras plataformas de vídeo online. Ofrecerla podría servir para presentar la tecnología de audio de primera calidad de la empresa a una nueva generación de creadores de contenidos.

En el caso de los programas informáticos, la prueba más obvia para comprobar su conveniencia es una versión beta descargable. Aunque una descarga gratuita no es una prueba tan definitiva como una compra real, los datos pueden ser valiosos para perfeccionar la propuesta de valor. Sin embargo, cuando el ingeniero sugirió este enfoque, los responsables de la empresa se negaron rotundamente a que incorporara el nombre de la marca en la aplicación. «¿Uno de nuestros productos disponible de manera gratuita?», se burlaron. «Somos una marca profesional. De ninguna manera».

En opinión del ingeniero, la marca de la empresa era esencial para el experimento. Si no, ¿cómo podrían determinar si los profesionales de la producción confiarían en el software en un escenario real? Para conseguir un público de expertos y adaptar el software a sus necesidades, el experimento necesitaba la marca. Pero la idea no era viable en la empresa, ya que estaba implícita la creencia de que «cualquier cosa que hagamos va a ser enorme», una suposición común en las grandes empresas y que casi siempre es errónea. De hecho, nadie se dará cuenta de la mayoría de sus experimentos fallidos. (Eso es bueno).

Al igual que el ingeniero de software, te encontrarás con muchas objeciones cuando propongas experimentos dentro de tu organización por primera vez. Algunas te sorprenderán. Para anticiparte a las objeciones y evitarlas, prueba una herramienta que llamamos una retroactiva. Proyéctate en el futuro y mira tu propuesta como si ya hubiera sido rechazada. Desde esa perspectiva, enumera todas las objeciones que tu yo más paranoico pueda imaginar.

Parece sencillo, pero una retroactiva revelará rápidamente agujeros en tu argumento. Si te posicionas mentalmente después de un futuro fracaso, será mucho más fácil ver los fallos y los posibles pasos en falso que no se hayan registrado en tu conciencia de antemano. Gracias a los prejuicios cognitivos, comprometerse a una idea hace que los inconvenientes sean más difíciles de percibir, aunque sean obvios para los demás. Por eso las objeciones nos pillan desprevenidos cuando proponemos un experimento a los principales interesados. No queríamos verlas. Cambia el encuadre con una retroactiva y los problemas de tu plan volverán a ser visibles.

El ingeniero de sonido podría haber utilizado una retroactiva para superar las objeciones internas a su experimento. Si hubiera pasado siquiera diez minutos con su libreta de notas imaginando un escenario en el que los líderes se negaran categóricamente a permitir que la beta siguiera adelante, las preocupaciones sobre la marca registrada habrían figurado casi con toda seguridad en la lista.

Una vez que hayas creado tu lista de posibles objeciones, elabora una estrategia para responder a cada una de ellas. En la mayoría de los casos, la resistencia a la experimentación se reduce a una percepción errónea del riesgo. Si los líderes ven un experimento como una gran inversión de tiempo y dinero que probablemente fracasará, no lo aceptarán. Después de todo, una prueba exitosa no es un producto final que se vende a los clientes. Es solo una oportunidad para hacer más pruebas.

Para evitar esta mentalidad, diseña experimentos tan baratos y rápidos que el riesgo ni siquiera se note. Elige algo que puedas hacer mañana, aunque sea de forma imperfecta, y mejor aún si puedes hacerlo sin la participación de tus superiores. Tus primeras pruebas en una organización tampoco deberían estar vinculadas a iniciativas mayores. Empieza de cero realizando un experimento que se relacione principalmente con tu propio trabajo y que no toque el hilo conductor de un centro de beneficios importante o de un proceso sensible al tiempo. Incluso si el experimento no es enormemente significativo, sigue y documenta el proceso. A continuación, muestra tu trabajo. Unos cuantos resultados intrigantes vencerán la resistencia interna a las pruebas mejor que cualquier argumento. Una vez que demuestres que incluso una pequeña prueba puede indicar la conveniencia y, por lo tanto, reducir el riesgo, los líderes estarán más dispuestos a aprobar esfuerzos más ambiciosos. Comienza con algo pequeño. Empieza hoy mismo.

La resistencia a las pruebas puede ser frustrante, pero recuerda que no es una cuestión de inteligencia o perspicacia empresarial. La educación empresarial convencional va directamente en contra de la mentalidad innovadora. De hecho, cuanto más experimentados y competentes sean tus colegas y directivos, más probable será que desconfíen de la experimentación. Un estudio realizado por nuestros colegas de Stanford, Michael Leatherbee y Riitta Katila, sobre más de un centenar de empresas incipientes reveló que los MBA, en particular, se resisten a las pruebas que exige la metodología de las nuevas empresas.[40] Una vez que uno se siente cómodo haciendo planes y siguiéndolos, se requiere un cambio de actitud importante para utilizar las pruebas del mundo real para validar sus supuestos.

Tom Wujec es miembro de Autodesk, el fabricante de AutoCAD y otros programas informáticos para profesionales creativos. A lo largo de los años, Wujec ha dirigido talleres de diseño por todo el país con personas de todas las edades y condiciones.[41] En cada taller, propone a los participantes el reto del malvavisco: Con veinte espaguetis secos, cinta adhesiva, cuerda y un malvavisco, tienen dieciocho minutos para construir la torre más alta posible. Según Wujec, el quid de la cuestión es el malvavisco. Es más pesado en relación con los espaguetis de lo que la gente supone y requiere una base sólida.

Aparte de los ingenieros, que juegan con ventaja, los constructores de torres más eficaces en los talleres de Wujec son los niños de infantil. ¿Los menos eficaces? Los recientes MBA. Y no por poco. En promedio, los niños de escuela infantil construyen con éxito torres de más de medio metro de altura. Los graduados de escuelas de negocios construyen torres de veinticinco centímetros de media. ¿A qué se debe esta diferencia? Los niños de jardín de infancia saben que no saben. Así que prueban cosas. Como no tienen nociones preconcebidas sobre, por ejemplo, la resistencia a la tracción de la pasta seca, añaden el malvavisco a la torre desde el principio. Cuando la estructura se derrumba, tienen tiempo de probar un enfoque mejor. Los MBA, en cambio, llegan a la mesa como ingenieros de espaguetis plenamente acreditados, construyendo cuidadosamente una elaborada estructura basada en falsas suposiciones.

«Los estudiantes de empresariales están capacitados para encontrar el único plan adecuado», Wujec explicó en una charla TED. «Y luego lo ejecutan. Y entonces lo que ocurre es que, cuando ponen el malvavisco en la parte superior, se les acaba el tiempo y ¿qué pasa? Es una crisis». Aprender haciendo frente a aprender pensando.

Observamos lo mismo en los estudiantes del MBA de Stanford en nuestro programa de *Launchpad*. Al disponer de poco tiempo para lanzar una empresa, siempre intentan dedicar la mayor parte a la redacción del plan de negocio. Pero ¿de qué sirve un plan sin datos que demuestren la adecuación del producto al mercado? Se necesita un esfuerzo sostenido por nuestra parte para convencer a estos estudiantes de que dejen que los datos den forma a sus suposiciones.

Por todo esto, hay que prever una fuerte resistencia a las pruebas por parte de dirigentes empresariales que, por lo demás, son inteligentes y experimentados. Cuando te han enseñado una y otra vez que no planificar es planificar el fracaso, probar cosas para ver qué pasa parece un sacrilegio. Tendrás que demostrarles lo contrario.

Hacer una retroactiva basada en lo que sabes de tu empresa y su negocio revelará numerosas objeciones potenciales a tu experimento, desde el temor a manchar la reputación de la empresa, como vimos en la marca de tecnología de audio de primera calidad, hasta el recelo ante la idea misma de anunciar a tus clientes productos o servicios que aún no existen. En cada caso, utiliza esa posible objeción para perfeccionar su discurso. Para ello, busca ejemplos concretos de experimentos exitosos en ámbitos similares. Estos revelan tanto la cantidad de aprendizaje que pueden aportar unas cuantas pruebas rápidas como el escaso riesgo que suponen en realidad dichas pruebas. Si nuestro amigo el ingeniero hubiera acudido a la reunión preparado con ejemplos exitosos de aplicaciones beta lanzadas de forma transparente por otras marcas tecnológicas, podría haber conseguido la aprobación que buscaba.

No siempre será tan difícil defender tus argumentos. Con el tiempo, la experimentación demuestra su valor. Las organizaciones que adoptan una mentalidad experimental pronto ven cómo las pruebas reducen la incertidumbre y ahorran tiempo, dinero y esfuerzo. Empiezan a buscar la forma de delegar su toma de decisiones a los datos siempre que sea posible. Sin embargo, hasta que tu organización haya superado el obstáculo, reúne ejemplos exitosos de experimentación donde sea que los encuentres. Algunas pruebas son ligeras, rápidas y fáciles. Otras, sobre todo en empresas con una cultura creativa muy arraigada, pueden ser más elaboradas y, aun así, se consideran enormemente ventajosas en comparación con el simple hecho de apretar el gatillo. No es necesario crear un laboratorio de innovación a gran escala de la noche a la mañana. Empieza donde estas y construye desde ahí.

MAXIMIZA LA EFICIENCIA EXPERIMENTAL

Las ideas no se hacen realidad mediante la planificación, sino mediante la práctica. Se necesita un proceso orientado a la acción e impulsado por la experimentación para el desarrollo, el perfeccionamiento y la aplicación de las ideas. Para maximizar las probabilidades de éxito, los experimentos mentales deben dar paso a los experimentos reales, incluso para algo tan simple como el tipo de letra utilizado en un sitio web. Las pruebas en el mundo real superan las discusiones, los instintos viscerales e incluso los estudios de mercado formales. La dosis de realidad que proporciona un experimento reduce el exceso de confianza y evita el deseo subconsciente de evitar oír un no a cualquier precio.

Para que todas estas pruebas sean viables, vamos a tener que ser despiadados diseñando experimentos sencillos, baratos e imperfectos que proporcionen la información suficiente para diseñar experimentos mejores y de mayor fidelidad en el futuro. Las respuestas de cada prueba te ayudan a hacer mejores preguntas la próxima vez. Así es como se pasa de la inspiración a la convicción.

Tu objetivo al probar ideas es maximizar la eficiencia experimental. Al ver a continuación algunos experimentos en acción, obtendrás ideas para aumentar la eficiencia de tus propias pruebas. Probar es más fácil que nunca. La tecnología actual permite poner a prueba las hipótesis y validar las posibilidades de una forma que los empresarios del pasado no podrían haber soñado. Puedes ofrecer fácilmente una serie de productos o servicios a un gran número de personas y averiguar quién pagará por cada uno de ellos. Herramientas en línea como Wix, Squarespace, Canva y Figma facilitan a quienes no son diseñadores la creación de carteles, sitios web sencillos, incluso interfaces de software, para prototipos de ideas. Puede que los resultados no sean perfectos, pero estarán lo suficientemente pulidos como para probar su conveniencia con clientes reales. Una idea ganadora superará un diseño gráfico mediocre. Incluso los prototipos físicos están al alcance de los novatos. Un software fácil de usar y unas impresoras 3D asequibles permiten crear casi cualquier forma para un experimento. Aunque nada sustituirá el trabajo de los diseñadores, ingenieros y otros artesanos cualificados cuando se trata del producto final, las herramientas de creación de prototipos ofrecen una forma de probar diferentes enfoques en paralelo de forma barata y rápida. ¿Por qué probar un eslogan, un esquema de color o la forma del producto cuando se pueden probar diez a la vez? Cuanto más rápido y barato sea descartar direcciones, más tiempo podrás seguir probando otras nuevas hasta dar con la ganadora.

Las empresas más creativas lo prueban todo. Por ejemplo, aunque se puede atribuir el éxito de las películas de superhéroes de Marvel a la suerte o al espíritu de la época, no es una coincidencia que la empresa prevea todas las películas de su universo cinematográfico. A diferencia del *storyboard* estándar, en el que se esboza un motivo clave de cada escena antes de la fotografía principal, la «previsualización» consiste en animar digitalmente una escena en su totalidad durante el proceso de desarrollo. Las sofisticadas herramientas de animación permiten perfeccionar todos los movimientos de cámara, las acrobacias y los efectos especiales antes de que el primer actor llegue al plató. Al principio, los cineastas de Marvel solo utilizaban la previsión para las escenas más complicadas y con más efectos de la película, para hacerse una idea de cómo quedarían todos los elementos reales y digitales cuando se unieran. Sin embargo, a medida que las herramientas se hicieron más rápidas e inteligentes, Marvel amplió el uso de la previsualización a todo el tiempo de ejecución de cada película.

¿Por qué dejar cualquier aspecto de la historia para el día del rodaje, incluso una conversación individual en una mesa? Ahora un director puede resolver los más mínimos problemas de ritmo, historia o escenografía en un ordenador portátil antes de poner un pie en el estudio. A medida que estas herramientas se vuelven más baratas y fáciles de usar, lo que hoy solo tiene sentido para una superproducción de trescientos millones de dólares pronto será una práctica estándar para películas independientes de treinta mil dólares. Asimismo, las pruebas que antes solo tenían sentido para corporaciones globales son ahora comunes en los microemprendimientos de dos personas. Con las herramientas adecuadas y un poco de esfuerzo, casi cualquier aspecto de tu idea puede ser prototipado y probado en el mundo real con una fidelidad razonable.

La clave de la innovación eficaz es la velocidad. Más pruebas en un tiempo determinado. No se puede juguetear eternamente con una idea. Realizar los experimentos con rapidez, idealmente en paralelo como parte de una cartera, significa que puedes mejorarlos y centrarte en el enfoque más viable mucho antes de llegar al final de su recorrido.

Más que cualquier otro factor, la clave es el coste. Las pruebas costosas aumentan al máximo la burocracia. Cuanto más barato sea el experimento, más fácil será conseguir la aprobación y más veces se podrán probar variaciones antes de tirar la toalla. Lo que dificulta la innovación organizativa es la burocracia que impide que la mayoría de las ideas se pongan en marcha. Los complicados procesos de aprobación y otros procedimientos —protecciones útiles e incluso necesarias durante las operaciones empresariales cotidianas— son impedimentos para el aprendizaje rápido. Si se reduce el coste de un experimento, inevitablemente se reducirán también los obstáculos.

Llevamos nuestros métodos a una venerable gran empresa industrial. Varios líderes que trabajaron con nosotros tenían la tarea de hacer avanzar una idea diferente. Le pedimos al que estaba trabajando en una nueva plataforma de servicios que nos dijera cuánta financiación necesitaría para probarla con sus clientes.

«Treinta millones, más o menos».

A riesgo de decir lo que es obvio, no hay muchas organizaciones que puedan permitirse llevar una cartera de experimentos de treinta millones de dólares en paralelo. Por eso presionamos a este líder para que redujera los costes. Después de eliminar características innecesarias del experimento y de centrarse solo en los próximos pasos inmediatos, volvió a nosotros con un presupuesto revisado de doscientos mil dólares. No es un mal ahorro. Aun así, queríamos que pensara en algo más pequeño, más rápido y barato. Al examinar detenidamente las suposiciones que motivaban su presupuesto, vimos que tenía previsto contratar a tres agentes de atención al cliente a tiempo completo para atender las llamadas de asistencia.

«¿Quién ha dicho algo de contratar a gente con sueldos anuales para un experimento?», dijimos. «¡Podéis ser el departamento de atención al cliente!». En sus dos décadas de servicio en la empresa, este líder nunca había contratado a nadie por menos de un año de incremento o con un salario inferior a la jornada completa. Después de un poco de reticencia ante la perspectiva de responder a las llamadas en mitad de la noche —en la d.school los fundadores lo hacen habitualmente— aceptó que un equipo existente en otra zona horaria podría atender fácilmente las llamadas que pudieran llegar por la noche. Sin necesidad de contar con personal de atención al cliente a tiempo completo, el coste del experimento se redujo a quince mil dólares, una miseria en comparación con la habitual inversión de las empresas en investigación y desarrollo.

Haz que tus experimentos sean más baratos y observa cómo los obstáculos desaparecen. A veces esto implica una tecnología de vanguardia, pero más a menudo simplemente requiere que reexamines tus supuestos. Cuestiónalos y tú también podrás ahorrar veintinueve millones ochocientos mil dólares en una sola semana.

CRECE A TRAVÉS DE LA INNOVACIÓN CONTINUA

Nunca se trata de tener un montón de ideas en «modo idea» y luego ponerlas en el mundo en «modo acción». Olvídate de los modos. La ideación y la acción deben alimentarse mutuamente en un ciclo continuo.

Estudia un negocio que crezca rápidamente y verás un bucle de retroalimentación que lo impulsa: pruebas, retroalimentación, iteración. Cuando el crecimiento es extraordinario, es porque la acción y el aprendizaje están vinculados. Del mismo modo, una empresa estancada funciona inevitablemente sin una retroalimentación suficiente, o hay una falta de voluntad institucional para actuar sobre la retroalimentación que se recoge. Poner en práctica las ideas sin aprovechar los resultados es como correr con los ojos cerrados. Puedes avanzar tan rápido y con tanta confianza como quieras, pero seguirás cayendo al suelo.

Las dos marcas más potentes de calzado deportivo son Nike y Adidas. Ambas empresas fueron creadas por manitas obsesivos que trabajaban en estrecha colaboración con los atletas para perfeccionar los productos en condiciones reales. Estos innovadores comprendieron que cambiar el diseño de una zapatilla no tiene sentido si no hay forma de probar esa iteración y comparar su eficacia con la anterior. Añade todas las rayas y *swooshes* que quieras: no puedes juzgar la velocidad de un zapato por su apariencia.

Al zapatero alemán Adi Dassler le encantaba competir en atletismo y se inició en el calzado deportivo perfeccionando las zapatillas con clavos que se utilizaban en esas pruebas. Al principio, él mismo probaba sus creaciones para ver cómo se comportaban en el campo, pero finalmente decidió que un calzado de categoría mundial requería atletas de categoría mundial para probarlo. Pionero en la idea de los patrocinios deportivos, Dassler convenció a atletas estrella como Lina Radke y Jesse Owens para que llevaran sus zapatos en las competiciones olímpicas. La cobertura mediática ayudó a que el negocio creciera. Y lo que es más importante, Dassler ahora podía observar a grandes atletas usando sus zapatos en competiciones del mundo real. Esto supuso una gran mejora con respecto las vueltas al trote en su patio trasero.

Cuando el entrenador del equipo de atletismo olímpico alemán se puso en contacto con Dassler, se abrió otra fuente de información aún más directa para el creativo zapatero. Todos los jóvenes deportistas de atletismo alemanes empezaron a llevar los diseños de Dassler y a informar sobre los resultados. Este flujo continuo de comentarios resultó esencial para lo que se convirtió en Adidas.

Décadas después y a ocho mil kilómetros de distancia, el entrenador de atletismo de la Universidad de Oregón, Bill Bowerman, quería mejorar el rendimiento de las zapatillas no para vender un producto, sino para ayudar a sus jugadores a ganar competiciones. A diferencia de Dassler, Bowerman no tenía ni idea de cómo fabricar zapatillas, pero, como hemos visto, no siempre se necesitan conocimientos especializados para llevar a cabo experimentos rápidos y baratos que pongan a prueba las suposiciones. Una vez validada una dirección, siempre se puede recurrir a expertos para ejecutarla adecuadamente. En lugar de pasar años aprendiendo un nuevo oficio y fabricar él mismo sus zapatillas ideales, Bowerman puso a prueba sus ideas modificando las zapatillas que ya llevaban sus atletas. «Se colaba constantemente en nuestras taquillas y nos robaba las zapatillas», escribió más tarde Phil Knight, un miembro del equipo de atletismo de la época. [42] «Se pasaba días destrozándolas, cosiéndolas de nuevo y devolviéndolas con alguna pequeña modificación, lo que nos hacía correr como ciervos o sangrar». Como entrenador del equipo, Bowerman tenía un laboratorio y sus ratones. El objetivo final de todo este prototipo era la ligereza. «Unos veinticinco gramos recortados de un par de zapatos, dijo [Bowerman], equivale a veinticinco kilos en un kilómetro y medio», escribió Knight. Reducir el peso exigía probar una amplia gama de materiales alternativos, desde el cuero de canguro hasta la piel de bacalao, y seguir el efecto en los tiempos de carrera de los atletas.

Años más tarde, Knight convenció a Bowerman para que se asociara con él en la importación de las zapatillas de correr Onitsuka de Japón. Una vez más, Bowerman jugó, utilizando a sus atletas para probar cada variación: «[Cada] carrera tenía dos resultados para Bowerman», escribió Knight. «Estaba el rendimiento de sus corredores, y estaba el rendimiento de sus zapatillas». La diferencia era que ahora Bowerman podía enviar sus ideas a Japón para que las realizaran los diseñadores profesionales de Onitsuka. Una vez que el producto se acercó lo suficiente a la visión de Bowerman, este y Knight decidieron lanzar su propia empresa para conseguir un circuito de retroalimentación lo más corto posible. Así nació Nike.

Cierra el circuito. No podrás potenciar la innovación en tu organización hasta que no hayas establecido un circuito corto y directo de retroalimentación para todas tus ideas. Es hora de dejar de correr en la oscuridad.

EL EXPERIMENTO BIEN DISEÑADO

Cuando Reed Hastings y Marc Randolph tuvieron la idea de enviar películas por correo, descubrieron que las cintas VHS eran demasiado voluminosas para enviarlas de forma rentable. Al no disponer de otro mecanismo de envío, dejaron de lado la idea hasta que conocieron el nuevo formato de vídeo DVD disponible en Japón. Un disco de plástico de doce centímetros sería lo suficientemente barato como para enviarlo por correo, así que ese era un obstáculo eliminado. ¿Qué más tendría que suceder para que esta idea de Netflix funcionara? En primer lugar, habría que poder enviar por correo uno de estos DVD a alguien sin que la oficina de correos lo rompiera. Como el nuevo formato aún no estaba disponible en Estados Unidos, Hastings y Randolph pusieron a prueba esta hipótesis enviándose por correo un CD de música. Cuando la colección de grandes éxitos de Patsy Cline llegó intacta, supieron que habían dado un paso más en la validación de su modelo de negocio. Hoy, Netflix vale cientos de miles de millones de dólares, pero el experimento que lo inició costó menos de veinte dólares.

La validación experimental es un proceso gradual. Una vez que Hastings y Randolph supieron que podían enviar DVD por correo a los clientes, dieron el siguiente paso construyendo un sitio web sencillo. A finales de los noventa, el comercio electrónico aún estaba en pañales, por lo que casi todas las suposiciones sobre la venta en línea requerían pruebas exhaustivas. Construían meticulosamente una versión de la página web de una película para ver cómo las diferentes combinaciones de imágenes, textos y enlaces se traducían en ventas de discos. (No comenzaron a alquilar las películas hasta más tarde). Después de dos semanas de minucioso desarrollo, hacían una prueba, y la mayoría de las veces fallaba.

«Nos mirábamos y decíamos: "Acabamos de perder dos semanas"», recordaba Randolph en una entrevista. «Y decíamos: "Vale, más rápido". Buscábamos atajos y hacíamos una prueba a la semana. Y fallaba. Luego tomamos más atajos y empezamos a hacer una prueba cada dos días. Y luego muy pronto una prueba todos los días. Y pronto estábamos haciendo cuatro o cinco pruebas en el mismo día». El proceso de desarrollo no era nada minucioso ni meticuloso en ese momento. Se hacían páginas de prueba en cuestión de horas en lugar de semanas. Pero Randolph y Hastings se dieron cuenta de que podían obtener datos útiles con estos experimentos baratos, rápidos e imperfectos. Diseñar la página incorrecta a la perfección no les haría ganar ningún premio, mientras que una prueba exitosa haría sonar las campanas con los clientes a pesar de todos los errores ortográficos y los enlaces rotos. El progreso no era cuestión de tener buenas ideas, sino de «construir ese sistema y ese proceso y esa cultura para probar muchas ideas malas».

Nunca antepongas lo que puedes hacer (viabilidad) a lo que quiere el mercado (deseabilidad). Una vez que identificamos el deseo con un experimento, casi siempre podemos encontrar una forma factible de satisfacer ese deseo. Los primeros ciclos de experimentación deben centrarse siempre en la deseabilidad. ¿Quiere la gente esto? Si no es así, ¿qué tal esto? Siempre que sea posible, hay que crear prototipos en paralelo ¿Qué opción prefiere la gente por encima de todas las demás?

Una vez que veas un enorme pico de deseo por una idea, te sorprenderá la rapidez con la que se calcula la viabilidad.

Valida una única hipótesis con cada experimento. ¿Hace clic el visitante del sitio web? ¿Realiza el cliente la llamada? ¿Aparece el colega en la reunión? Los primeros experimentos deberían ser siempre más rápidos y baratos de lo que sugiere el instinto. Observa lo que puedes lograr en menos de dos horas. Si la prueba que quieres realizar te va a llevar un día o más, reexamina tus suposiciones. Reduce a una pequeña pregunta con una gran recompensa. Acabas de entrar en el laberinto. No tienes ni idea de adónde te llevará. ¿Vas a girar a la izquierda? ¿O a la derecha?

Sobre todo, no construyas nunca nada que no haya sido solicitado por alguien. Por ejemplo, si concibes una aplicación que hace X, no construyas la aplicación solo para medir la demanda. En lugar de eso, conviértete en la aplicación. En el mundo de la tecnología, esto se llama a veces *turking*, en referencia al famoso *Mechanical Turk*, un autómata que jugaba al ajedrez en el siglo XVIII y que resultó ser un elaborado engaño. (Un jugador humano se hallaba escondido dentro de la máquina). El concepto se popularizó cuando Amazon bautizó su motor de *crowdsourcing* con el nombre del autómata. En caso de duda, haz *turking*. Antes de comprar una sola silla, coloca algunos carteles y observa quién viene al cuarto piso a tomar una cerveza. Las encuestas son inútiles. Juzga el deseo por las acciones de la gente, no por sus palabras. Incorpora una transacción en cada prueba. Para que el experimento tenga éxito, la gente debe ir, hacer clic, comprar, unirse, firmar. Debe haber un compromiso. Cualquiera que sea la oferta, encuentra una forma de simularla y observa cómo responde la gente. Cuando la demanda esté ahí, los datos serán inequívocos.

Lo que sigue es un proceso de experimentación sencillo, pero totalmente funcional que puede adaptarse a tus necesidades. Considéralo una plantilla de partida y deja que tus experiencias te guíen para perfeccionar un enfoque experimental que funcione mejor para tu organización.

Diseña la prueba

Una forma eficaz de poner en práctica un experimento o una serie de experimentos dentro de una organización es realizar un balance para revisar lo que se ha descubierto. Decide de antemano los resultados que piensas discutir en esa reunión. A continuación, trabaja hacia atrás a partir de ese punto fijo en el calendario de cada uno para averiguar qué tendrá que hacer cada persona y en qué momento para garantizar que la reunión se celebre según lo previsto.

Recuerda, si un experimento te va a llevar más de un par de horas de trabajo, sobre todo al principio, piensa en uno más sencillo. Piensa en algo directo, informativo y personal. Siempre hay otra forma más obvia de medir el deseo, y suele implicar trabajo duro y métodos rudimentarios, no fondos de capital riesgo. ¿Qué se puede hacer con una pila de papel, un rotulador y cinta adhesiva? ¿Qué tal una página web, un folleto, un póster o un esquema de página elaborado con un software de diseño fácil de usar como Canva o Adobe Spark?

¿Y si simplemente salieras a la calle con tu producto y se lo ofrecieras a una persona real? Henrik Werdelin y Nicholas Thorne pusieron en marcha BARK mostrando una caja prototipo de golosinas y juguetes para perros a sus conocidos amantes de los perros. [43] «Es increíble», decían sus amigos. «Me apuntaré cuando esté listo».

«Tenemos Square en nuestros teléfonos», responderían. «Podemos aceptar tu dinero ahora mismo». Werdelin y Thorne dieron de alta a docenas de clientes de esta manera, pasando las tarjetas de crédito por sus teléfonos cuando la empresa no era más que «un sitio de WordPress que no funcionaba realmente». A diferencia de los compradores del centro comercial del principio del capítulo, que se limitaron a afirmar su voluntad de frecuentar una cervecería, estos dueños de perros estaban realizando transacciones, y ese es el tipo de datos que se quieren obtener.

Busca el impulso, no la perfección. Cada experimento barato, rápido e imperfecto proporciona datos que te llevarán a otro mejor que ofrezca respuestas más precisas y relevantes. Los experimentos de pensamiento solo conducen a más pensamiento.

La táctica concreta que utilices dependerá de tu contexto:

- Añade un botón a la página web.
- Distribuye una encuesta internamente.
- Diseña y distribuye folletos, carteles o volantes con una llamada a la acción de una URL o un código QR que puedas rastrear.
- Envía correos electrónicos con diferentes líneas de asunto u ofertas y compara las tasas de apertura, los clics o las respuestas.
- Publica o envía un mensaje a los usuarios objetivos en las redes sociales y haz un seguimiento de las respuestas.
- Construye dos posibles diapositivas para rematar una presentación y pruébalas con tus colegas.
- Ofrece a los participantes en la reunión la posibilidad de votar entre las opciones.
- Añade ofertas a las llamadas del servicio de atención al cliente y haz un seguimiento de las respuestas.

No te preocupes si una prueba te parece demasiado sencilla. Hazlo y sigue adelante. Siempre puedes subir el listón la próxima vez. Empieza por lo más sencillo y pequeño que puedas.

Si tienes una lista de correo, no envíes correos electrónicos a todos a la vez. Utiliza primero un pequeño segmento de la lista para asegurarte de que vas por buen camino antes de ampliarla. Si no tienes una lista de correo o una base de clientes con la que trabajar, tendrás que encontrar participantes de otra manera, pero no confíes demasiado en tus amigos y familiares. Su incentivo será apoyarte, no demostrar que estás equivocado. Además, puede que no sean representativos de tu mercado objetivo. Dirígete a las personas a las que tu solución intenta ayudar. ¿Hay gente que se queja de este problema en Twitter o Facebook? Acércate a ellos allí. ¿Se están congregando en algún lugar de Reddit, Twitch o Discord? Lo mismo. Ve donde están las personas con el problema y hazles la oferta directamente. ¿La quieren o no?

Cuando hagas tu oferta, elimina cualquier lenguaje condicional. No seas tímido o la gente dudará de ti desde el principio. Olvida que «estamos pensando en hacer X» o «¿Te interesaría Y?». Werdelin y Thorne se presentaron en los recintos para perros con sus lectores de tarjetas de crédito Square en la mano. Lleva ese nivel de compromiso a cada prueba, sin importar la escala. De lo contrario, no podrás confiar en los resultados.

Establece tu hipótesis

Establecer una hipótesis es un paso crucial y a menudo olvidado en los experimentos informales. Decide de antemano qué es exactamente lo que quieres probar. ¿Qué variable va a cambiar y qué esperas que ocurra cuando lo hagas? ¿De qué parámetros se va a hacer un seguimiento? Sé específico, ponlo por escrito y asegúrate de que todas las partes interesadas lo aprueben. Si eres impreciso sobre lo que esperas descubrir, todos estarán tentados de revisar la hipótesis para que coincida con los resultados.

Para determinar el color más deseable para un nuevo producto, no basta con ver qué tono genera más clics. Decide de antemano cuántos clics necesitas como mínimo para seguir adelante. Si no consigues atraer suficiente tráfico a la página, tendrás que realizar el experimento de forma diferente la próxima vez. Cuatro clics en el azul y dos en el amarillo no cuentan como prueba decisiva, por muy tentador que sea cuando hay poco tiempo. Establece tus objetivos, incluido el volumen de datos que esperas recopilar, y ajusta tu experimento hasta que cumplas con el listón en lugar de ajustar tu listón para que cumpla con el experimento.

Establecer tu hipótesis te obliga a tener claro el comportamiento o la decisión que esperas impulsar. Si vas a medir el impacto del aumento de X, no juegues simultáneamente con Y y Z. Eso solo enturbiará los resultados. El objetivo es comparar manzanas con manzanas con la mayor precisión posible.

Reúne datos

Establece una línea de base antes de cambiar algo. Si estás probando el efecto de un nuevo rótulo en el tráfico peatonal de tu tienda, mide primero el tráfico existente. Ten en cuenta también las variaciones diarias y estacionales. Si estableces una línea de base para el tráfico minorista en julio y realizas un experimento en diciembre, los resultados se verán alterados.

Trabaja con lo que tienes. La mayoría de las grandes empresas hacen un seguimiento minucioso de sus indicadores clave, pero hay muchas organizaciones que no son tan ordenadas. No dejes que la falta de datos perfectos se interponga en tu camino. Una empresa emergente, por ejemplo, probablemente no tenga una línea de base, y eso está bien. Realiza una prueba A/B, cambiando una sola variable clave entre las dos, y compara los resultados. Por ejemplo, puedes dividir el tráfico web entrante entre dos páginas de inicio, comparar la eficacia de la señalización promocional entre dos sucursales de la tienda, dar diferentes guiones de bienvenida a dos recepcionistas o enviar diferentes líneas de asunto a dos segmentos de una lista de correo.

En otras palabras, establece una línea de base si puedes, pero no dejes pasar todo el año solo para tener una imagen completa de la demanda estacional antes de avanzar. La rapidez es importante. Cuando se trata de ideas, ahora es mejor que nunca.

Cierra el círculo

Después de cada prueba, compara tus resultados con los de la línea de base, o entre ellos. Cuando experimentas todo el tiempo, es sorprendentemente fácil olvidar que estás experimentando. Por poner un ejemplo personal, Jeremy y su mujer hablaban de que la energía de ella flaqueaba cada día a la misma hora con el nuevo horario de educación en casa. Hablando del problema, ella recordó de repente que había cambiado el horario unas semanas antes para ver si aumentaba el compromiso de los niños, pero olvidó su intención. Recordando la hipótesis que se había propuesto probar, pudo revisar mentalmente los resultados del cambio y decidir cómo proceder.

Se podría pensar que un equipo de una gran organización tendría menos probabilidades de perder el hilo de un experimento que un padre de familia con exceso de trabajo, pero esto ocurre todo el tiempo en las empresas. Es fácil cambiar algo y llamarlo «experimento». Sin embargo, si no te sientas a hacer una autopsia, nunca analizarás los datos, y mucho menos actuarás en consecuencia. De hecho, aquí es donde vemos que la mayoría de los experimentos en las organizaciones fracasan. Puede que la nueva forma funcione mejor, o puede que no. Nunca lo sabrás con certeza si no evalúas los resultados con respecto a tu hipótesis. ¿Cómo fue la eficacia del experimento? ¿Hubo una buena relación entre el esfuerzo y el aprendizaje? ¿Obtuviste una respuesta clara, aunque no fuera la que esperabas, o los resultados no fueron concluyentes? ¿Qué puedes hacer de forma diferente la próxima vez para obtener datos más significativos y procesables?

La experimentación baja el listón para probar cosas, pero, si bajas tanto el listón que tus esfuerzos carecen de rigor, no estás aprendiendo. Estás girando el volante, pero sigues teniendo una venda en los ojos. Si, como en el ejemplo anterior, no has visto más que un puñado de clics en ninguna de sus opciones de color, piensa en cómo aumentar el tráfico general del sitio. Los datos no concluyentes suelen ser una señal de que el experimento en sí necesita ser mejorado. Arregla la prueba antes de cambiar la oferta (más sobre esto en el próximo capítulo). Cualquier idea parece pésima a la luz de un experimento mal diseñado. No deberías seguir adelante con una posibilidad o abandonarla hasta que hayas demostrado su valía o hayas revelado una vía de exploración más prometedora. La mayoría de los primeros intentos de experimentación deben ir seguidos de mejores experimentos: el verdadero fracaso requiere mucho más trabajo.

Si sigues teniendo problemas, pide a un colega ajeno al proyecto que evalúe tu enfoque. Es más fácil detectar los errores de juicio de otra persona. Pide a alguien con una perspectiva muy diferente —diferente departamento, incluso un sector distinto— que analice tu hipótesis, métodos y resultados. Que lo destrocen todo sin piedad. ¿Cuál de tus suposiciones no tiene mérito? La idea no está en juicio aquí. Ese es el trabajo del experimento. Es el experimento en sí mismo el que necesita trabajo. ¿Te está dando buenos datos, o solo esconde la verdad?

La mejor manera de asegurarse de que se cierra el círculo de un experimento es agendar la autopsia al principio del proceso. Determina una hora que vaya bien a todos antes de que comience el experimento. De este modo, todos tendrán un plazo y se garantizará un seguimiento adecuado. De lo contrario, tus esfuerzos experimentales quedarán relegados por exigencias más urgentes, aunque, a fin de cuentas, menos importantes.

Revisar, repetir y, cuando sea necesario, pivotar

En la mayoría de los casos, un experimento bien diseñado te proporciona los datos que necesitas para diseñar otro mejor, una prueba más refinada que responde a preguntas más específicas y te acerca aún más a la idea correcta. Experimenta en busca de la dirección, no del destino.

Un sí definitivo es estupendo, por supuesto. Cuando se consigue la combinación ganadora —el ajuste producto-mercado, por ejemplo— se sabe. La idea correcta no funciona solo un poco mejor que las alternativas. Ofrece unos resultados drásticamente superiores. Deberías ver una gran diferencia entre la opción A y las opciones de la B a la Z. Sin embargo, esto puede ser difícil de detectar si solo se prueba una variación a la vez. La ventaja de realizar varias pruebas en paralelo es que se puede ver rápidamente una gama de posibles resultados.

Por ejemplo, si mencionas un posible nombre de bebé a un amigo, este se mostrará entusiasmado con él sea como sea. Si le mencionas diez nombres potenciales, uno de ellos probablemente le encantará en relación con todos los demás. Cuando una idea funciona, se hace notar.

Por muy divertido que sea tener éxito, no subestimes el valor de un fracaso inequívoco. Significa que has dado a la idea una oportunidad justa y ahora sabes con certeza que es un fracaso. Como director de los Laboratorios de Innovación de Clientes de Michelin, Philippe Barreaud ha aprendido a valorar un no definitivo. Las organizaciones se inclinan naturalmente por el éxito de los proyectos, lo que da un impulso inmerecido a las ideas que no han demostrado ser deseables. En lugar de aceptar el fracaso y cambiar de rumbo, los líderes invierten más dinero y esfuerzo en la realización de ideas que nadie quiere. La experimentación de bajo riesgo libera de la presión de los incentivos para tener éxito a toda costa. «La mitad del valor que aportamos a la organización consiste en matar proyectos», nos dijo Barreaud. «Cuantas más ideas se eliminan, más recursos se liberan para otras cosas que tienen la posibilidad de llegar hasta el final. Las cosas que resonarán con los clientes».

Para asegurarte de que siempre cometes mejores errores en lugar de repetir los mismos en diferentes formas, haz un seguimiento de todo lo que pruebes, especialmente de los fracasos. Como vimos con Netflix y las cintas VHS, una idea fallida puede encontrar una segunda vida gracias a un cambio en la tecnología o en el mercado. En lugar de volver a la casilla de salida, puedes volver a tus datos para dar un empujón.

No existe un experimento ideal que responda a todas tus preguntas y resuelva todas las preocupaciones de los interesados. Sé paciente, no perfeccionista, y no te apegues demasiado. La innovación es pesca, no caza.

«No hay que obsesionarse con el prototipo como solución», dice Barreaud a los responsables de Michelin, «sino como algo que hacemos para poder aprender. Nos dará la oportunidad de reajustar en una fase posterior. Hay que saber que aún hay tiempo para reducirlo. En la fase inicial, todavía hay que plantear diversos caminos». Los experimentos son la forma de desenterrar las oportunidades ocultas. Escuchas el zumbido del interés y la atención. A veces incluso puedes detectar una idea adyacente a la que intentas validar. Perseguir la idea equivocada puede llevarte a la correcta si estás dispuesto a pivotar. Barreaud subraya la importancia de llevar las ideas al mundo para saber *qué vale la pena* llevar al mundo.

En Michelin, un equipo había desarrollado una herramienta para gestionar la presión de los neumáticos, una preocupación constante para los conductores de todoterrenos. Cuando mostró el prototipo a los clientes, sin embargo, la respuesta fue tibia. Era algo que los entusiastas del todoterreno ya sabían manejar. La comodidad añadida de los sensores de presión de neumáticos de alta tecnología no ofrecía suficiente valor añadido para captar su interés. El equipo descubrió que lo que realmente querían saber era sobre las propias pistas de todoterreno. Estos conductores estaban siempre ávidos de consejos sobre las pistas conocidas y buscaban otras nuevas para explorar. Para ello, Michelin creó un prototipo de aplicación que permitía a los conductores de vehículos todoterreno compartir consejos sobre su ubicación. A diferencia de la idea del sensor de presión de los neumáticos, esta idea se puso en marcha enseguida. Los consejos para todoterreno no eran una dirección que el equipo hubiera considerado mientras los miembros estaban sentados en sus escritorios. Poner la idea «errónea» en manos de usuarios reales dio lugar a una visión muy valiosa. A menudo es así.

En el próximo capítulo, veremos la experimentación efectiva en acción en los contextos empresariales. Como veremos, no se trata de diseñar el experimento «perfecto», sino de aprender rápidamente. Esto requiere la flexibilidad que mostraron los expertos en caucho de Michelin cuando su idea fracasó. Pregúntate: ¿Estás dispuesto a desviarte del plan? ¿Puedes dejar de lado tu primera idea para hacerte con una mejor? Como nos dijo Barreaud, «la mayoría de las veces, el problema es el problema». Si no estás dispuesto a replantear el problema para explorar una vía más productiva, acabarás gastando tu energía sin sentido.

6

Haz del mundo tu laboratorio

«La inspiración sugiere la combinación de un principio activo
—la experiencia duramente ganada— con un principio
pasivo —la receptividad libre y confiada—». [44]

Robert Grudin, *LA GRACIA DE LAS GRANDES COSAS:*
CREATIVIDAD E INNOVACIÓN

Ahora disponemos de un proceso paso a paso para probar las hipótesis y validar las soluciones. Para pasar de un proceso rutinario a la adopción de una mentalidad, será útil ver la innovación impulsada por la experimentación en acción en diferentes contextos. Los ejemplos del mundo real deberían proporcionar información sobre el enfoque experimental más adecuado para tus necesidades.

En Eisai, la empresa farmacéutica con sede en Tokio, Bill Gibson es uno de los principales responsables del grupo que se ocupa de la enfermedad de Alzheimer, la forma más común de demencia. Según la Asociación de Alzheimer, seis millones doscientos mil personas mayores de sesenta y cinco años padecen esta forma de demencia solo en Estados Unidos, y se prevé que en 2050 esa cifra alcance los doce millones setecientos mil. [45] La presión para encontrar nuevas terapias es enorme, pero avanzar basándose en suposiciones no probadas puede ser arriesgado. Para responder con la mayor eficacia posible al reto del Alzheimer, la industria debe poner a prueba rigurosamente sus hipótesis, ya sea dentro o fuera del laboratorio. Es demasiado arriesgado hacerlo de otro modo.

Tras completar un programa de liderazgo en la d.school, Gibson quiso trabajar con nosotros para ayudar a llevar una mentalidad experimental a Eisai. A pesar de las interminables y rigurosas pruebas farmacéuticas realizadas en los amplios laboratorios de la empresa, el enfoque binario de «pensar y luego decidir» para la generación y selección de ideas seguía arraigado en otros lugares. Para impulsar la mejora continua y lograr un impacto real en la enfermedad de Alzheimer, Eisai tendría que adquirir el hábito de poner a prueba todas sus hipótesis, farmacéuticas y de otro tipo. Esto era especialmente cierto debido a la extraordinaria presión para ir más rápido. «Antes de lanzarnos a una respuesta, debemos identificar las suposiciones y las alternativas», nos dijo Gibson. «Si nos comprometemos a identificar primero y luego cuestionar realmente las suposiciones con las que estamos operando, empezaremos a desarrollar de forma natural alternativas que podrían cambiar el juego».

Nos pasamos la vida laboral tomando decisiones basadas en lo que creemos que serán los resultados. La práctica de realizar regularmente experimentos en el mundo real nos enseña lo equivocados que podemos estar incluso en nuestras suposiciones más básicas sobre el funcionamiento de nuestro negocio. Para que la experimentación se convierta en un hábito arraigado, hay que empezar por aprovechar hasta la más mínima oportunidad para que los datos informen la toma de decisiones. Para Gibson, esto significaba realizar pruebas en las actividades cotidianas. De hecho, se dio cuenta de que podía realizar una prueba sobre algo tan simple como un correo electrónico interno.

Para fomentar la serendipia y la colaboración entre los distintos equipos del grupo de Alzheimer, Gibson creó un foro mensual para que la gente compartiera actualizaciones informales y lanzara nuevas ideas. Para maximizar la atención, realizó pruebas A/B con las líneas de asunto de sus invitaciones por correo electrónico. Esto fue un cambio un poco radical en una empresa que prueba rutinariamente diez mil compuestos farmacéuticos en sus laboratorios. ¿Podría una pequeña prueba informal con docenas de receptores y sin grupo de control lograr algo útil? Resulta que el experimento de Bill le enseñó valiosas lecciones sobre el poder de la especificidad. Hoy en día, todos sus correos electrónicos de llamada a la acción anuncian el asunto, la acción deseada y el momento en que se produce, y este aprendizaje se está extendiendo por toda la organización. Más allá de esta única lección, la oportuna inyección de pensamiento experimental de Gibson ha permitido a Eisai realizar pruebas rápidas, baratas e informales que complementan el escrupuloso enfoque que utilizan sus científicos para desarrollar nuevos medicamentos.

«Estamos buscando formas de hacer ejercicios de aprendizaje rápido», nos dijo Gibson. «Por ejemplo, quería explorar la cuestión de cómo los pacientes inician una conversación con su médico de atención primaria en torno al deterioro cognitivo». En lugar de planificar y ejecutar una campaña formal de investigación de mercado a lo largo de semanas o meses, Gibson encuestó a otros empleados de Eisai: ¿Preferirían utilizar una prueba autoadministrada o visitar a su médico para una evaluación? «Todos somos personas para las que esto podría ser una realidad», explicó Gibson. «Y descubrimos que la gente se sentía más cómoda hablando con un médico de cabecera, aunque la evaluación en casa pudiera ser más conveniente». El simple hecho de encuestar a la gente en el edificio dio a Gibson una dirección útil que explorar. «Ahora intentamos ayudar a que más médicos de atención primaria detecten los signos del Alzheimer y fomenten los exámenes rutinarios».

A medida que leas más ejemplos de experimentación en este capítulo, presta menos atención a los detalles que a la curiosidad subyacente. Imagina cómo un enfoque similar podría derribar las falsas suposiciones que desvirtúan tus propios esfuerzos o validar una idea antes de que se convierta en una misión imposible.

Y si lees una de estas historias y piensas: «Nunca habría hecho esa tonta suposición en primer lugar», recuerda que los puntos ciegos de otras personas son fáciles de ver. Los tuyos son una historia diferente.

VÉNDELO ANTES DE HACERLO: MAN CRATES

Hay una razón para el viejo chiste de que papá recibe la misma corbata para el Día del Padre cada año. Comprar regalos para hombres es una tarea notoriamente difícil, incluso para otros hombres. Jon Beekman era un estudiante de MBA de Stanford que se unió a nuestro programa *Launchpad* para resolver este problema. Otros le habían dicho que los regalos para hombres eran una categoría de negocio terrible. Beekman dudaba de esa suposición. Además de las ocasiones habituales (Día de San Valentín, Día del Padre, cumpleaños, graduaciones) la gente necesitaba regalos para sus amigos, colegas y socios masculinos por todo tipo de razones a lo largo del año. Ya que no sabían qué regalar, ¿cómo podría una empresa hacer que el proceso de regalar a los hombres fuera rápido, fácil e incluso divertido?

Beekman se dio cuenta de que los negocios de cajas de regalo seleccionadas surgían a diestro y siniestro. Estas cajas, claramente destinadas a las mujeres, ofrecen surtidos temáticos de artículos a distintos precios. Piensa en una manifestación física de la guía de regalos de *Cosmopolitan*. Una novela. Una barra de labios. Un tubo de crema hidratante perfumada. A pesar de la popularidad del concepto, nadie había intentado crear una caja de regalo para los lectores de *GQ* o *Esquire,* revistas masculinas que publican más que su cuota de guías de regalo. A Beekman le pareció una solución potencial al problema de los regalos para hombres.

La investigación sobre las cajas de regalo reveló que medir la demanda es un desafío. Hay que tener una gran variedad de productos en *stock,* algunos de los cuales son perecederos. Sin una forma eficaz de medir la conveniencia de cada caja de regalo, o bien se compra menos de lo necesario y se pierden ingresos, o bien se compra más de lo necesario y se acaba teniendo un almacén lleno de artículos al azar, algunos de los cuales se estropearán. La idea de negocio de Beekman prometía ser un quebradero de cabeza logístico, incluso si el concepto resultaba atractivo para los clientes.

En nuestra aceleradora de empresas, Beekman se dio cuenta de que, en lugar de confiar en las encuestas, podía medir la conveniencia de cada caja con un experimento. Para realizar su prueba, consiguió una caja de pino resistente (con su correspondiente palanca) para servir de prototipo. Entonces se le ocurrieron seis conceptos de cajas, tres de los cuales fueron eliminados al darse cuenta de que sería prohibitivo enviar alcohol. Las tres cajas restantes contenían aperitivos y caramelos que podía comprar en una gran tienda. Beekman pensó que si la caja, la experiencia de apertura y la marca eran lo suficientemente sólidas como para funcionar con productos básicos de venta al público, tendrían aún más éxito con regalos de primera calidad que no estaban disponibles fácilmente. Mientras tanto, no quería perder tracción con su idea. Si esperaba a que todos los aspectos del producto fueran perfectos antes de lanzarlo, significaría que había esperado demasiado.

Una vez que Beekman generó sus conceptos de caja, compró uno de cada artículo y, en el transcurso de una sesión fotográfica de un solo día, dispuso los tres conjuntos de artículos frente a la misma caja prototipo. No tenía ni almacén, ni proveedor, ni distribuidor (ni siquiera una caja de repuesto) pero gracias a la sesión de fotos tuvo su primer catálogo. Tras crear un sitio web básico para lo que denominó «Man Crates», Beekman subió las fotos de los productos y asignó a cada caja un precio que ofreciera un margen de beneficios viable. A continuación, publicó anuncios en Facebook para dirigir tráfico al sitio.

Los visitantes comenzaron a llegar. Cuando alguien compraba una caja inexistente, Beekman anulaba inmediatamente la transacción. Luego llamaba al cliente, le explicaba que la empresa era una pequeña empresa unipersonal y le pedía su opinión sobre el producto, el sitio web y el proceso de compra. A pesar de la frustración que debían experimentar al principio, las personas a las que llamaba Beekman estaban encantadas con esta experiencia poco habitual. La mayoría no había trabajado nunca en una empresa digital incipiente y todos se mostraron encantados de compartir una información que podría ser importante. Al final de cada llamada, Beekman les ofreció un descuento del 50 % en una futura compra.

Quizá te preguntes por qué Beekman recabó opiniones en esta fase si las encuestas no son una forma eficaz de medir la demanda. En este caso, había validado legítimamente la intención de la persona de comprar un Man Crates. Habían pulsado el botón de compra y habían introducido la información de su tarjeta de crédito. En ese momento, su aportación se convirtió en algo muy relevante. Estas personas eran, en un sentido muy real, los primeros clientes de Beekman.

Ofrecer un producto que los clientes aún no pueden comprar —decepcionándolos— parece demasiado arriesgado para la mayoría de los líderes. Pero no lo es. Al hacer un seguimiento de esos primeros visitantes «decepcionados» en su base de datos años más tarde, Beekman descubrió que muchos se convirtieron en clientes fieles. Mientras tanto, el prototipo de sitio web le proporcionó un laboratorio ideal para validar sus suposiciones antes de llenar un almacén con chucherías variadas que podrían venderse o no.

«Obviamente, buscas las cosas que funcionan», nos dijo Beekman, «pero descubres sobre todo las cosas que no funcionan. Aprender lo que funciona es más valioso, pero incluso aprender lo que no funciona te ayuda a formar tu juicio y tu instinto sobre lo que debes probar a continuación».

Beekman repitió varios mensajes de marketing para ver cuál era el que mejor resonaba, hasta que se decidió por el eslogan «Sin lazos, sin cintas, sin romanticismos». En su opinión, no habría sido el ganador, pero los datos no le daban la razón. Día tras día, siguió ajustando el texto y los precios hasta que se sintió seguro de cada aspecto de su oferta. Beekman dejó que el mercado le dijera lo que quería en lugar de decidir que él era el mejor. Para su sorpresa, un experimento demostró que burlarse de la competencia funcionaba muy bien. El eslogan más eficaz de la página de aterrizaje de la empresa para las cestas de regalo «que te mejores» fue: «No le envíes una cesta de regalo. Ya está herido».

Dado que Beekman puso en marcha el negocio sabiendo cuántas cajas podía vender y a qué precios, abastecerse de existencias era simple aritmética. Pero ¿por qué detenerse ahí? Beekman sigue lanzando ocasionalmente nuevos productos como «cajas fantasma». Cada vez que un cliente intenta poner una en su cesta de la compra, se le compensa con un descuento por su inconveniencia (ya no es necesario permitir que se realice la transacción y luego anularla. Beekman ha validado experimentalmente que poner una caja en la cesta se correlaciona lo suficientemente bien con una compra para que los datos cuenten, lo que no ocurre en todas las empresas). La experimentación continua garantiza que Man Crates rara vez se equivoque en sus decisiones de comercialización.

Man Crates creció rápidamente gracias a su enfoque de aprendizaje centrado en el cliente, y llegó a ocupar el puesto número cincuenta y uno en la lista de Inc. 500 de las empresas de mayor crecimiento en 2016. En la actualidad, Beekman está lanzando una nueva empresa en otro ámbito, y probablemente puedas adivinar cómo va a empezar allí también.

PIDE PERDÓN EN LUGAR DE PEDIR PERMISO: CYBEX

La seguridad es una de las principales preocupaciones del sector del *fitness*. Resulta irónico que una práctica destinada a alargar la vida y mejorar la salud provoque tan a menudo lesiones. Una carrera matutina puede provocar desde una ampolla hasta un ataque al corazón. Si se añaden pesas y maquinaria compleja a la mezcla, los peligros se multiplican. En 2021, Peloton (fabricantes de equipos de *fitness*), que entonces se encontraba en una trayectoria de crecimiento estratosférico, se vio obligada a retirar una nueva cinta de correr después de que su inusual diseño supuestamente provocara la muerte de un niño y decenas de lesiones. [46] Los equipos de *fitness* son un ámbito en el que la experimentación frecuente e iterativa es extremadamente crucial para el desarrollo seguro de nuevas ideas. No se puede predecir lo que hará la gente cuando se suba a una máquina desconocida, y no se puede esperar que lea el manual cada vez.

Bill Pacheco acababa de ser nombrado director sénior de diseño de productos en Cybex cuando recibió un nuevo mandato. Para finales de año, el director general quería pasar del número seis en la categoría de cintas de correr al número uno. Dado que las cintas de correr son el tipo de equipo de fitness más omnipresente, subir incluso tres peldaños en la escala tendría un efecto dramático en los resultados de Cybex. Pacheco se preguntó qué cambio de diseño podría tener un efecto tan enorme en la demanda. Hora de aplicar lo aprendido en la d.school.

En el típico gimnasio, un adulto sin supervisión, a menudo mayor, a menudo en baja forma, y sin experiencia previa en esa marca de máquina, carga hacia adelante en la cinta de correr a una velocidad alta. Es una receta para el desastre, e Internet está lleno de vídeos de personas que se caen de cara o se hacen daño mientras corren en la cinta. Todo lo que se necesita para perder el equilibrio es una mirada a un lado, especialmente a alta velocidad (por suerte los gimnasios ponen todos esos televisores en todas partes). Mientras tanto, cualquier cambio en el diseño de la cinta de correr plantea el riesgo muy real de introducir nuevos peligros inesperados, como ilustran los problemas de Peloton. La gente suele utilizar equipos de ejercicio desconocidos sin pedir ayuda ni seguir las instrucciones. La primera pregunta al cambiar cualquier equipo es: «¿Qué es lo peor que podría pasar si alguien hiciera un mal uso de esto sin la debida supervisión?».

Pacheco conocía los peligros que entrañaban las cintas de correr. De hecho, muchos usuarios potenciales evitan las cintas de correr debido a ese riesgo percibido. Por cada novato despistado que hace un mal uso de la cinta y acaba lesionado, hay muchos más tímidos que ni siquiera la prueban. ¿Cómo puede Cybex hacer que una cinta de correr resulte acogedora para los usuarios indecisos del gimnasio? La respuesta a esta pregunta podría estimular la demanda que buscaba el director general.

Con esta idea, Pacheco observó a la gente en las cintas de correr Cybex en una variedad de gimnasios. Si no sintiera tanta empatía por esos guerreros de la semana, le habría parecido una visión graciosa. Aunque la gente intentaba proyectar confianza, la mayoría acababa aferrándose a la consola para salvar su vida. La consola no se diseñó para que sirviera de apoyo continuo durante el ejercicio, sino como lugar para los controles y para guardar los objetos personales. En Cybex se suponía que había que correr exactamente igual que en el asfalto, moviendo los brazos libremente. Sin embargo, la observación empática reveló que la gente temía perder el equilibrio. A pesar del incómodo ángulo y de la forma en que impedía su entrenamiento, los corredores se aferraban y se mantenían a flote.

Si ves que la mayoría de tus clientes utilizan un producto de forma distinta a la planeada, es una señal para replantearte tus intenciones. Pacheco se preguntó si unos manillares de estabilidad prominentes podrían dar a la gente la seguridad que ansiaba. Si los manillares se colocaran justo delante, lo suficientemente cerca como para alcanzarlos, pero inclinados para no obstaculizar su paso, la gente podría sujetarse durante todo un entrenamiento sin tensión ni estrés. No solo sería más seguro que agarrarse precariamente a la consola, sino que el cambio podría atraer a nuevos usuarios demasiado precavidos para subirse a una cinta de correr normal.

Cuando Pacheco volvió a plantear la idea de los manillares a Cybex, esta no prosperó. Los márgenes eran lo suficientemente escasos sin añadir cuarenta dólares o más al coste de fabricación. Además, el manillar tendría un aspecto extraño. El modelo de Cybex se distinguiría de cualquier otra cinta de correr del mercado. «No me gusta nada de toda esta presentación», le dijo el jefe de investigación y desarrollo a Pacheco. «Inventa otra cosa».

Pacheco no vio la necesidad de discutir sobre las impresiones subjetivas de los clientes. En lugar de ello, decidió aplicar el enfoque que había aprendido de la d.school. Un experimento demostraría la conveniencia de su concepto con más eficacia que cualquier diapositiva de PowerPoint. Pacheco fue al gimnasio de un hotel cercano y pidió permiso para instalar asideros prototipo en un par de cintas de correr Cybex del gimnasio. El director del hotel comprendió inmediatamente el potencial. ¿A quién le importaba que los mangos fueran feos si ayudaban a evitar una demanda? Cuando le dieron el visto bueno, Pacheco instaló los mangos en dos de las diez cintas de correr del hotel y se sentó a observar.

Mañana tras mañana, los huéspedes votaron con sus pies. Si se disponía de los prototipos de cintas de correr, ocho de cada diez elegían correr en ellas frente a las ocho sin manillar. Cuando Pacheco preguntó a la gente por qué, la respuesta fue inequívoca: «Se ve y se siente más segura». Con los datos en la mano, Pacheco convenció a Cybex para que hiciera el cambio. A finales de año, los manillares de estabilidad de sus cintas de correr habían hecho crecer el negocio de Cybex en un 20 % durante dos años consecutivos.

CICLO DE EXPERIMENTOS RÁPIDOS: WESTPAC NUEVA ZELANDA

Para una empresa, una oferta beta tiene un propósito útil más allá de recoger la opinión de los clientes: el aprendizaje forzado. Los proyectos suelen esconderse bajo la alfombra y olvidarse cuando no tienen éxito inmediatamente. Así no se aprende. Lanzar algo como una oferta beta pública empuja a la empresa a seguir con una idea a través de puntos de inflexión difíciles. Hacer algo menos sería traicionar a los primeros usuarios que ofrecieron sus comentarios y toleraron los contratiempos. Al abrir el proceso de desarrollo, una beta mantiene una presión constante sobre la organización para seguir mejorando.

No todas las ideas están destinadas al público, por supuesto. Muchas ideas valiosas son internas, pero un periodo beta puede seguir sirviendo al mismo propósito vital.

Hace unos años, el equipo de TI de Westpac Nueva Zelanda decidió renovar un software integral en el que confiaban sus miles de gestores de sucursales. Dado que el software desempeñaba un papel clave en el trabajo diario de cada gestor, incluso una pequeña mejora supondría un aumento significativo de la eficiencia para la empresa.

El desarrollo de software empresarial es un imán para los esfuerzos de innovación fallidos. Esto tiene menos que ver con el talento o la habilidad que con sistemas e incentivos defectuosos. Cuando el software se crea para uso interno en una gran organización, los usuarios tienen poca participación en el proceso de desarrollo. Las decisiones clave son tomadas por personas de otro departamento o, simplemente, de más arriba en el organigrama. El producto se entrega desde arriba con una presentación explicativa en Power Point. Este enfoque jerárquico corta el crucial circuito de retroalimentación que impulsa la mejora. Dado que los usuarios insatisfechos no pueden cambiar a un producto de la competencia —salvo que renuncien a sus puestos de trabajo— no hay mucho incentivo para mejorar las partes que son deficientes. Como resultado, el software empresarial se pone en uso sin ser fácil de aprender o agradable de usar. Tratar con él se convierte en una tarea resentida, algo que la gente hace solo por necesidad.

Westpac quería hacer algo mejor. Sus dirigentes querían sinceramente incorporar las opiniones de sus directores de sucursal. Por desgracia, las buenas intenciones no resuelven los problemas. Cuando el progreso del proyecto se estancó, el banco nos pidió que organizáramos un campamento de entrenamiento con su departamento de TI. Al examinar el proceso juntos, descubrimos nada menos que siete niveles de burocracia entre los directores de sucursal y el departamento de TI. Siete. Si un usuario quería informar de un error o sugerir una función, tenía que pasar por las siete capas antes de llegar a alguien que pudiera actuar en consecuencia. Para que la iteración tenga éxito, es necesario un circuito de retroalimentación directa: el cambio real nunca se producirá a través de siete capas de burocracia. Es como el juego del teléfono.

La primera idea que surgió del campo de entrenamiento fue la de «injertar» un departamento de TI en una sucursal poniendo a un desarrollador en la sala con un director de sucursal para trabajar juntos en las soluciones. Para el director de la sucursal en cuestión, esto fue una gran idea, al principio. Tenía la libertad de pedir ayuda al desarrollador a la primera señal de un problema con el software. Sin embargo, se hizo evidente que la gestión de una sucursal muy ocupada no dejaba mucho tiempo para ofrecer comentarios sobre el software a lo largo del día. Los desarrolladores acababan haciendo el vago en lugar de codificar, lo que suponía un desperdicio de un recurso valioso.

Tras haber intentado algo ambicioso y haber fracasado, muchas empresas se habrían escabullido para abordar otros problemas más fáciles de resolver. Sin embargo, al compartir el campamento de innovación en el foro de debate de la empresa, Westpac se comprometió visiblemente con este proceso. Los directores de las sucursales de toda la organización estaban viendo cómo se desarrollaba lo que era, en realidad, una beta pública. Al actuar de forma transparente, el banco no tenía ninguna posibilidad de huir y salvarse del ridículo. Se trataba de un aprendizaje forzado en su máxima expresión. Simplemente tendrían que resolverlo, iteración a iteración.

Para su siguiente experimento, el equipo asignó a un director de producto para que actuara como intermediario entre el departamento de informática y todos los directores de sucursal. Pero las sugerencias no tardaron en retrasarse o malinterpretarse una vez más. Habían reintroducido la burocracia.

El camino más rápido para aprender suele ser un paseo por el edificio o por la manzana. Cuando tengas dudas, sal a la calle. Habla con otro ser humano. Nos sorprende la frecuencia con la que esta sencilla táctica funciona para poner en marcha la creatividad. En nuestra autopsia con el departamento de TI de Westpac, sugerimos una charla rápida con el director de una sucursal real de Westpac. ¿Por qué no? Había una sucursal justo en la esquina.

En la sucursal, pronto descubrimos que su directora, Rachel Compton, tenía montones de ideas para mejorar el flujo de trabajo y eliminar todas las pequeñas frustraciones que cuestan al banco millones en pérdidas de productividad. Dado que plantear estas sugerencias a través de los canales oficiales nunca había dado lugar a cambios significativos, ella había asumido que nadie en la empresa las consideraba dignas de atención. Resulta que esos siete niveles de burocracia significaban que el departamento de TI nunca había recibido el mensaje. Tras hablar con Compton, el equipo decidió probar un nuevo enfoque. En lugar de injertar a alguien de TI en la sucursal, injertarían la sucursal en el departamento de TI. Compton acudió a la oficina corporativa para trabajar a diario en el producto con ellos.

Esto funcionó mucho mejor que al revés. Al disponer de tiempo en su agenda específicamente para este fin, Compton pudo ponerse a trabajar con los desarrolladores para resolver los problemas específicos que la aquejaban. En poco tiempo, el equipo puso en marcha el primer resultado de esta colaboración. El lenguaje impreciso del software había provocado innumerables pérdidas de tiempo en llamadas al departamento de TI para solicitar asistencia técnica. Compton, que conocía el problema desde hacía tiempo, tuvo por fin la oportunidad de solucionarlo aclarando el proceso para los usuarios, ahorrando tiempo y dinero a la empresa y facilitando su propio trabajo. Para culminar este exitoso esfuerzo de innovación, Rachel alabó la solución —y la forma en que se había producido— en el foro de debate interno de la empresa. Incluso incluyó una foto de ella misma, una empleada no técnica, poniendo en marcha el código. El hecho de que uno de los suyos hubiera defendido el cambio elevó la moral y el compromiso de los miles de directores de sucursal de Westpac.

Cuando se realizan experimentos en una organización, hay que mantener la mayor transparencia posible. Para forzar el aprendizaje y mantener el impulso, no dejes abiertas las rutas de escape. Conecta directamente a las personas que tienen el problema y a las que diseñan las soluciones y deja que todos los demás observen lo que ocurre.

Además, si romper un atasco significa levantarse de la silla y charlar con otra persona, especialmente con alguien que no conoces bien, no seas tímido. Este tipo de interacciones cara a cara son una de las fuentes más ricas de información creativa.

FÍNGELO HASTA QUE LO LOGRES: BRIDGESTONE

Erica Walsh y su equipo de innovación del fabricante de neumáticos japonés Bridgestone nos pidieron que les ayudáramos a encontrar formas de aprovechar el aumento de los servicios de transporte compartido. A partir de la investigación, sabían que los coches de los conductores de Uber y Lyft tenían problemas mecánicos a un ritmo muy superior a la media. Para agravar el problema, estos conductores eran aún menos propensos a llevar sus vehículos al mantenimiento rutinario, ya que un viaje al mecánico se traducía directamente en una pérdida de ingresos. Como resultado, los problemas menores pasaban desapercibidos durante tanto tiempo que culminaban en fallos mecánicos absolutos, a menudo con un cliente en el coche. Para un conductor de coche compartido, una avería de este tipo no solo supone

una pérdida de ingresos, sino también un perjuicio para su califica-
ción en la aplicación.

Si no fuera posible acudir al mecánico con regularidad, ¿cómo podríamos ayudar a estos conductores a realizar diagnósticos rutinarios
en su propio garaje? Podrían estar dispuestos a llevar sus coches para
solucionar un problema específico detectado por una prueba de diagnóstico. El autodiagnóstico podría evitar las averías que estaban costando dinero a estos conductores y dañando su reputación online.

Según los ingenieros de Bridgestone, una alfombra dotada de sensores podría detectar ciertos problemas con antelación. El software podría
incluso programar un viaje al mecánico automáticamente utilizando el
calendario online del conductor. Esto podría ser una ventaja para los
conductores ocupados y para Bridgestone, que vendería neumáticos
cada vez que una alfombrilla detectara un desgaste excesivo de la banda
de rodadura.

A Walsh y a los demás ejecutivos de Bridgestone les encantó la
idea. Parecía una extensión lógica de la marca, además de una forma
clara de aumentar la demanda. Mientras tanto, el equipo de ingenieros
salivaba ante las posibilidades tecnológicas. Olvídate de los ángeles en
la cabeza de un alfiler: ¿cuántos sensores de automoción se podrían
meter en una alfombra de plástico? [47]

Con todo este entusiasmo interno, el enfoque típico del equipo de
investigación y desarrollo habría sido gastar seis meses y un montón
de dinero en el desarrollo de un prototipo totalmente funcional. La
cuestión de si los conductores de vehículos compartidos querían una
delgada herramienta de diagnóstico podía esperar. Pero esta vez no.
Walsh decidió que, en lugar de gastar una fortuna en aplanar y reforzar
un superordenador de diagnóstico, el equipo podría determinar de
forma rápida y barata la conveniencia del producto. ¿Cómo? Fingien-
do hasta lograrlo.

Compraron una pila de alfombras de baño de vinilo y las coloca-
ron en un garaje utilizado por conductores de vehículos compartidos.

A continuación, dijeron a los conductores que cada alfombrilla contenía sensores de última generación. Por la noche, un equipo de Bridgestone inspeccionaba manualmente cada coche y creaba un informe de diagnóstico detallado para la mañana siguiente. Lo que a Bridgestone le habría costado cientos de miles o incluso millones de dólares en prototipos, acabó costando unos dieciocho dólares en simulaciones.

Como comprendieron Walsh y su equipo de Bridgestone, nunca se debe avanzar con una idea hasta que se esté seguro de que la gente la quiere. La prueba de la alfombrilla de baño reveló que los conductores de vehículos compartidos no deseaban informes complejos que proyectaran la posible necesidad de sustituir alguna pieza desconocida. Un loco de los coches podría apreciar el detalle del diagnóstico, pero estos clientes tenían poco interés en sus vehículos más allá de su capacidad de ganancia. Para los conductores de vehículos compartidos, lo único que importaba era si el coche funcionaba bien o no.

El fracaso no es frustrante una vez que lo replanteas como una fuente de aprendizaje. Retroalimenta el ciclo de la innovación. Para Walsh y su equipo de Bridgestone, el «fracaso» de la alfombrilla de baño provocó una nueva línea de pensamiento. ¿Qué pasaría si un informe de diagnóstico fallido no llegara al conductor? ¿Y si, en lugar de ello, se enviara un informe al servicio técnico para que recuperara el coche, lo llevara a un mecánico para su reparación y lo devolviera, todo ello durante las horas libres del conductor? Si la reparación tardara demasiado, el servicio podría incluso sustituir el coche por un vehículo de préstamo para que los conductores no perdieran ningún negocio.

Bridgestone no ofrecía un servicio de mantenimiento con recogida. Tampoco tenía una flota de coches de préstamo. Sin embargo, si los experimentos demostraran una demanda suficiente, podrían invertir con confianza en el desarrollo de estas ofertas, o asociarse con empresas que sí.

Hora de hacer más pruebas.

GRAN IDEA, PEQUEÑA PRUEBA: LENDLEASE

Resístete a la lógica que dice que los grandes proyectos de las grandes empresas exigen grandes experimentos a la altura. El árbol más grande puede crecer de la semilla más pequeña. Al principio del proceso de innovación, nunca debería ser necesaria una gran inversión para obtener respuestas útiles y pasar al siguiente paso. Incluso las ideas más ambiciosas de las grandes organizaciones pueden ser puestas a prueba con experimentos rápidos, baratos e imperfectos. En el gigante inmobiliario australiano Lendlease, por ejemplo, un desarrollo multimillonario comenzó como un anuncio de cincuenta dólares en Facebook.

Natalie Slessor es una psicóloga social especializada en el entorno laboral. Como líder sénior en Lendlease, Slessor trabaja con las empresas para entender sus necesidades en evolución y dar forma a la respuesta de Lendlease a las tendencias cambiantes. Slessor aportó una idea sobre una de esas tendencias a nuestro programa acelerador de innovación.

Todas las mañanas de la semana, Slessor y cientos de miles de trabajadores se desplazaban durante una hora o más desde los suburbios que rodean Sídney hasta las oficinas de la ciudad. Como experta en el futuro del trabajo, Slessor sabía que los acuerdos de trabajo flexible eran cada vez más populares. Dado que el ejército de trabajadores del conocimiento de Sídney realizaba la mayor parte de su trabajo en ordenadores portátiles, no tenía mucho sentido que pasaran horas yendo y viniendo todos los días de la semana. Desde el punto de vista económico, medioambiental y práctico, una solución que permitiera a los trabajadores de Sídney saltarse el viaje de vez en cuando aportaría valor a todas las partes interesadas, incluido el público. Slessor vio una posible solución al problema en Barangaroo, la exitosa urbanización de Lendlease ubicada en el centro de la ciudad. Barangaroo cuenta con tiendas, restaurantes y cafés de alta gama junto con lujosos espacios de trabajo compartidos. Los trabajadores pueden disfrutar de un entorno amplio y elegante, con fácil acceso a café prémium, ensaladas orgánicas y clases de yoga. Barangaroo prospera porque ofrece a los trabajadores los mismos servicios que disfrutan en sus barrios suburbanos de lujo. Si Barangaroo tuvo éxito llevando las comodidades del barrio a la oficina, se preguntó Slessor, ¿podría Lendlease utilizar eso como inspiración y llevar la oficina al barrio?

Se podría crear un espacio de trabajo compartido en cualquier suburbio con grupos de empleados corporativos, que cumpliera con las estrictas normas de seguridad de la empresa y ofreciera un lugar cerca de casa sin las distracciones del hogar. Los empleados podrían dedicar su tiempo a algo más valioso que jugar con sus teléfonos en un largo viaje en tren. La oferta podría tener sentido desde el punto de vista financiero para las grandes empresas incluso si solo una fracción de sus empleados utilizara el espacio solo unos días a la semana. Basándose en su investigación, Slessor podría argumentar que la flexibilidad añadida aumentaría la productividad, la satisfacción de los empleados y la retención del talento, todos ellos aspectos clave para los inquilinos corporativos de Lendlease.

Una idea de esta envergadura normalmente se gestaría a través de un elaborado y costoso proceso de desarrollo en varias etapas antes de que se le presentara la oferta a un solo inquilino. Lendlease visitaba los sitios, investigaba y calculaba el precio de todo al centavo, todo ello sin firmar un solo cliente de pago. En la época en que dirigimos el programa acelerador, Slessor y su equipo llevaban ya dos años especulando sobre este ecosistema de espacios de trabajo satélites, luchando por crear el impulso interno necesario para impulsar un esfuerzo semejante. Cuando nos enteramos de la idea, le dijimos a Slessor que dejara de especular y empezara a publicar anuncios para los nuevos espacios de trabajo inmediatamente. No haría falta mucho dinero ni tiempo para comprobar la conveniencia. Gracias a la potencia y sofisticación de la segmentación publicitaria, las pruebas a pequeña escala pueden ofrecer resultados muy relevantes rápidamente.

Lendlease era reacio a publicitar un producto que aún no existía. Una empresa que sirve a un pequeño grupo de grandes clientes corporativos será más sensible a la posibilidad de molestar o frustrar a esos clientes que una empresa emergente basada en la web como Man Crates. Para hacer frente a este problema, Slessor dirigió los anuncios de Facebook a los viajeros que vivían en los suburbios cercanos sin mencionar en absoluto a Lendlease. Cualquiera que hiciera clic en un anuncio que prometiera «Barangaroo cerca de ti» podía inscribirse en una lista de espera para obtener más información indicando para qué empresa trabajaba. Estas inscripciones revelaban una demanda importante e incluso indicaban el grado de exigencia de cada empresa de Sídney. Ahora, en lugar de llenar una reunión de presentación con hipotéticos clientes, Lendlease podía dirigirse a sus clientes reales y decirles: «Quinientos de sus empleados, solo en Manly, se han apuntado para obtener más información. ¿Cuántas plazas van a alquilar?».

El proyecto piloto, bautizado como The Local Office, se inauguró un año después con gran éxito y no poca atención de los medios de comunicación locales. La demanda desde el primer día superó los datos iniciales de Slessor. «No podíamos mantener a la gente alejada», informó Slessor. Lendlease probó diferentes modelos comerciales antes de decidirse por uno que funcionó bien: incluir el coste del espacio satélite en el alquiler que pagan estas empresas por sus oficinas principales en Sídney. Los comentarios de los usuarios sobre el espacio en sí también resultaron muy valiosos durante el proyecto piloto. Basándose en esas opiniones, Lendlease añadió mejoras como la reserva de salas silenciosas y el reparto gratuito de café. Aunque el COVID-19 obligó a suspender el proyecto piloto, Lendlease tiene pruebas de que su concepto funciona y ahora se está asociando a toda una red de espacios de trabajo cercanos al hogar como The Local Office.

Slessor, por su parte, encontró estimulante el proceso de aprendizaje rápido: «No sé por qué no he trabajado así toda mi vida», nos dijo. «El programa de aceleración me ayudó a sacudirme la mentalidad de "pedir permiso" y entrar en la de "mostrar los datos y validación"». La experiencia de Slessor ha cambiado su enfoque a la hora de validar todas sus ideas. «Una empresa grande como la nuestra se confunde mucho con la diferencia entre riesgo e incertidumbre», nos dijo. «Es una gran incertidumbre, pero no un gran riesgo, hacer algo como esos anuncios de Facebook. El verdadero riesgo es perderse las ideas».

RETRASA LA PERFECCIÓN: MANIME Y RAVEL LAW

No dejes que el perfeccionismo se interponga en el camino del aprendizaje rápido. Lanzar al mundo una versión de baja fidelidad de una idea puede ser especialmente doloroso para una empresa comprometida con la calidad. Es realmente incómodo para las organizaciones establecidas relajar sus estándares para avanzar —y, por tanto, aprender— más rápidamente. De hecho, eso es lo que da a los emprendedores su ventaja competitiva. Las empresas de nueva creación no tienen normas que cumplir porque aún no han puesto el listón. No hay expectativas de los clientes que satisfacer cuando no hay clientes. Por eso las nuevas empresas son tan innovadoras. No tienen otro lugar donde ir que hacia arriba. Si las grandes organizaciones quieren innovar como las nuevas empresas de Silicon Valley, deben aprender cómo y cuándo aflojar.

Jooyeon Song y David Miró Llopis llegaron a nuestro programa de aceleración *Launchpad* con una idea: uñas a presión a medida. A Song le encantaba el aspecto de las uñas cuidadas, pero aborrecía la rutina de dos horas en el salón de belleza. «Soñaba con que cambiar de estilo de uñas fuera tan sencillo como cambiar de zapatos», nos dijo. Las uñas a presión son extremadamente convenientes, pero los resultados suelen ser decepcionantes. Dado que el lecho ungueal de cada dedo es un poco diferente, hay huecos antiestéticos.

Song y su cofundador creían que las uñas a medida resolverían este problema para muchas clientas. Si se pudieran comprar uñas a presión que se ajustaran perfectamente a cada uno de los lechos ungueales, ¿por qué pasar horas en la manicura? El producto no solo ahorraría tiempo, sino que abriría un mundo de posibilidades expresivas. Las clientas podrían comprar prótesis en una variedad de estilos y cambiarlas a su antojo. Instagram había convertido en estrellas a una nueva generación de artistas de la manicura. Sin embargo, a no ser que vivas a poca distancia del salón de una *influencer*, lo mejor que podías hacer si te gustaba su trabajo era enseñárselo a tu propia manicurista y esperar lo mejor. Con las plantillas personalizadas, las manicuristas creativas podrían contribuir con sus diseños a un mercado online desde el que las seguidoras de todo el mundo podrían recibirlos en sus casas.

Solo había un problema con el concepto. Ninguno de los fundadores tenía los conocimientos técnicos necesarios para ponerlo en práctica. Aunque parecía factible crear prótesis personalizadas a partir de una foto de las uñas reales del cliente, incluso un prototipo requeriría conocimientos especializados en procesamiento de imágenes e impresión 3D.

Quizás sí, quizás no, les dijimos a los dos fundadores. En cualquier caso, la cuestión de la viabilidad técnica puede esperar hasta que se haya establecido la deseabilidad. ¿Compraría la gente este producto si existiera? Para averiguarlo, Song y Miró Llopis crearon un sitio web sencillo, escribieron algunos textos y publicaron anuncios en Facebook. Cuando empezaron a llegar los pedidos, se pusieron creativos y cortaron a mano las uñas a presión basándose en las fotos de los clientes. Eran poco más que pegatinas, pero quedaban mejor que las uñas compradas en la tienda. Fue suficiente para dar el siguiente paso.

Una vez demostrada su conveniencia, Song y Miró Llopis consiguieron una plaza en una aceleradora centrada en el hardware y dirigida por Black & Decker. Los fundadores tenían ahora acceso a herramientas de primera clase y a una formación técnica avanzada. Como resultado, su ejecución del concepto mejoró rápidamente. En poco tiempo, colaboraron con los mejores artistas de uñas para abastecer su mercado online con diseños de moda. Este paso habría sido un reto para cualquier empresa nueva sin grandes nombres y casi sin ingresos. Sin embargo, a pesar de su afán por cerrar acuerdos con *influencers*, los fundadores decidieron desde el principio no decir más que la verdad. Ser abiertos y honestos con los socios potenciales sería esencial no solo para establecer colaboraciones, sino también para mantener la reputación de su empresa a medida que creciera.

«Llegamos a la mesa de negociación con transparencia», nos dijo Song. «"Aquí es donde está ManiMe, el negocio, hoy", dijimos. "Esto es todo lo que podemos prometer en este momento. Y esta es la visión de hacia dónde queremos ir. Trabajar con ustedes es un hito crucial en el camino"». La primera firmante a la que se dirigieron quedó tan impresionada por la voluntad de los fundadores de compartir costes e ingresos que pasó por alto su pequeña escala. «Por eso pudimos cerrar el trato», recuerda Song.

Este es otro ejemplo de lo poco que se necesita para hacer despegar una idea. No es necesario llevar cuello de tortuga e inflar los resultados, como hizo Elizabeth Holmes en Theranos. Si se incluye a los colaboradores, clientes y consumidores en el proceso creativo y se les hace copartícipes, te sorprenderás de lo dispuestos que están muchos a compartir los riesgos. Mientras Theranos está en ruinas, las sólidas ventas de ManiMe aumentan.

Si Song y Miró Llopis hubieran esperado a que la ejecución técnica fuera perfecta antes de comprobar la conveniencia, aún estarían esperando. En lugar de eso, siguieron adelante asumiendo que las uñas a presión hechas a medida eran factibles, y que los detalles podrían resolverse si existía la demanda. Al fin y al cabo, la tecnología existía. En lugar de perder un tiempo valioso en dominarla, recortaron las uñas ellos mismos —baratos, rápidos, imperfectos— para demostrar que había suficiente demanda para justificar la inversión de tiempo, dinero y energía necesaria para resolver los aspectos técnicos.

Por muy laborioso que parezca cortar uñas a mano, los primeros problemas de ManiMe palidecen en comparación con los de Ravel Law. Daniel Lewis y Nik Reed eran estudiantes de derecho de Stanford cuando llegaron a nuestro *Launchpad*. Al provenir de una familia de abogados, Lewis había crecido consciente de las penosas y anticuadas herramientas tecnológicas de las que disponían los abogados, algo que Reed descubrió por primera vez en la facultad de Derecho. Las anticuadas plataformas de investigación jurídica que utilizaban los abogados hacían que la preparación de un caso en los tribunales o la redacción de un dictamen fueran realmente laboriosas. Encontrar la jurisprudencia relevante y entender el precedente judicial era una tarea desalentadora cuando se realizaba con libros. Se podría pensar que la tecnología digital e Internet habrían facilitado mucho la tarea, pero el líder de la investigación jurídica, LexisNexis, aparentemente había dejado de innovar. Solo ofrecía herramientas de búsqueda básicas, y, a medida que la cantidad de datos disponibles se disparaba, esas herramientas simplemente no evolucionaban para seguir el ritmo.

Lewis y Reed creían que la visualización de datos y el aprendizaje automático podían hacer el proceso mucho más eficiente. Por ejemplo, en lugar de enviar previamente los resultados de la búsqueda como una lista interminable de enlaces, ¿por qué no mapear los casos visualmente para revelar conexiones útiles? ¿O permitir al usuario saltar al precedente más reciente? O, dando un paso más, ¿qué pasaría si el motor de búsqueda pudiera detectar cada vez que un juez concede o deniega un determinado tipo de moción, o identificar los precedentes más persuasivos o el lenguaje jurídico de un determinado juez? Los fundadores de Ravel imaginaron muchas formas de utilizar la tecnología digital para localizar rápidamente el documento o el argumento exacto que podría ayudarles a ganar. También imaginaron formas de sustituir las aburridas filas de texto por diagramas coloridos y atractivos para orientar a los abogados en los resultados de la búsqueda y ayudarles a navegar.

Como en el caso de ManiMe, ninguno de los fundadores tenía los conocimientos técnicos necesarios para llevar a cabo su ambiciosa visión. Sin embargo, pudieron comprobar su conveniencia simulando el software imaginado con maquetas de papel para presentar el concepto a los clientes. A medida que los bufetes de abogados contrataban el servicio, los fundadores utilizaban lo que aprendían de los clientes para guiar a los desarrolladores que creaban el software. Una vez que el software pudo cumplir la visión, la empresa se disparó. Solo cinco años después de fundar Ravel Law, Lewis y Reed la vendieron… a Lexis-Nexis.

Tanto en ManiMe como en Ravel Law, los ambiciosos fundadores antepusieron el deseo del público a la viabilidad. A base de puro esfuerzo manual, simularon sus ideas con la fidelidad suficiente para realizar pruebas útiles. Si cualquiera de los dos equipos hubiera intentado conseguir algo parecido al producto final antes de empezar, se habrían quedado sin tiempo y sin dinero mucho antes de crear un negocio viable.

Es posible que tu organización se resista a lanzar una oferta a los clientes antes de que esté totalmente realizada. Esta vacilación puede parecer más segura a corto plazo, pero ahoga la innovación necesaria para sobrevivir, como descubrió LexisNexis cuando empezó a perder clientes importantes a manos de dos jóvenes empresarios que se lanzaron sin un software funcional. Si la fidelidad te preocupa, debes entender que hay muchas formas de comunicar la naturaleza inacabada de una nueva oferta de forma que inspire curiosidad y lealtad en los clientes en lugar de frustración y decepción. La clave está en establecer expectativas con los primeros usuarios y actuar con rapidez y transparencia sobre lo que se aprende de ellos. Si algo no se hace bien, hay que abordarlo rápidamente y mantenerlos informados.

La experimentación es un concepto liberador en el pulido mundo de las grandes organizaciones. Como nos dijo un líder: «Da permiso a mi equipo para probar algo nuevo. Cuando dices "experimento", sabes que no debe tener éxito y que no tiene que ser perfecto. Sabes que lo haces para aprender algo que aún no sabes».

APRENDE A APRENDER: RESTAURANTES BJ'S

Una parte importante del negocio de entrega de la mayoría de los restaurantes se realiza ahora a través de aplicaciones como DoorDash y Uber Eats. Estos intermediarios controlan por completo la relación con el cliente. Este acuerdo puso a la cadena de restaurantes de lujo BJ's Restaurants en una situación difícil. Cuando los clientes tenían problemas con un pedido, no sabían a quién dirigirse. Si llamaban a la aplicación, el servicio de atención al cliente culpaba al restaurante y le devolvía el dinero. BJ's quería intentar ayudar a los clientes con sus problemas de pedidos directamente, por ejemplo, enviando la salsa faltante. Pero, ¿cómo iban a intentarlo si nunca habían recibido la llamada?

BJ's nos pidió que les ayudáramos a mejorar la experiencia de entrega. Ya habían probado añadir una nota a cada bolsa: «Hola, soy Hannah y he empaquetado tu comida. Este es mi número personal. Si hay algún problema con tu pedido, ponte en contacto conmigo y lo solucionaré inmediatamente». Para poner a prueba esta idea, introdujeron las notas en todos los pedidos de comida que salían de un solo local de BJ's. Habían salido veintitrés pedidos, pero nadie había llamado o enviado un mensaje de texto. ¿Y ahora qué? ¿Eran las notas una «mala» idea?

Tal vez. Pero, sin duda, había sido un mal experimento, y eso tenía prioridad. Como señalamos a los responsables de BJ's, los empleados que preparaban estos pedidos conocían las notas que contenían. Consciente o inconscientemente, habían prestado mucha atención a que cada pedido fuera correcto. Los errores eran bastante raros, pero esto hacía que cualquier problema fuera aún más improbable. Un aperitivo podría perderse una vez al día en un local medio de BJ's. Tendrían que poner notas en cada pedido durante meses y meses para reunir una cantidad significativa de datos.

Fue entonces cuando el vicepresidente de marketing sugirió algo brillante: «Vamos a estropear algunos pedidos a propósito». Hubo miradas de asombro en la sala.

«De ninguna manera», dijo alguien. «No podemos hacer eso a nuestros propios clientes».

Pregúntate a ti mismo y a tu equipo: ¿Hasta qué punto estamos comprometidos con el aprendizaje? ¿Nos preocupamos lo suficiente por mejorar como para hacer el equivalente a enviar una orden de entrega incorrecta a propósito? El hecho es que, si no aprendes, fallarás a tus clientes de todos modos, solo que de forma invisible. Por ejemplo, es posible que BJ's se equivoque en más de un pedido al día en cada local. ¿Cómo iban a estar seguros sus dirigentes cuando las quejas de los clientes de más de la mitad de sus pedidos estaban siendo interceptadas por otras empresas?

En un solo día, el restaurante pudo validar de forma concluyente su idea y abrir un nuevo canal de comunicación con los clientes que utilizaban aplicaciones de terceros. Es cierto que algunas personas podrían haberse sentido molestas por la falta de salsa, pero esa frustración podría haberse tenido en cuenta en el diseño del experimento. Como vimos en el caso de Man Crates, el simple hecho de explicar el experimento a los clientes puede cambiar su percepción de este. Es raro ver que un negocio establecido trabaje activamente para mejorar su experiencia. Un descuento en un futuro pedido habría sido otra forma de quitar el malestar.

Los experimentos pueden diseñarse cuidadosamente para proporcionar un aprendizaje crucial e incluso mejorar la relación con el cliente. A medida que adoptes una mentalidad experimental y comiences a ver los beneficios de las pruebas en el mundo real, te sentirás más cómodo asumiendo pequeños riesgos ahora que previenen los grandes en el futuro.

Cuando los resultados de una prueba no son concluyentes o son contraintuitivos, hay que considerar los métodos antes de relegar la idea al olvido. Al revisar no solo el resultado, sino también el diseño de su experimento, BJ's detectó un fallo en la prueba antes de abandonar la propia idea. Este cambio en la forma de probar como un proceso binario, de sí o no, transformó el enfoque de aprendizaje de la empresa.

~

Una vez que hayas validado la conveniencia de tu idea, sigue adelante. Perfecciona lo que has construido con más experimentos. Tal vez puedas aumentar tus beneficios: prueba a subir el precio de forma gradual hasta que la gente deje de añadir el producto a sus carros de la compra. Sé deliberado y metódico. Ahora que sabes que la gente quiere lo que tienes, ¿puede eliminarse algo extraño de la oferta? ¿Puede simplificarse el proceso de cumplimiento? Mide el tiempo y el esfuerzo que supone hacer algún cambio y optimízalo. Por encima de todo, sigue cuestionando tus suposiciones. ¿Es una solución sostenible? ¿Será resistente en diferentes condiciones? Esto es lo que hay que averiguar antes de pasar a la fase de producción.

La simulación con alfombras de baño de vinilo y el corte manual de las uñas solo te llevará hasta cierto punto. Una vez que hayas demostrado que una idea es deseable y viable, hazla realidad. Esta es la etapa en la que hay que atraer a más personas y recursos. Avanzar es mucho más fácil una vez que se ha construido un caso convincente basado en datos del mundo real. Has puesto a prueba tus hipótesis y has respondido a muchas de las preguntas que te plantearán los inversores. Estás listo para elevar tu enfoque.

Segunda parte

ELEVAR

7

Busca perspectivas

«Muchas ideas crecen mejor cuando se trasplantan de la mente en la que surgieron a otra».[48]

OLIVER WENDELL HOLMES

En la primera parte de este libro, has aprendido cómo los creativos y los solucionadores de problemas más eficaces recorren el camino que va de la inspiración a la convicción. Con lo que te hemos mostrado hasta ahora, podrías construir y dirigir un laboratorio de innovación. (Si eso te parece un poco ambicioso para empezar, ponlo en marcha con el departamento de investigación y desarrollo en forma de pizarra de corcho descrito en el capítulo 4). En cualquier caso, has aprendido los fundamentos de la mentalidad innovadora y conoces los aspectos básicos necesarios para poner en marcha un canal de innovación en una organización.

En esta segunda parte del libro abordamos la cuestión central: ¿Cómo se consiguen las ideas revolucionarias? Como mencionamos por primera vez en el capítulo 2, las ideas no son algo que se puedan coger a la carta como si se tratara de un manojo de brócoli en el supermercado. Hay que cultivar las ideas, alimentar constantemente tu cerebro con una dieta rica en aportaciones divergentes.

En estos capítulos te enseñaremos el fino arte de cultivar ideas, comenzando aquí con la mejor aportación creativa de todas: otras personas.

~

Consideremos la antigua parábola de los tres ciegos y el elefante. El primero toca la trompa del elefante y decide que es una serpiente. El segundo toca la pata... ¡el primero se equivoca! Es evidente que se trata de un árbol. El tercero encuentra el colmillo. Está claro que los dos tipos están equivocados y, además, no son muy listos. Es evidente que esta cosa es una lanza. ¿Cómo pudieron pasar por alto algo tan obvio? «Debería actualizar mi LinkedIn», piensa cada uno. «Mis colegas son unos tontos».

En algunas versiones del cuento, los tres empiezan a darse codazos sobre qué interpretación es la «correcta». Es trágico, ¿no crees? Si pudieran compartir sus observaciones en un ambiente seguro, podrían llegar a una solución novedosa: el paquidermo. Lo ideal sería que escucharan los puntos de vista de los demás con la mente abierta e incluso que se agradecieran mutuamente por aportar valiosas perspectivas a un problema muy desconcertante. En cierto modo, los tres hombres tienen suerte de haber tocado diferentes partes del mismo animal. Juntos, podrían reconstruir la respuesta. Por desgracia, eso no es lo que ocurre en la historia, ni en la mayoría de los equipos.

Este libro sostiene que la calidad de tu producción creativa —soluciones exitosas a problemas novedosos— está determinada en gran medida por la cantidad. Más ideas equivale a mejores ideas. Sin embargo, es totalmente posible generar toda una serie de «ideas» que no son más que variaciones sobre un tema: tronco largo, tronco corto, tronco grueso, tronco fino. El pensamiento divergente es crucial para explorar todo el espacio de posibilidades antes de converger en la dirección más prometedora.

La diversidad de ideas que generas depende de la diversidad de tus aportaciones creativas. Tanto el volumen como la variedad de aportaciones son fundamentales para un flujo de ideas saludable. Desde colegas y colaboradores hasta clientes y consumidores, no hay nada que sustituya la reunión de un conjunto de perspectivas únicas sobre un problema. Las colisiones creativas provocan nuevas ideas. Los focos de innovación empresarial como Xerox PARC y los Laboratorios Bell florecieron porque sus dirigentes reunieron a expertos de disciplinas muy diferentes y se negaron a encerrarlos en sistemas aislados. De hecho, hicieron todo lo posible para fomentar la intersección.

Los innovadores prolíficos cultivan una constelación de compañeros y colaboradores, invirtiendo en una cartera de perspectivas a largo plazo que les reportará dividendos a lo largo de su carrera. Si no has dedicado mucho tiempo y energía a crear tu propia cartera, empieza ahora. Los resultados te sorprenderán. Nada eleva la creatividad como el encuentro serendípico de mentes diferentes. El director general de Logitech, Bracken Darrell, da mayor prioridad a las perspectivas externas que la mayoría de los líderes que hemos conocido, desayunando en el mismo restaurante todos los días e invitando a dos o tres fundadores de empresas incipientes a reunirse con él y hablar de negocios. Aunque «el 90 % de estas reuniones son una pérdida de tiempo, probablemente lo más ineficaz del mundo», nos dijo, «el 10 % restante es tan valioso que lo compensa con creces». Los fundadores muestran a Darrell dónde está la vanguardia en la industria. A pesar de dedicar mucho tiempo a estas y otras prácticas «ineficientes» de recogida de datos, Darrell ha llevado a Logitech a una extraordinaria trayectoria de crecimiento durante su mandato, multiplicando por ocho su valoración solo en los últimos cinco años.

La psicóloga Heidi Grant y el experto en liderazgo David Rock argumentan que «los equipos no homogéneos son sencillamente más inteligentes», presentando pruebas convincentes del efecto positivo de la diversidad étnica, racial y de género en los resultados empresariales. [49]

Los equipos diversos rinden más y cometen menos errores, además de innovar con mayor eficacia. Nuestra experiencia trabajando con organizaciones y enseñando en la d.school de Stanford confirma estas conclusiones. La combinación de diversas perspectivas impulsa, sin duda, la innovación.

Cuando se trata de construir una cartera diversa —entre los contribuyentes, en un equipo, en toda la organización— se puede ir más allá de una lista de comprobación demográfica arbitraria. Un directivo de una cadena de pizzerías es un directivo de una cadena de pizzerías, independientemente de su sexo o su procedencia. Una docena de ejecutivos de cadenas de pizzas en una sala seguirán ofreciéndote las mismas tres perspectivas: pequeña, grande y extra de queso. Piensa en diferentes estilos de vida. Piensa en diferentes formas de pensar y resolver problemas. Piensa en quién es la última persona a la que le preguntarías sobre eso. No hay atajos ni listas de comprobación prescriptivas cuando se trata de reunir perspectivas divergentes; se trata de tener el valor de ir más allá, de iniciar una conversación con alguien muy diferente a ti.

Incluso si no eres consciente del sesgo hacia lo familiar en ti mismo, asume que está ahí y trabaja contra él. Aunque se necesita tiempo y energía para reunir una cartera de perspectivas más rica, profunda y amplia sobre un problema, vale la pena todo el esfuerzo requerido. Te pedimos que abras un diálogo con alguien que sospechas que no está de acuerdo contigo. Eso requiere agallas. Abrázalo. Busca con entusiasmo a las personas que probablemente no solo vean los fallos de tu pensamiento, sino que ofrezcan alternativas fuera de lo común. Esto nunca significa que debas hacer lo que dicen, por supuesto, pero hacer saltar chispas conduce a conflagraciones creativas.

Los equipos homogéneos realizan tareas sencillas de forma eficiente. Los Rangers probablemente podrían aprender mucho hablando con LeBron, pero no ganarían la Stanley Cup reclutándolo para el equipo. Pero los equipos donde todos están cortados por la misma tijera son terribles a la hora de generar soluciones novedosas. Las personas con diferentes conocimientos y experiencia interpretan las observaciones de los demás de forma sorprendente. Construyen sobre las ideas de los demás en formas inesperadas. Un equipo que puede recurrir a una gama más amplia de analogías llega mucho más rápido a un territorio inexplorado. Ciertamente, las intersecciones entre diferentes personalidades con diferentes visiones del mundo pueden tomar la forma de un conflicto. Como líder, es tu trabajo asegurarse de que estos conflictos sigan siendo creativos, no destructivos. Dirige la energía hacia el problema, no hacia el otro.

Por tu cuenta, maximiza las probabilidades de encontrarte con gente distinta a ti y cultiva la paciencia y la tolerancia necesarias para hacerlo. Recopilar una cartera diversa de perspectivas no consiste en detectar los errores antes de que se produzcan. No se incorpora a otras personas para que la mitad del equipo supervise las ideas de la otra mitad. El objetivo es reunir aportaciones que no se podrían haber obtenido de otra manera.

Buscando perspectivas es como se encuentran los tesoros más interesantes.

TENER FRÍO NO ES LO MISMO QUE NOTAR QUE TIENES FRÍO

En el capítulo 1, Perry relata la historia de cómo la preocupación por la demanda de los clientes tras el 11 de septiembre obstaculizó el flujo de ideas en Patagonia. Cuando se dio cuenta de su error, Perry necesitaba nuevos productos, y los necesitaba rápidamente. El equipo directivo de Patagonia decidió crecer entrando en el mercado de la ropa de surf.

En ese momento, marcas innovadoras y juveniles como Quiksilver y Billabong dominaban la categoría. ¿Cómo podría Patagonia diferenciarse?

Para considerar todas las direcciones posibles antes de lanzarse, la empresa reunió a un grupo diverso para estudiar el problema en un viaje de surf a México. Muchos de los líderes, incluido Perry, ya eran aficionados al surf, por lo que tenían experiencia en el tema. Sin embargo, esto también significaba que todos verían el problema a través de una determinada lente. La experiencia es, obviamente, crucial, pero puede dejarnos ciegos ante cosas que los recién llegados notarían inmediatamente. Para diversificar esta cartera de perspectivas, aprovecharían la «experiencia inexperta»: ¿Quién sabe lo suficiente sobre el negocio de Patagonia para ser útil pero no sabe nada sobre el surf?

Para esta crucial perspectiva de principiante, la empresa seleccionó a Tetsuya Ohara, un empleado junior que gestionaba el abastecimiento de materias primas para la empresa. Ohara nunca había practicado el surf. De hecho, esta sería su primera vez con un traje de neopreno. ¿Qué podría notar un novato en el surf y la ropa de surf que el resto del grupo diera por sentado?

No hay nada que sustituya a una perspectiva realmente fresca: un novato no puede evitar ver todo lo que rodea a una nueva experiencia con todo lujo de detalles. Aprovéchate de ello.

Ohara se dio cuenta enseguida de algo importante sobre el surf: el agua está realmente fría. Perry y el resto del equipo dieron por sentada esta incomodidad, ya que el agua fría era un aspecto familiar de una experiencia que les encantaba. Pero no para los novatos. El objetivo de un traje de neopreno, tal y como lo había entendido Ohara, era mantenerte relativamente caliente en el agua. La discrepancia entre sus expectativas y la gélida realidad residía en la palabra *relativamente*. Tetsuya se estaba congelando mientras Perry y el resto del equipo, acostumbrados al frío por su larga experiencia, surfeaban alegremente las olas.

Para olvidarse de la temperatura, Ohara reflexionó sobre el problema técnico desde la perspectiva de su experiencia con los tejidos. El neopreno, el tejido típico de los trajes de surf, tenía muchos atributos buenos, pero estaba claro que no mantenía el calor. Tampoco se secaba rápidamente, ni se ajustaba cómodamente, ni siquiera olía muy bien. De hecho, olía como un neumático nuevo. Seguro que había una solución mejor para este problema.

Además, como gestor de materias primas de Patagonia, Ohara sabía que los tejidos a base de petróleo son destructivos para el medio ambiente. Aunque el neopreno fuera perfecto en todos los demás aspectos, no tenía por qué ser utilizado por Patagonia, uno de los fabricantes más respetuosos con el medioambiente del mundo.

A la luz de todo esto, Ohara ideó un marco para estimular las ideas: ¿Cómo podríamos hacer ropa de surf que mantenga a la gente cómoda en el agua fría utilizando únicamente materiales naturales? Al reflexionar sobre esta cuestión, Ohara consideró los paralelos en la naturaleza. Muchos mamíferos de sangre caliente permanecen al aire libre en condiciones de frío y humedad durante todo el día sin pasar frío. Las ovejas, por ejemplo. Ohara se imaginó un rebaño de ovejas recorriendo la campiña galesa, soportando alegremente el frío y la humedad del invierno gracias a su gruesa lana. Además, la lana no huele tan mal como el neopreno cuando se moja. Si empezáramos con lana y añadiéramos un forro de caucho natural, tendríamos un traje de neopreno con una reputación medioambiental impecable que se comportaría mejor en todos los sentidos que el neopreno, desde la retención del calor hasta el olor y el ajuste.

En poco tiempo, Patagonia había desarrollado un traje de neopreno que cumplía con las condiciones de la pregunta de Ohara. Le siguieron otros productos de surf mientras la empresa se afianzaba poco a poco en la categoría. Años más tarde, Patagonia sustituiría la lana de sus trajes de neopreno por poliéster reciclado para minimizar aún más los residuos, pero este desarrollo iterativo solo fue posible gracias a las contribuciones iniciales de Ohara. El propio Ohara acabó convirtiéndose en el jefe de investigación de Patagonia antes de pasar a otras oportunidades. Tras una ilustre carrera empresarial que incluye un periodo como jefe de la cadena de suministro de Gap, ahora asesora a las empresas en materia de innovación ecológica. En el momento de la expedición mexicana, alguien en la posición de Ohara en la mayoría de los fabricantes se habría incorporado al proceso de desarrollo de productos solo después de que el equipo hubiera decidido el enfoque, demasiado tarde para hacer una contribución como esta. Sin embargo, al traer al novato del surf para obtener su perspectiva, Patagonia cultivó una idea que cambió el juego.

Mientras que los surfistas experimentados podrían haber comprado trajes de neopreno de Patagonia, ¿qué probabilidad habría de que cambiaran de marca en primer lugar, especialmente a una marca que era nueva en la categoría? Los surfistas novatos eran la clave para ganar adeptos, así que cualquier cosa que llamara la atención de Ohara probablemente llamaría la atención de otro surfista novato. Perry y los demás dirigentes estaban demasiado familiarizados con la solución existente para ver claramente sus defectos. Estaban limitados por sus conocimientos. Gracias a la experiencia inexperta, una de las siete herramientas para aprovechar las perspectivas presentadas en este capítulo, consiguieron su avance.

DIVERSIFICA TU CARTERA DE PERSPECTIVAS

Cada una de las siete herramientas siguientes te ayudará a alimentar el flujo de ideas con las perspectivas de otras personas. Sin embargo, no esperes que ninguna de ellas funcione a la perfección desde el principio. La búsqueda de perspectivas requiere práctica. Aunque las personas son gran fuente de información, también pueden ser obstinadas, insistentes y a veces irritables. Ya sabes, así es la gente.

En cuanto a las herramientas en sí, es posible que ya utilices una o dos. Sin embargo, es probable que al menos varias sean nuevas para ti y tu organización. Sigue utilizando lo que funciona, pero considera la posibilidad de adoptar un par de herramientas nuevas para ampliar tu horizonte. Cada una de ellas ha sido probada en organizaciones de todos los tamaños y sectores. Funcionan. Piensa en ellas como palancas de las que puedes tirar cuando el flujo de ideas flaquee. Con el tiempo, desarrollarás un sentido de qué palanca es la más apropiada para el problema en cuestión.

Recuerda el consejo de nuestro amigo Dan Klein, director de los Stanford Improvisors, del capítulo 3: nunca intentes ser creativo. Atrévete a ser obvio. En un grupo diverso, lo que es obvio para una persona será inexplicable, provocador e interesante para el resto. Pide a los colaboradores que pongan sus ideas sobre la mesa de la forma más clara y directa posible. Nadie debe esforzarse por impresionar a nadie ni buscar la «originalidad». Cuanto más se ciña cada persona a sus propias opiniones, reacciones y primeras impresiones —y acoja estas auténticas aportaciones de los demás— más emocionantes serán las intersecciones resultantes. Como escribió en una ocasión el economista ganador del Premio Nobel Thomas Schelling: «Una cosa que no puede hacer una persona, por muy riguroso que sea su análisis o heroica su imaginación, es elaborar una lista de cosas que nunca se le ocurrirían». [50] La magia del flujo de ideas consiste en que un grupo de personas lo suficientemente valientes como para ser obvias juntas pueden imaginar colectivamente cosas que nunca se le ocurrirían a ninguno de sus miembros por separado.

Círculos de aprendizaje

A diferencia de las tácticas vinculadas a una función, un proyecto o una empresa específicos, establecer un círculo de aprendizaje —un grupo que se conecta regularmente para compartir y debatir ideas— te proporcionará toda una vida de aportaciones divergentes. Por eso ofrecemos esta herramienta en primer lugar. El esfuerzo por establecer y mantener tu propio círculo de aprendizaje te reportará dividendos a lo largo de tu carrera.

Además de sus muchos logros como diplomático y estadista, Benjamin Franklin inventó los bifocales, el pararrayos y, por supuesto, la estufa que lleva su nombre. Cada vez que tomes prestado un libro de la biblioteca pública —incluido este, tal vez— tendrás que dar las gracias a este padre fundador de los Estados Unidos. La lista de sus contribuciones creativas es interminable. Está claro que una producción creativa extraordinaria como esta requiere un conjunto de aportaciones igualmente sólido. Franklin reunió deliberadamente estas aportaciones desde el principio de su carrera.

Cuando era un joven impresor en Filadelfia, Franklin reunió a un grupo de conocidos para que asistieran a reuniones periódicas y estructuradas dedicadas a la mejora mutua. Aunque el grupo y su funcionamiento evolucionaron a lo largo de los años, el objetivo fundacional del «Junto» de Franklin era el intercambio de conocimientos, ya fuera mediante el debate intelectual o la puesta en común de experiencias. Los miembros del Junto desempeñaban distintas funciones profesionales, pero compartían el interés por el desarrollo personal y por el crecimiento de la ciudad como centro de comercio y empresa. Eran personas muy ocupadas, con negocios propios y familias en casa, pero reservaban tiempo para reunirse cada semana por el gran valor que el Junto aportaba. El grupo original, también conocido como el Leather Apron Club (Club del Delantal de Cuero), duró casi cuatro décadas, y una rama persiste hoy como la Sociedad Filosófica Americana.

Teniendo en cuenta las costumbres sociales del siglo XVIII, Franklin reunió una mezcla increíblemente divergente para la época: ricos y pobres, jóvenes y viejos, oficinistas y comerciantes por igual. Todos eran hombres blancos, por supuesto, pero, para su época, Franklin estaba rompiendo barreras. Cada viernes por la noche, el Junto se reunía para compartir los ensayos que sus miembros habían escrito sobre temas de interés personal. A continuación, se celebraba un debate sobre ética o filosofía natural, es decir, sobre investigación científica. Para garantizar el civismo, el grupo imponía pequeñas multas por las críticas directas o los ataques personales. Muchos de estos hombres no tenían estudios superiores, pero eran curiosos, intelectualmente intrépidos y, por supuesto, ávidos lectores. Franklin se aseguró de ello al seleccionarlos.

El círculo de aprendizaje de Franklin resultó útil para su producción creativa y sus negocios, a veces simultáneamente. Por ejemplo, cuando se impulsó la impresión de más papel moneda para facilitar el comercio en la colonia, el Junto debatió la cuestión. Estos debates inspiraron a Franklin a publicar un panfleto anónimo a favor de la idea. Aportaciones divergentes, resultados creativos. Después de que el panfleto ayudara a que se aprobara la moción, hubo necesidad de imprimir más moneda. Nunca adivinarás qué joven impresor de Filadelfia consiguió el lucrativo trabajo.

Artesanos, artistas, científicos y empresarios siempre han formado grupos para impulsar el aprendizaje y la innovación. Lo que hizo que el Junto fuera tan eficaz fue la diversidad de sus miembros, un factor impulsado por la intrépida curiosidad de Franklin y la sociedad relativamente igualitaria de la América colonial. En los siglos posteriores, otros han tratado de reproducir el éxito del Junto. Los líderes empresariales de hoy en día, por ejemplo, reúnen a los grupos de expertos como una forma de romper con la mentalidad de la empresa y recuperar una perspectiva externa. Cuando Mark Parker era director general de Nike, organizaba cenas periódicas con un grupo de artistas y otros conocidos creativos para discutir ideas de productos y hacer una lluvia de ideas para posibles colaboraciones. [51] Parker empezó su carrera como diseñador y seguía buscando la inspiración: «Me gusta la excentricidad, que me sorprendan», dijo. Estas cenas mantenían a Parker conectado a la cultura urbana —fans de las zapatillas y el hip-hop, patinadores y el arte del grafiti—, incluso cuando pasaba gran parte de su tiempo enclaustrado en la sede de Nike en Portland.

Los círculos de aprendizaje adoptan diferentes formas, pero comparten características clave: En primer lugar, un círculo existe fuera de cualquier organización. Dado que el objetivo de un círculo de aprendizaje es reunir perspectivas y experiencias divergentes, cuanto más alejados estén sus miembros, mejor. Además, un grupo de miembros de una sola empresa formaría inevitablemente un bando dentro del círculo más grande, sofocando el debate abierto. En segundo lugar, un círculo se reúne con una cadencia regular, de modo que la confianza y la familiaridad pueden crecer, y los temas pueden discutirse en múltiples reuniones. En tercer lugar, un círculo establece unas directrices básicas para mantener cada reunión en el buen camino, como ocurre con la regla del Junto contra los ataques personales. Por último, un círculo se reúne en tiempo real, no a través de una comunicación asíncrona como Slack, tanto si las reuniones se producen en persona como virtualmente.

Más allá de estos elementos básicos, la estructura y el enfoque de un círculo de aprendizaje deben servir a los objetivos personales y profesionales de sus miembros. Un grupo puede reunirse en torno a un sector determinado (electrónica, transporte marítimo, educación), un mercado objetivo (*millennials,* generación Z) u otro punto de interés. En el caso del Junto de Franklin, el objetivo era promover las ambiciones culturales y comerciales de Filadelfia y de la colonia en su conjunto. Tu círculo de aprendizaje debe desarrollar su propio enfoque para suscitar el debate y la puesta en común, ser lo suficientemente abierto como para permitir el descubrimiento fortuito, pero con la suficiente estructura para evitar que las reuniones se conviertan en reuniones sociales.

Amigos por correspondencia

Charles Darwin hizo un buen uso del servicio postal en su trabajo científico, manteniendo una correspondencia regular con cientos de colaboradores en más de una docena de campos de investigación. En las décadas que transcurrieron entre su viaje a bordo del HMS Beagle y la publicación seminal de *El origen de las especies*, Darwin desarrolló la teoría de la evolución en gran parte a través del correo, recortando trozos de su incipiente trabajo en cartas y enviándolas a expertos de otras áreas para que dieran su opinión. De este modo, Darwin dio uno de los saltos intelectuales más imaginativos de la historia, al tiempo que servía como un valioso centro de información dentro de la comunidad científica en general. Su hábito de la correspondencia dio vitalidad a su propio trabajo, a la vez que conectó a personas e ideas que, de otro modo, nunca se habrían cruzado.

Hoy en día, mantenemos una correspondencia constante —por correo electrónico, redes sociales y, cada vez más, por vídeo y audio en línea— pero la mayor parte de lo que compartimos con los demás es redundante. En lugar de contribuir significativamente, afirmamos las creencias e intereses de nuestros compañeros. La herramienta de los amigos por correspondencia pretende sacudir esa tendencia manteniendo una correspondencia deliberada. Contribuye de forma constructiva al trabajo de los demás e invita a que ellos contribuyan al tuyo. Teniendo en cuenta los intereses y las actividades de tus colegas actuales y anteriores, tus compañeros expertos en tu campo y tus mentores y alumnos, pregúntate: ¿Qué puedo aportar al debate? ¿Qué nueva luz puedo arrojar sobre el tema en cuestión? En lugar de hacer eco de lo que dicen los demás, acostúmbrate a difundir las nuevas ideas que aún no han recibido mayor atención, ya sean las tuyas propias o las que descubras por el camino.

Con la mayor regularidad posible, envía las contribuciones directamente a las personas que se beneficiarán de ellas en lugar de transmitir cada pensamiento a todos los que puedas alcanzar en tu red. Esfuérzate por maximizar tu relación señal-ruido. Las personas que conozcas apreciarán tu selectividad y tendrán más en cuenta tus palabras.

En busca de ideas, nuestra colega de d.school, Leticia Britos Cavagnaro, comparte habitualmente trabajos incompletos en curso con colegas de otros departamentos académicos. Cuando tropieza con algo relevante para los esfuerzos de investigación de compañeros y estudiantes, lo envía. Si el pódcast que está escuchando incluye una anécdota o un dato que puede ser interesante, deja de correr a mitad de camino y envía un correo electrónico rápido. Es una molestia, pero la generosidad de Leticia ha inculcado una cultura de intercambio serendípico y reciprocidad que se extiende más allá de la escuela.

Al compartir de forma selectiva y generosa con la herramienta de amigos por correspondencia, potenciarás tus propias aportaciones creativas. Cuanto más contribuyas, más aportaciones recibirás a cambio. Dicho esto, preocúpate más por lo que puedes dar que por lo que puedas recibir. Ser un amigo por correspondencia requiere cultivar la conciencia de los esfuerzos e intereses continuos de amigos, compañeros y colegas. Esto significa comprometerse no solo a compartir, sino también a escuchar.

¿En qué trabajan las personas de tu red? ¿Qué dilemas espinosos están tratando de resolver? En cierto modo, sus problemas pueden convertirse en marcos para filtrar más eficazmente la información que consumes de todos modos. El hábito de la correspondencia regular se convierte en una herramienta para centrar tu propia atención en lo que es verdaderamente valioso, ya sea para ti o para los demás. Con el tiempo, ser un amigo por correspondencia activo agudizará tu percepción y acelerará tu aprendizaje, creando al mismo tiempo un círculo virtuoso de intercambio constructivo en tu red.

Consejo de clientes

Entender las necesidades del cliente es la función más importante de cualquier empresa. «La gente no quiere comprar un taladro con una broca de medio centímetro», diría el profesor de marketing de la Harvard Business School Theodore Levitt. «Quieren un agujero de medio centímetro».[52] Una vez que se entiende esto, muchas otras cosas encajan.

En la d.school, hacemos hincapié en la empatía por encima de todos los rasgos de liderazgo.

Dos MBA de Stanford que pasaron por nuestro programa, Miri Buckland y Ellie Buckingham, se tomaron esta lección a pecho cuando fundaron Landing, «un espacio digital para la curación visual». El sitio ofrece herramientas para diseñar tableros de inspiración y compartir cualquier cosa, desde los productos favoritos hasta los objetivos de la vida. Para empatizar mejor con sus clientes, Buckland y Buckingham formaron un consejo de cuarenta «superusuarios». Los miembros del consejo de clientes de Landing tienen la oportunidad de ver y opinar sobre las primeras iteraciones de las iniciativas de la empresa. Incluso se les da acceso al Slack de la empresa y se les invita a participar en los debates internos. Este tipo de colaboración con los clientes, a pesar de todos sus riesgos potenciales, aporta valor a la empresa al acortar su circuito de retroalimentación. ¿Quién mejor para examinar un posible cambio en el producto que las personas que más lo utilizan? ¿Qué momento podría ser mejor para recibir esa información que el momento de la creación de una idea?

Como madre y fundadora de Xplorealms, una empresa de tecnología educativa premiada en el Reino Unido, Reedah El-Saie comprendió la necesidad de contar con aplicaciones educativas de alta calidad e inmersivas. Pero también sabía que ella no era el usuario final. «No había crecido con los juegos, ni jugaba con ellos» nos dijo El-Saie. «Sabía que el concepto tenía que ser codiseñado con nuestro grupo de usuarios: los niños». Tras realizar docenas de entrevistas con niños, padres y educadores, vio lo valiosa que podía ser esta aportación durante el desarrollo del producto. «Decidí crear un consejo asesor de niños en lugar de uno de adultos», dijo. «Lo llamamos el Consejo de Cerebros Brillantes, o CCB». El CCB cuenta ahora con más de cien participantes. Sirve tanto de fuente de información para los usuarios como de lista de embajadores de la marca. «Todos los niños están en un grupo de WhatsApp por motivos de seguridad, junto con sus padres», explica

El-Saie. «Nos dan su opinión sobre la estética, las ideas de juego y el contenido del plan de estudios. Como se encuentran en diferentes regiones, esto también ha ayudado a lanzar la aplicación en diferentes países muy rápidamente».

Incorporar al cliente como colaborador consiste en compartir los productos y servicios con las personas que se espera que los utilicen antes de que sea demasiado tarde para realizar cambios sustanciales. Entre otras cosas, puede ayudarte a evitar un fallo antes de que sea demasiado tarde para corregirlo. Cuanto antes se produzca esta colaboración, más valiosa puede ser. Con el tiempo, el consejo de clientes de una empresa se convierte en un «perpetuo estofado» de aportaciones que genera valiosas ideas sobre cada movimiento que la empresa contempla.

Ten en cuenta, sin embargo, que no es algo que se deba hacer antes de realizar el duro trabajo de establecer la seguridad psicológica dentro de la organización. Tus mejores clientes tendrán opiniones fuertes. El equipo debe sentirse cómodo con los comentarios sinceros de los demás antes de abrir las puertas de esta manera.

Los líderes ponen varias excusas cuando sugerimos esta herramienta. «No podemos hacerlo», nos dicen. «¡Necesitamos patentar las cosas!». ¿De qué sirve una patente sobre un producto fallido? Como escribió en una ocasión el estratega militar alemán del siglo XIX, Moltke el Viejo: «Ningún plan de operaciones se extiende con certeza más allá del primer contacto con la principal fuerza hostil». [53] El hecho es que ninguna idea sobrevive intacta a su encuentro con sus clientes. Algo tan transparente como el consejo de clientes de Landing puede ser inviable para tu negocio, pero siempre hay opciones para colaborar más estrechamente con tus clientes. Sus opiniones son una fuente de información demasiado valiosa como para dejarla para después del lanzamiento.

Polinización cruzada

Por muy importantes que sean los vínculos con los colaboradores y colegas, poner *toda* la energía en las relaciones laborales estrechas puede ahogar el pensamiento innovador.

Según el sociólogo Martin Ruef, de la Universidad de Duke, el hecho de integrarte en una red de vínculos fuertes puede aislarte exclusivamente de las aportaciones divergentes y presionarte para que te adaptes a la forma de pensar del grupo. [54] Buscar encuentros fortuitos con personas ajenas a tu circuito habitual, incluso con profesionales de sectores muy diferentes, equilibra esta situación y da lugar a valiosos descubrimientos y percepciones. Estos débiles lazos entre conocidos en redes distintas abren el flujo de lo que Ruef llama información «no redundante». En resumen, las redes ajenas a la nuestra son ricas en las aportaciones divergentes que necesitamos para impulsar una abundante producción creativa.

En un estudio sobre más de setecientos equipos de emprendedores que intentaban crear nuevas empresas, Ruef descubrió que los grupos con redes sociales que mezclaban lazos fuertes y débiles innovaban casi tres veces más que las redes más aisladas formadas solo por lazos fuertes. En resumen, una red mixta es saludable. Permite a sus miembros «acceder a diversas fuentes de información» y «evitar las presiones de conformidad».

No renuncies a las relaciones estrechas en favor de encuentros puntuales con desconocidos. En lugar de convertirte en una mariposa social, busca un equilibrio entre los vínculos fuertes y los débiles. La herramienta de polinización cruzada consiste en inyectar en tu agenda la dosis óptima de interacción social serendípica.

Intenta forjar un nuevo hábito: las comidas son un buen punto de partida. En Princeton, Richard Feynman se sentaba con sus compañeros físicos en el comedor hasta que decidió hacer algo inesperado: «Después de un rato pensé: Estaría bien ver lo que hace el resto del mundo», escribió más tarde, «así que me sentaré una o dos semanas en cada uno de los otros grupos». [55] Estos encuentros despertaron la curiosidad de Feynman. Después de sentarse con los filósofos, se unió a su seminario semanal; los biólogos le convencieron para hacer un curso de posgrado en biología. Las exploraciones interdisciplinares de Feynman alimentaron su imaginación y ampliaron su visión del mundo; James Watson incluso le invitó a dar una conferencia en el departamento de biología de Harvard. ¿Habría obtenido el legendario pensador algo parecido a este alimento intelectual hablando con sus colegas físicos durante una hora más cada día?

Asimismo, Bill Baker, jefe de la división de investigación de los Laboratorios Bell, tenía la costumbre de sentarse con la primera persona que veía en la cafetería, «ya fuera un soplador de vidrio del taller de tubos de vacío o un metalúrgico del laboratorio de semiconductores». [56] A continuación, Baker «entrevistaba amablemente al empleado sobre su trabajo, su vida personal y sus ideas». Baker tenía una memoria extraordinaria para estos detalles y podía poner de relieve importantes conexiones entre áreas de investigación dispares que de otro modo habrían pasado desapercibidas. Este sencillo hábito rompía los sistemas aislados y cerraba los circuitos de nuevas ideas electrizantes.

Si no tienes una cafetería conveniente, programa reuniones. Amy Yin, fundadora y directora ejecutiva de la empresa de software Office Together, fomenta la polinización cruzada en las cenas de grupo que organiza regularmente como forma de «reunir intencionadamente a sus amigos con más talento». Al animar a los participantes a compartir lo que tienen en mente con sus empresas, Yin descubre «sinergias increíbles», conectando a la gente con puestos de trabajo, inversores y otras oportunidades: «Presenté a una de mis empresas de cartera a tres de sus cinco primeros clientes». [57] Si trabajas en una gran organización, ponte en contacto con colegas de otros departamentos e invítalos a tomar un café con regularidad. Después de pasar por uno de nuestros programas, Brad van Dam, director general de Marich

Confectionery, empezó a pasearse por el edificio y a solicitar ideas a empleados al azar. La gente no sabía qué hacer con este comportamiento, pero cuando la sugerencia de un técnico de mantenimiento se convirtió en un nuevo producto, las contribuciones empezaron a llegar. Los empleados vieron que Van Dam no se limitaba a preguntar, sino que los escuchaba.

Busca nodos. Ponte en contacto con alguien cuyo trabajo se encuentre en las fronteras interdepartamentales. Es en los cruces entre sistemas aislados donde es más probable que se hagan descubrimientos útiles. Del mismo modo, haz todo lo posible para posicionarte como un nodo: Ofrécete como voluntario para proyectos interdepartamentales, únete a los comités o participa en el equipo de béisbol de la empresa. Aprovecha cualquier oportunidad que puedas para relacionarte con personas ajenas a tu trayectoria habitual, porque nunca se sabe cuándo una perspectiva diferente puede arrojar luz sobre nuevas posibilidades.

Aunque los lazos fuertes son muy eficaces para hacer las cosas, es a través de los lazos débiles como nos topamos con nuestros descubrimientos más emocionantes.

Experiencia inexperta

Para obtener una nueva perspectiva, invita a un experto en otra área. El desarrollo de un conjunto de habilidades en un contexto te proporciona un conjunto único de metáforas, heurísticos y otras herramientas mentales útiles para resolver problemas. En un contexto desconocido, un experto puede aplicar este conjunto de herramientas a nuevos problemas con resultados interesantes. Puede que no conozca la forma «correcta» de abordar un determinado problema, pero al intentar resolverlo a su manera, puede revelar fascinantes vías de exploración. Trasladar la experiencia de un ámbito a otro puede ser increíblemente fértil, como vimos con Tetsuya Ohara en Patagonia.

Si un problema no responde a los conocimientos habituales, hay que recurrir a otro tipo de expertos.

Puedes aprovechar la experiencia inexperta contratando a alguien que sea bueno en lo que hace pero que nunca lo haya hecho de esta manera en particular. Marvel suele contratar a cineastas con experiencia en otros géneros —comedias (Taika Waititi, *Thor: Ragnarok*; Peyton Reed, *AntMan*), dramas (Ryan Coogler, *Pantera negra*), *thrillers* (Jon Watts, *Spider-Man: De regreso a casa*) — para dirigir su primera película de superhéroes. Marvel tiene una gran experiencia en la realización de películas de acción con efectos especiales. ¿Por qué buscar a alguien con la misma experiencia?

Otra forma de aprovechar conocimientos inesperados es intercambiar expertos entre departamentos. IBM desarrolló la revolucionaria serie de ordenadores System/360 en la década de 1960, en palabras de su director general, Thomas J. Watson Jr, «obligando a los empleados a cambiar de bando». [58] En un momento en que las divisiones de pequeños y grandes ordenadores de la empresa estaban en un estado de feroz rivalidad, el jefe de desarrollo de productos puso a un líder de una división a cargo de la otra. Para los equipos, esta medida «tenía tanto sentido como elegir a Jruschov como presidente», según Watson. Pero la táctica funcionó. Al llegar al sector de los grandes ordenadores desde el de los pequeños, Bob Evans se dio cuenta inmediatamente del valor que tendría la transición de todos los productos informáticos de IBM a un único sistema compatible. Esto no solo ahorraría esfuerzos en toda la organización, sino que también permitiría a los clientes pasar de ordenadores más pequeños a otros más grandes a medida que aumentaran sus necesidades sin tener que reescribir todo su software. Al integrar los esfuerzos de la empresa, el experto en pequeños ordenadores hizo que la división de grandes ordenadores fuera mucho más competitiva, e IBM pasó a dominar la informática empresarial durante décadas.

Incluye a los novatos

La mayoría de las veces hay que confiar en los guardianes de la sabiduría convencional. Casi siempre tienen razón. Sin embargo, en ocasiones, el peso de la experiencia ancla el pensamiento de los expertos. Distinguir las ideas revolucionarias de las absurdas puede ser mucho más difícil para el profesional. Para evitar esta trampa, da a los recién llegados a tu organización el espacio necesario para hacer preguntas y sugerir ideas, incluso si las preguntas revelan ignorancia y las ideas parecen ridículas. Es porque los novatos no tienen esos conocimientos por lo que sus contribuciones pueden ser tan valiosas. Si a los novatos no se les da ninguna licencia para explorar, la organización no puede esperar descubrir oportunidades fuera de sus horizontes conocidos.

Meghan Doyle ocupaba un puesto de nivel júnior como catalogadora en Christie's Nueva York, la legendaria casa de subastas británica, cuando oyó hablar por primera vez de los *tokens* no fungibles, o NFT. Basados en la misma base de *blockchain* que el Bitcoin y otras monedas digitales, los NFT permiten vender una pieza única de arte digital como un JPEG u otro activo digital. En cierto sentido, al menos.

Dejando de lado la novedad tecnológica, ¿sería posible convencer a los clientes del valor que representa un NFT? Para quienes tienen años de experiencia en el mundo de las subastas, la respuesta instintiva era no. Doyle, al ser relativamente nueva en el negocio del arte, no sabía lo suficiente como para saber lo que no funcionaría. Cuando la inclusión silenciosa de un NFT con una obra de arte física condujo a una venta mayor de la esperada para Christie's a finales de 2020, los líderes tuvieron suficiente proyección para compenetrarse con una mayor investigación. Pero ¿quién sería la persona adecuada para hacerlo? Doyle encajaba en el perfil. Por un lado, tenía más tiempo disponible que los altos cargos del departamento. Por otro lado, sentía verdadera curiosidad por los NFT. Un recién llegado aporta energía y entusiasmo a las exploraciones arriesgadas que los profesionales más experimentados podrían estar demasiado cansados u ocupados para llevar a cabo.

Más que feliz de invertir tiempo y energía hablando de arte digital con expertos en *blockchain* y plataformas de NFT, Doyle abrazó el proyecto con entusiasmo. Los errores no pesan tanto en un novato. Las expectativas son bajas. El cielo es el límite.

Después de hablar con una plataforma que experimentaba con NFT y de embarcarse en un «curso intensivo sobre criptomonedas», Doyle propuso una sencilla prueba a sus supervisores: vender una obra de arte solo digital sin el componente físico presente en esa venta de 2020. Si la obra de arte no tuviera ningún componente físico, ¿sería suficiente el token digital para impulsar la venta? Al principio, la idea se encontró con resistencia. Ya había demasiadas obras de arte físicas en el catálogo. Sin embargo, con el entusiasmo de una novata, Doyle persistió, abordando las preocupaciones prácticas y creando entusiasmo en los departamentos internos.

«Siempre podemos enterrarlo en el fondo de la venta y esconderlo si no despierta interés», señaló. Christie's dio un salto de fe y acabó en un videochat con Mike Winkelmann, alias Beeple, un artista digital cuya estrella estaba en alza en el mundo de los NFT. Con un apoyo creciente en toda la empresa, la obra de Winkelmann *EVERYDAYS: The First 5000 Days* se convirtió en un evento en sí mismo, ofrecido en una venta online de un solo lote a principios de 2021. En otra señal del éxito de Doyle en la evangelización de las criptomonedas, la empresa decidió aceptar la moneda digital por primera vez. La puja por EVERYDAYS comenzó en cien dólares. Al fin y al cabo, seguía siendo un experimento. Cuando los cien dólares se convirtieron en un millón de dólares en los primeros ocho minutos, sin embargo, Christie's se dio cuenta de que Doyle había aportado una perspectiva mucho más valiosa de lo que nadie podía suponer. Cuando la pieza se vendió por sesenta y nueve millones de dólares, el mundo del arte cambió para siempre.

En la división Skunk Works de Lockheed Martin, un joven matemático llamado Denys Overholser descubrió en un documento técnico escrito por un científico ruso hace una década una fórmula que sugería una forma de diseñar aviones que pudieran evadir la detección del radar. [59] Desgraciadamente, el diseño de un avión de estas características sería contrario a la aerodinámica convencional. Los ingenieros de Lockheed se burlaron de la idea de Overholser y sugirieron —en broma— que lo quemaran en la hoguera por hereje. Sin embargo, Ben Rich, el recién nombrado director del programa, aprobó el proyecto.

«La mayoría de nuestros veteranos utilizaban reglas de cálculo más antiguas que Denys Overholser», recuerda Rich, «y se preguntaban por qué demonios este joven mequetrefe estaba de repente posado en un trono como mi gurú, aparentemente tomando las riendas del primer gran proyecto bajo mi nueva administración. Intenté explicarles que la tecnología de sigilo estaba en un estado embrionario y que apenas se entendía hasta que Denys desenterró esa teoría; seguían sin estar convencidos». El diseño final acabó registrando una firma de radar realmente minúscula, lo que le hizo ganar a Lockheed Martin lucrativos contratos de defensa y consolidó el lugar de la división en la historia aeroespacial. La intuición novata de Overholser condujo directamente al Lockheed F-117A Nighthawk, el primer avión furtivo operativo. El F-117A desempeñaría un papel crucial en la Guerra del Golfo y en otros conflictos.

Hay algo que decir sobre la simple falta de experiencia. Sangre fresca. Siempre que trabaja en un nuevo libro, por ejemplo, la profesora de la Harvard Business School Linda Hill incluye en su equipo a un recién licenciado. Mientras escribía un libro, un colaborador de Hill, de veinticuatro años, sugirió un pulpo como metáfora para ilustrar una teoría del aprendizaje organizativo. La idea resultó útil, y el boceto del pulpo está ahora enmarcado en el escritorio de Hill como recordatorio del valor de la perspectiva de un novato.

«Si escribo un libro tras otro», nos dijo Hill, «se convierte en algo rutinario. Un novato lo vuelve a desordenar. Provoca que me detenga y vea las cosas de forma diferente porque se enfrenta a cuestiones por primera vez y me hace cuestionar supuestos que tenía desde hace tiempo. Es frustrante, pero impulsa la calidad».

Un último ejemplo personal del poder de incluir a un novato: El padre de Jeremy, que es abogado, presentó un caso ante el Tribunal Supremo de EE. UU. en nombre de GEICO y varias de sus filiales. El argumento ganador vino de un abogado con dieciocho meses de experiencia. Entró en el despacho de Jay Utley para hacer una «pregunta estúpida» y el padre de Jeremy decidió escuchar al joven abogado. Era una pregunta estúpida en el sentido de que un abogado más experimentado la habría descartado. Sin embargo, dio pie a una fructífera línea de investigación. Al estar dispuesto a preguntar, el joven abogado ayudó a ganar el caso. En la actualidad, el padre de Jeremy está creando un nuevo bufete de abogados formado casi en su totalidad por abogados nuevos. Tiene los conocimientos y la experiencia; lo que necesita son nuevas perspectivas.

Colaboradores complementarios

Las historias del arte, la ciencia y la invención revelan el sorprendente poder de las parejas: John Lennon y Paul McCartney. Steve Jobs y Steve Wozniak. Susan B. Anthony y Elizabeth Cady Stanton ¿Por qué la colaboración entre dos personas muy diferentes es un factor tan común en los logros de talla mundial? No se trata solo del apoyo moral.

El valor de lo que el profesor de psicología Kevin Dunbar llama «razonamiento distribuido» —colaboración creativa— reside en la forma en que otra persona nos ayuda a ver nuestros propios puntos ciegos. [60] Por muy bueno que seas en lo que haces o por mucha experiencia que poseas, siempre estarás limitado por tu perspectiva singular. La belleza de la colaboración es que cada uno de nosotros tiene diferentes puntos ciegos.

Según la investigación de Dunbar, la colaboración estimula la innovación porque lo que está oculto para nosotros suele ser obvio para otra persona. (Recuerda la máxima de Dan Klein: «Atrévete a ser obvio»). Dos cabezas son mejores que una porque cada persona puede ver la misma imagen y llegar a una conclusión muy diferente. Conciliar estas conclusiones —piensa en los tres ciegos y el elefante— conduce a descubrimientos espectaculares. En su investigación, Dunbar descubrió que los científicos de un laboratorio avanzaban más que los de otros laboratorios que realizaban el mismo tipo de investigación al proponer por turnos explicaciones alternativas para los mismos datos. Cada inducción de un científico provocaba una divergencia de otro, creando una reacción en cadena de ideas que aceleraba la producción creativa.

John Bardeen y Walter Brattain trabajaron juntos en los Laboratorios Bell para desarrollar el transistor de estado sólido.[61] Bardeen, el físico teórico, escribía ecuaciones en la pizarra mientras Brattain, el físico experimental, realizaba prototipos de esas ideas en la placa de pruebas. Lo que veía Brattain se lo comunicaba a Bardeen, que incorporaba estos hallazgos en ecuaciones más refinadas. Ida y vuelta, de la pizarra a la placa de pruebas, el físico teórico y el físico experimental lograron una hazaña de innovación tecnológica que cambió el mundo.

Como dúo, somos partidarios de esta estrategia. Este libro no existiría sin ella. Tampoco somos los únicos que damos tanta importancia a la colaboración. Si nos fijamos bien, veremos a dos personas muy diferentes en el inicio de casi todos los esfuerzos humanos importantes: libros, negocios o edificios. Como creador, no puedes ver mucho más allá de tu propia perspectiva. Todos cometemos errores de razonamiento. Todos tenemos puntos ciegos. Nuestras peculiaridades pueden obstaculizar nuestros esfuerzos en solitario o servir como una rica fuente de información creativa para un colaborador.

Como en muchas otras estrategias creativas, la clave está en aprovechar las diferencias. Para encontrar un buen socio, busca a alguien lo más alejado posible en un eje —cualquier eje— en el que te encuentres. Tanto si procedéis de entornos muy diferentes, como si tenéis personalidades muy distintas o adoptáis enfoques muy diferentes para resolver los mismos problemas, la disparidad os ayudará a complementaros. La fricción es esencial para una colaboración productiva. No sabemos lo que no sabemos: «Los sujetos individuales tienen grandes dificultades para generar inducciones alternativas a partir de los datos», escribió Dunbar, «y también tienen grandes dificultades para limitar o ampliar las inducciones». Sin un colaborador, cualquiera estará limitado en lo que puede lograr.

Incluso dentro de la estructura de una organización tradicional, es posible conectar con un colaborador complementario, ya sea formal o informalmente. Como directora de una empresa incipiente interna en Procter & Gamble, Claudia Kotchka necesitaba a alguien que equilibrara su audaz visión. Así que, para una dosis regular de pragmatismo, recurrió a su director financiero.

«Claudia», le decía a menudo, «no podemos cambiar de estrategia todos los días». A veces, por supuesto, ella podía y pivotaba para aprovechar una oportunidad. Sin embargo, como su homólogo, el director financiero le proporcionaba una visión inestimablemente precisamente porque veía el mismo panorama de una forma muy diferente a lo que ella podía ver.

Espacio para la franqueza

Después de llevar a cabo un programa piloto de formación para Hyatt en su sede de Santa Clara, el director general, Mark Hoplamazian, convocó a los miembros del personal para una reunión informativa. Nuestro mandato había sido llevar el diseño centrado en el ser humano a las operaciones de Hyatt. Sin embargo, antes de extender el programa de formación a toda la organización, queríamos asegurarnos de que nuestro enfoque se ajustaba a las necesidades específicas de Hyatt. Hoplamazian planteó la pregunta a una sala de treinta empleados: ¿Cómo ha ido el programa?

«Impresionante», comentó una persona. Otro añadió: «Nos ha encantado».

Entonces, tras una pausa, se levantó una mano.

«Tengo que admitir que no fue de mi agrado», dijo, poniéndose de pie para dirigirse a la sala. «De hecho, me sentí incómoda durante todo el proceso». Hoplamazian asintió con ánimo. «Francamente», añadió, «ni siquiera quiero continuar». Una vez dicho esto, la mujer volvió a sentarse.

Vaya, hay que tener agallas. Es demasiado fácil alinearse con la multitud. Como hemos visto antes en el libro, los estudios psicológicos confirman un fuerte sesgo subconsciente en todos nosotros para unirnos al consenso. Una vez que los demás empleados indican su aprobación, resulta mucho más difícil expresar una opinión divergente. De nuevo, esto no se debe solo a la presión del grupo. El consenso cambia subconscientemente tu perspectiva real. Es fácil que te encuentres asintiendo cuando antes pensabas lo contrario.

Dado que nuestro objetivo es generar la mayor variedad posible de perspectivas, es crucial inhibir activamente este instinto. La herramienta más importante para hacerlo es el espacio para la franqueza. Como líder, debes establecer explícitamente la seguridad psicológica apoyando y facultando a todos los miembros del equipo para que expresen su auténtico punto de vista, independientemente de su posición en el espectro. Si se desalienta de alguna manera el desacuerdo— o, mucho peor, se castiga— el consenso dirigirá todas las decisiones.

En el Regency Hyatt de Santa Clara, los treinta participantes de nuestro programa piloto tuvieron esa sensación de seguridad gracias a los esfuerzos de Mark Hoplamazian por establecerla. Hizo que su equipo directivo grabara vídeos en los que se animaba a los participantes a adoptar comportamientos poco ortodoxos y contraculturales durante el programa. En uno de ellos, el director financiero sostenía un cartel que decía: «¡No tengas miedo de romper cosas!». Hoplamazian incluso envió a cada innovador en formación una tarjeta de «Sales de la cárcel gratis» para disipar cualquier temor que pudiera existir de que intentar algo nuevo pudiera perjudicar su carrera. Por eso, en el momento crucial, la participante disidente se sintió segura al aguar la fiesta de todos.

También fue bueno que lo hiciera. Ninguno de nosotros se había planteado la necesidad de optar por no participar del programa. Su contribución provocó un valioso debate. En teoría, cualquier empleado de Hyatt podría solicitar no participar en el programa de diseño centrado en el ser humano, pero ¿se sentirían cómodos haciéndolo sin un proceso explícito para ello? Probablemente no. Es inevitable que se preocupen por las repercusiones profesionales. Esto nos dio un nuevo marco: ¿Cómo podemos hacer que sea social y emocionalmente aceptable retirarse para los participantes que no están dispuestos? Sean cuales sean sus razones, su participación a medias no haría más que frenar a todos los demás. Como hemos visto, el proceso de innovación exige un sentido de experimentación lúdica: un tipo que rechina los dientes en el fondo de la sala solo estropearía la diversión. Esa única voz discordante en Santa Clara inspiró una forma para que los empleados se retiraran sin miedo a las repercusiones, aumentando en gran medida la proporción de participantes dispuestos y receptivos.

«Gracias», dijo Hoplamazian a la empleada al final de la discusión. «Es fantástico que hayas hablado».

La franqueza es crucial para el flujo de ideas. Cuando hay espacio para ello, la gente se siente segura para dar y recibir comentarios críticos. En el proceso de ideación, todas las perspectivas son valiosas. De hecho, el hecho de que dos, cinco o diez personas estén de acuerdo con una idea no te acerca ni un paso a lo correcto cuando se trata de nuevas ideas. El valor de cada perspectiva adicional durante la generación de ideas reside en el lugar que ocupa en el gráfico en relación con el consenso. Las votaciones no deben servir para seleccionar las ideas; ese es el trabajo de los experimentos.

La sabiduría popular sugiere que la crítica no tiene cabida en el proceso creativo. Si todo el mundo siente que comparte el mismo objetivo y que están haciendo juntos el esfuerzo, pueden construir, derribar y divergir de las ideas de los demás con vigor sin atacarse nunca. Se trata de aumentar el flujo de ideas.

Cuando siente la necesidad de reforzar un propósito compartido entre los empleados, Jesper Kløve, director general de la empresa de ingeniería farmacéutica NNE, lleva a su gente al campo. «Una vez construimos una balsa de pino de diez metros de largo y vivimos en ella durante varios días», nos dijo. La balsa era tan grande que el equipo de ingenieros de Kløve tuvo que trabajar en conjunto para remar por el río. Tras varios días luchando por superar los obstáculos naturales mientras compartían sus experiencias vitales, la dinámica del equipo había cambiado. «Al final, todos, incluido yo mismo, estábamos llorando», recuerda Kløve. Esto puede sonar hipersensible, pero el director general de NNE obtiene resultados que demuestran la eficacia de este enfoque. La balsa era una metáfora para conseguir que la gente remara junta. Si un equipo puede enfrentarse a un río sin ahogarse, puede llevar a cabo una sesión de *brainstorming* sincera sin herir los egos. «La confianza es lo único que no se puede comprar en este mundo», nos dijo Kløve. «Hay que ganársela».

Haz el trabajo necesario crear un espacio para la franqueza. Aunque no puedas llevar a tu equipo a la naturaleza, crea seguridad psicológica de otras maneras. Anímalos a compartir el trabajo inacabado. Solicita que critiquen las ideas, empezando por las tuyas propias. Solo mediante el refuerzo constante de estos comportamientos —por ejemplo, aceptando la disidencia, como hizo

Mark Hoplamazian— podrás normalizar la franqueza y hacerla parte de tu cultura.

Los rituales ayudan. Pixar celebra regularmente reuniones en las que los directores de cine pueden revisar sus trabajos en curso con otros miembros de la organización. [62] El objetivo de cada reunión es solicitar «comentarios constructivos a mitad del camino». El truco, según el cofundador Ed Catmull, radica en cómo se maneja la retroalimentación: «Los participantes han aprendido a dejar sus egos en la puerta: están a punto de mostrar un trabajo incompleto a su director y a sus colegas. Esto requiere un compromiso a todos los niveles, y es tarea de nuestros directores fomentar y crear un lugar seguro para ello». La capacidad de compartir un trabajo inacabado e imperfecto con nuestros colegas, recibir comentarios sin tapujos sobre él y tomar lo que es útil dejando el resto no es algo natural. Pixar fomenta activamente este comportamiento con los nuevos contratados, acostumbrados a jugar a la defensiva en entornos más adversos. «Cuando la vergüenza desaparece», escribió Catmull, «la gente se vuelve más creativa. Al hacer que las luchas para resolver el problema se discutan con seguridad, aprenden —y se inspiran— de los otros». Para que esto ocurra se necesita empatía, paciencia y, sobre todo, la voluntad de ser vulnerable.

Alentar y acoger la disidencia no es lo mismo que cambiar de opinión para adaptarse a cualquier comentario que se reciba. En el caso de Hyatt, la discrepancia suscitó un valioso debate y condujo a la acción. Sin embargo, a menudo el único disidente está solo en su desacuerdo por una razón, y la perspectiva divergente puede descartarse con seguridad. Sin embargo, para llegar a ese punto, hay que escuchar la disidencia con imparcialidad y juzgar la contribución por sus méritos. Si nadie se siente seguro para ofrecer un punto de vista contrastado, nunca sabrás si había una alternativa que valía la pena considerar en primer lugar. ¿Puedes permitirte el lujo de ignorar esa posibilidad?

~

Aprovecha esta oportunidad para revisar tu enfoque actual sobre la minería de perspectivas y observa dónde puede ser útil una de estas tácticas. Concéntrate en un área, por ejemplo, intercambiando ideas con un colega del sector. O incorporando a un colaborador inesperado a un proyecto existente. O estableciendo un ritual regular de franqueza como la reunión diaria de Pixar para tu equipo. De un modo u otro, introduce una nueva perspectiva en uno de tus problemas más acuciantes y observa lo que ocurre.

Independientemente de lo que decidas probar, no lo hagas de forma aislada. Si te tomas la molestia de introducir una estrategia y te resulta útil, conviértela en una práctica rutinaria. Cada una de estas tácticas requiere un esfuerzo y una constancia para obtener todos sus beneficios.

Aunque no seas el líder de un equipo u organización, esperamos que este capítulo te anime a considerar tu red como un recurso creativo. Ya sea a través de los círculos de aprendizaje, los amigos por correspondencia o cualquier otra herramienta, puedes extraer de tus colaboradores, compañeros, clientes y usuarios valiosas perspectivas y conocimientos que llevarán tu flujo de ideas a otro nivel. En un mundo que está haciendo la transición hacia el trabajo híbrido, y para muchos totalmente virtual, ya no podemos contar con los encuentros fortuitos en la sala de descanso o en la cafetería para estimular nuevas ideas. Un enfoque deliberado para conectar y crear con otras personas es más valioso que nunca.

8

Agita tus perspectivas

«Es solo después de aplicarla que una nueva idea parece razonable. Al comienzo, suele parecer irrazonable. Parecía el colmo de la sinrazón suponer que la tierra era redonda en lugar de plana, o que se movía alrededor del sol, o que los objetos requerían una fuerza para detenerlos cuando se encontraban en movimiento, en lugar de una fuerza que los mantuviera en movimiento».[63]

ISAAC ASIMOV

Para tener éxito, se nos dice que debemos «buscar» las oportunidades como si estuvieran escondidas en algún lugar, esperando ser descubiertas por los inventores y empresarios más diligentes y perspicaces. Cuando lo más probable es que la oportunidad esté delante de nuestras narices. Estamos tan concentrados en lo que esperamos ver que nos la perdemos por completo.

Perry aprendió esta lección por las malas en Patagonia. De hecho, la lección fue tan dolorosa que le persigue desde entonces. Aquí comparte la historia con la esperanza de que tú puedas evitar su destino. En este capítulo, te mostraremos cómo ver todas las oportunidades que están delante de ti, esperando a que te fijes en ellas.

~

Es probable que tengas al menos un chaleco, chaqueta o jersey de forro polar en tu armario. El forro polar es un tejido increíble. Los miembros de la élite empresarial incluso han empezado a llevar chalecos polares bajo sus chaquetas de traje durante el invierno en lugar de un abrigo (los ricos no son como el resto de nosotros).

Como puede que te des cuenta —aunque probablemente nunca lo hayas considerado demasiado: no hay lana real en una prenda de forro polar. De hecho, no hay ovejas involucradas. El forro polar empezó, como tantas otras innovaciones, con una pregunta: «¿No sería genial si...?».

En 1906, el inmigrante húngaro Henry Feuerstein fundó una fábrica textil en Malden, Massachusetts. La lana de los rebaños de Feuerstein acabó no solo en los jerséis y chaquetas de Malden Mills, sino incluso en los trajes de baño. Antes de la aparición de las fibras sintéticas, la lana era la mejor opción para mantener el calor cuando se trabajaba en el agua o simplemente se sudaba. A diferencia de otras fibras naturales, la lana no se estropea cuando se moja. Incluso puede absorber la humedad. Sin embargo, la lana es pesada y pica. ¿No sería estupendo que la lana fuera suave y ligera?, se preguntaba la empresa. Podrían haber intentado criar ovejas con lana más suave y ligera, pero había otra vía que explorar primero: las fibras sintéticas.

En 1884, el científico francés Hilaire de Chardonnet utilizó la celulosa de los árboles para fabricar la primera fibra sintética, el rayón. Más tarde, la empresa química estadounidense DuPont desarrolló una versión basada en el petróleo: el nailon. Elástico y resistente, el textil de DuPont no tardó en aparecer en todo tipo de productos, desde las cerdas de los cepillos de dientes hasta las medias y, durante la Segunda Guerra Mundial, los paracaídas.

A lo largo de los años, se desarrollaron más fibras sintéticas, pero no fue hasta 1979 cuando Malden Mills desarrolló la primera alternativa viable a la lana. Malden tomó fibras de poliéster y las cepilló hasta que desarrollaron tejidos similares a los de la lana natural. Suave, ligero y resistente al agua, el nuevo material de Malden, conocido originalmente como *Synchilla* —chinchilla sintética— aislaba dos veces mejor que la lana. Al igual que la lana, no olía cuando se mojaba ni absorbía los olores corporales. Para limpiarla, bastaba con echarla a la lavadora. Estas cómodas características hicieron que el forro polar de Malden fuera ideal para su uso en exteriores, por lo que Patagonia empezó a fabricar ropa con él. Los jerséis de forro polar de Patagonia podían ser feos —seamos sinceros, eran feos— pero tuvieron un gran éxito entre los excursionistas, esquiadores y otras personas que sudaban en condiciones de frío. Los jerséis pronto se convirtieron en un icono, y la asociación entre Malden y Patagonia prosperó.

A lo largo de los años, las dos empresas colaboraron en la mejora del forro polar, haciéndolo más ligero, más suave, más cálido y resistente al agua. El forro polar, resistente al viento, empezó a aparecer en todo tipo de productos más allá de las actividades al aire libre, desde fundas para los sillones estilo puf y calcetines de Navidad hasta la emblemática manta Snuggie. Patagonia empezó a utilizar el forro polar Malden para la ropa interior térmica con el nombre comercial Capilene. Las prendas interiores Capilene se convirtieron en la vestimenta por excelencia para las actividades al aire libre, desde la escalada hasta el esquí. Cuando Perry se convirtió en vicepresidente de Patagonia, Capilene ya era un centro de beneficios fiable para la empresa. Fue entonces cuando una oportunidad mucho mayor llegó y golpeó la puerta de Patagonia. ¿Respondería alguien?

Un director de la fábrica de Malden acudió a Perry con un dato importante. Un nuevo fabricante estaba comprando cantidades cada vez mayores de forro polar de Malden. ¿Se trataba de un nuevo y peligroso competidor que entraba en el mercado de las actividades al aire libre? De ser así, Perry tendría que hacer frente a la amenaza competitiva. No resultó ser así. El advenedizo en realidad hacía equipo de entrenamiento.

Vaya. Como este tal Under Armour no se metía en el territorio de Patagonia, Perry descartó la nueva marca ávida de vellón y volvió a centrarse en su trabajo.

Estudia esta fatídica decisión con detenimiento. Desde el punto de vista de Perry, el mercado de Patagonia era una cosa y el de Under Armour era algo completamente diferente. Claro, UA estaba disfrutando de un crecimiento extraordinario vendiendo ropa que te mantiene caliente y seco al aire libre utilizando la misma tecnología y el mismo proveedor que Patagonia, pero era una marca deportiva. A pesar de que cada vez más gente empezó a usar Under Armour fuera del gimnasio y del campo, Patagonia siguió ignorándola porque las marcas deportivas no eran la competencia. Esta barrera asociativa impidió a Perry y a los demás dirigentes de la empresa detectar una oportunidad exponencialmente mayor que todo el negocio de Patagonia. Recuerden que no había ningún problema evidente, ninguna rueda que chirriara, que provocara una respuesta. La ropa interior Capilene de Patagonia se seguía vendiendo bien. Mientras tanto, una línea de producción de Malden tras otra se dedicaba a Under Armour.

Quizá conozcas este famoso experimento de psicología. Se pidió a los participantes que contaran el número de veces que una pelota se pasa de un lado a otro entre un grupo de personas en un vídeo. Al final del vídeo, los participantes comparten sus estimaciones. A continuación, se les planteó una sencilla pregunta: ¿Viste el gorila? Como descubrieron los participantes al volver a ver el vídeo, un hombre con un traje de gorila entra en el centro del encuadre a mitad de camino, se golpea el pecho y sale de la pantalla. La mayoría de los participantes, enfrascados en la tarea de contar los pases de balón, no se dieron cuenta. [64]

Esto puede parecer inverosímil, pero no nos damos cuenta de lo obvio todo el tiempo. En el caso de Perry, un gorila conocido como Under Armour estaba golpeándose el pecho frente a la cara de Patagonia, pero estaban demasiado ocupados vendiendo ropa interior larga para darse cuenta. Sí, Under Armour era una marca deportiva, pero ¿qué son la escalada, el esquí, el snowboard y el senderismo sino deportes al aire libre? Si Perry y Patagonia hubieran estado atentos, se habrían dado cuenta de que los consumidores no se preocupaban por la diferencia. El mercado de las actividades al aire libre hace tiempo que tiende a un aspecto más deportivo. El ambiente hippie y divertido de los jerséis clásicos de Patagonia de los años ochenta, con sus extraños dibujos y combinaciones de colores, ya no estaba de moda. Los clientes estaban preparados para un look elegante y moderno, y la creciente cuota de mercado de Under Armour reflejaba esa demanda acumulada.

A Patagonia no le habría costado mucho esfuerzo desarrollar una pequeña línea de prendas dirigida a ese mercado adyacente para comprobar la demanda. En cambio, la empresa ignoró alegremente las advertencias de su proveedor. Hoy en día, Under Armour ha crecido hasta superar múltiples veces todo el negocio de Patagonia. ¿Podría Patagonia haber capturado todo ese valor para sí misma? Tal vez no, pero está claro que fue un fallo épico. Si Perry y los demás dirigentes de Patagonia hubieran encontrado la forma de ver lo que tenían delante, la empresa podría haber entrado en un mercado paralelo y haber crecido mucho más que su tamaño actual.

~

Las empresas cometen el mismo error todos los días. Parte de la lección de la historia del ascenso meteórico de Under Armour es estratégica: no dejes que otra empresa construya un negocio en tu patio trasero. La lección más fundamental, sin embargo, es simple y universal: Escucha. Mira. Observa. El flujo de ideas depende de que la información llegue a una mente receptiva. No basta con exponerse a muchísima información. Si eso fuera todo, desplazarse por las redes sociales durante horas sería un uso productivo de tu tiempo. Lo más fácil del mundo es mirar sin ver y oír sin escuchar. La observación eficaz es una disciplina. Requiere esfuerzo y habilidad. Sin embargo, la recompensa es inmensa. En este capítulo te mostraremos cómo observar el mundo que te rodea de forma que nutra y enriquezca tu producción creativa. A menudo resulta chocante saber lo diferentes que pueden ser nuestras percepciones individuales. Hace años, las acaloradas discusiones en Internet sobre el color de un vestido o el sonido de «Laurel» frente a «Yanni» revelaron sorprendentes idiosincrasias en la forma en que las personas perciben los mismos estímulos sensoriales. Estas extravagantes variaciones en la forma en que un gran número de personas interpreta determinadas impresiones sensoriales son solo el principio de la historia. Como los artistas y los meditadores saben desde hace tiempo, está el mundo exterior y luego está el teatro sensorial e imaginativo de 360 grados que hay en la cabeza. Al igual que lo que percibes puede cambiar tu perspectiva, cambiar tu perspectiva puede cambiar lo que percibes.

¿Por qué es tan difícil ver lo que está delante de ti? La culpa es del cerebro por ser tan eficiente. Cuando oímos una palabra o vemos una imagen, esta desencadena una serie de imágenes, hechos e ideas asociadas dentro de nuestra cabeza. El cerebro forma estas asociaciones cuando nos encontramos por primera vez con algo desconocido, encadenando lo desconocido con lo conocido en una red de pensamiento en constante expansión. En el futuro, puede recurrir a estos patrones fijos de personas, lugares, cosas y conceptos relacionados siempre que necesite decidir rápidamente. Esto ahorra tiempo y energía en comparación con el desarrollo de una nueva respuesta a cada situación. ¿Qué se compra en el cine? Palomitas de maíz. Tu propia asociación puede ser diferente, pero seguro que tienes una asociación por defecto. Para ver lo inesperado y lo inimaginable que se esconde a la vista, hay que bajar esas barreras asociativas.

En este capítulo te ofrecemos métodos para cambiar tu perspectiva y poder ver por fin las oportunidades que tienes delante. Solo cortando el circuito de tus modos de percepción habituales podrás ver las posibilidades extraordinarias que se esconden delante de ti.

ENCUENTRA MEJORES PROBLEMAS

En el capítulo 2 conociste a Henrik Werdelin, socio fundador de la prolífica empresa neoyorquina de desarrollo de empresas Prehype. Werdelin, inversor, fundador y asesor, se gana la vida prestando atención. Para él, encontrar el problema adecuado es el primer paso para generar cualquier idea de negocio. Considera que está más centrado en el problema que en la idea. Una buena idea puede no ser viable, pero un buen problema suele llevar a alguna parte.

En su continua búsqueda de mejores problemas que resolver, Werdelin hurga en el mundo digital. Sin embargo, no se limita a recorrer las redes sociales sin sentido. En cambio, busca metódicamente nuevas y ricas vetas que extraer, normalmente en forma de nuevas herramientas y tecnologías. Al situarse en la vanguardia, se da cuenta de los problemas que la mayoría de la gente aún no ha encontrado, pero que inevitablemente encontrará.

«No se pueden proponer ideas de NFT [*tokens* no fungibles] sin haber comprado un NFT», dice. «Tienes que ponerte en los zapatos. Instalo docenas de aplicaciones a la semana. Cada vez que pruebo una nueva herramienta, construyo algo con ella, le hago pequeños ajustes». Werdelin es tan eficaz en la observación porque sus parámetros son claros y coherentes. Su cerebro sabe por qué está mirando, aunque no sepa exactamente lo que está buscando. «Simplemente construye cosas», aconseja Werdelin. «Hay que hacerlo para generar ideas. Si no construyo cosas, mi creatividad se agota muy rápido».

El cerebro, empeñado en sus objetivos, tiende a sortear los problemas, compensándolos sin dejar que se registren conscientemente. Tropezarás una docena de veces con el mismo adoquín irregular frente a la puerta de tu casa antes de que se te ocurra arreglarlo. Esta filtración habitual de las molestias de la vida hace que los problemas más jugosos sean difíciles de ver. Es probable que haya dos o más negocios viables al alcance de la mano de quien está leyendo este libro. Un emprendedor como Werdelin adopta un enfoque sistemático para observar el mundo tal y como es, darse cuenta de las partes que necesitan trabajo y atajar esos problemas con ideas.

Como vimos en el capítulo 2, la disciplina de la documentación es fundamental en el proceso de Werdelin. Anotar las cosas es una forma de obligarse a observar. También garantiza que se aprenda de los experimentos. Werdelin provoca su propia curiosidad con tres simples palabras: «Es una mierda que…». Esta frase crucial aparece en pilas de notas Post-it personalizadas por las oficinas de Prehype. Cada nuevo negocio que incuba la empresa comienza como algo que apesta, un problema que necesita soluciones. Pero no sirve cualquier problema. Algo que pueda resolverse rápida y fácilmente es aburrido. ¿Tienes sed? Compra una botella de agua. Para Werdelin, un problema interesante es más profundo. Genera un diálogo con los clientes y crea una fuerte conexión con ellos. «Netflix y Peloton son empresas de capital relacional», nos dijo Werdelin. «Buscan entender mejor a sus clientes para crear productos que les ayuden a entenderlos aún mejor». Cuanto mejor comprendas el tipo de problemas que quieres resolver, mejor serás para encontrarlos.

La empresa más exitosa de Prehype es el servicio de cajas de suscripción para perros BARK. Como socio fundador de esta empresa, Werdelin siempre está buscando problemas centrados en los perros, filtrándolos en función de si tienen la capacidad de profundizar en la relación de la empresa con sus clientes. «Es una mierda que mi perro tenga mal aliento», en opinión de Werdelin, no facilita el diálogo. Cepilla los dientes del perro o dale una galleta de menta. De hecho, la empresa ofrece ahora una línea de productos dentales, pero ahí se acaba la historia. Por otro lado, «Es una mierda que tenga que ir a trabajar y dejar a mi perro solo todo el día» lleva a todo tipo de direcciones interesantes. Está cargada de emoción y llena de posibilidades. La solución adecuada puede llevar a una relación continua con BARK. Un problema de este tipo da lugar a muchas posibilidades que hay que probar y puede dar lugar a más de una línea de negocio de éxito. Los buenos problemas sugieren múltiples vías de exploración. Esto es importante porque siempre hay que probar y aprender hasta que algo encaje.

BARK tuvo su gran oportunidad en el comercio minorista gracias a un experimento fallido. El problema era: «Es una mierda que los perros no puedan hacer la compra». Hablando de algo que provoca un diálogo con los propietarios de perros. «Montamos una experiencia para que los perros eligieran sus propios juguetes», recuerda Werdelin, «pero los dueños nunca compraban los juguetes que los perros seleccionaban. Siempre compraban los que les parecían divertidos». La compra de los perros era una buena idea, pero no era viable, así que el experimento fracasó. Técnicamente. «Hoy, los productos BARK están en veintiséis mil tiendas», continuó Werdelin, «y casi garantizo que no estaríamos en ninguna si no hubiéramos hecho ese experimento. Target vio lo que hacíamos, decidió que sabíamos algo sobre la reinvención del comercio minorista y nos puso en todas sus tiendas».

Esta es la esencia del flujo de ideas. No se puede pensar para resolver los problemas. Es imposible que BARK haya planeado su llegada a las tiendas de Target por este camino tan tortuoso. En lugar de ello, los problemas generan ideas, las ideas sugieren pruebas y las pruebas generan un impulso hacia adelante. «El camino hacia lo correcto no es lineal», nos dijo Werdelin. «Solo tienes que probar cosas. Tírate a la piscina». Hoy, Werdelin introduce las posibles soluciones en una hoja de cálculo y puntúa la empresa, y las compara con factores como el tamaño del mercado potencial y el grado de integración con los activos existentes. Por muy eficaz que sea el proceso de experimentación, no puede probar todas las ideas, así que hace todo lo posible para aumentar las probabilidades de que la siguiente dé resultado. En esta fase, Werdelin está menos interesado en la lluvia de ideas para resolver un único problema que en construir un algoritmo que pueda encontrar muchos más problemas. Sin embargo, hasta que tengamos una IA de flujo de ideas, depende de todos nosotros modificar nuestras percepciones para ver más del mundo que tenemos delante.

LA TÉCNICA DE LO IMPOSIBLE A LO POSIBLE

Tras el desplome de la bolsa en 2008, muchos *millennials* se mostraron reticentes a invertir en el mercado de valores. Fidelity Investments acudió a nosotros para que le diéramos nuevas ideas sobre cómo llegar a estos clientes más jóvenes. Naturalmente, nuestra primera parada fue Urban Outfitters. Vale, puede que esto no parezca tan natural. Pero la tienda se adaptaba perfectamente a nuestros objetivos. En ese momento, Urban era popular entre los mismos *millennials* que Fidelity quería atraer. Incluso mejor: había una tienda justo al final de la calle de la oficina corporativa. Barato, rápido, imperfecto.

En el interior de la tienda, los ejecutivos de Fidelity observaron a una joven que rebuscaba en un montón de ropa desparramada bajo una mesa. Esto sí que es una comercialización de baja calidad. Esto era todo lo contrario a la experiencia limpia, ordenada y acogedora que Fidelity siempre pretendía ofrecer a sus clientes. Los ojos se pusieron en blanco.

Una vez que se calmaron las risas, pedimos a los despreciativos ejecutivos de Fidelity que asumieran que Urban sabía lo que estaba haciendo. Una forma de darte cuenta de lo que te estás perdiendo es identificar conscientemente las suposiciones y luego darles la vuelta deliberadamente, una herramienta que llamamos la inversión de la suposición. ¿Y si rebuscar de rodillas entre la ropa fuera una experiencia deliciosa y gratificante para ese cliente? ¿Y si no hubiera nada accidental en ese montón de ropa aparentemente olvidada bajo la mesa? Esta mujer pertenecía exactamente al grupo demográfico que Fidelity esperaba atraer. En lugar de negociar acciones en la aplicación minimalista y fácil de usar de Fidelity o hablar con un asesor en uno de sus espaciosos y bien iluminados locales comerciales, estaba arrodillada en un suelo de linóleo y rebuscando entre blusas arrugadas. Supongamos que esto formaba parte del plan. ¿Qué pretendía Urban?

En ese momento, se hizo un clic. La clienta que teníamos delante no estaba simplemente comprando. Estaba buscando un tesoro. Excitada por la posibilidad de encontrar algo especial, algo que el cliente «medio» nunca habría visto, estaba buscando en un montón de ropa que un miembro del personal debía haber olvidado ordenar. Como ningún comerciante normal deja montones de ropa debajo de una mesa, lo consideró un feliz accidente. Al fin y al cabo, en la mayoría de las tiendas de moda, los artículos más deseados se agotan rápidamente. Era lógico que la mejor manera de encontrar algo exclusivo o especial fuera buscar en algún lugar inesperado. Por ejemplo, debajo de una mesa.

Al examinar la tienda con sus supuestos invertidos, el equipo de Fidelity se dio cuenta de que la ropa «oculta» formaba parte de una estrategia deliberada de comercialización. Urban imitaba la experiencia de compra de una boutique de ropa usada, el tipo de lugar en el que un ojo para la moda te da una ventaja sobre los demás compradores. Los *millennials* no querían tener la sensación de que se les estaba imponiendo la misma moda. En cambio, querían algo que les pareciera único, aunque los artísticos montones y sus tesoros ocultos fueran los mismos en todos los Urban Outfitters del país.

Invertir las suposiciones liberó a Fidelity de los confines de su propia experiencia. Las ideas que generaron en Urban Outfitters desencadenaron una serie de posibilidades creativas que les ayudaron a reinventar la experiencia del cliente para atraer más directamente a los *millennials*.

Cuando nos reunimos con TaylorMade Golf para analizar su experiencia de consumo para los jóvenes golfistas, nos preguntamos: «¿Quién ofrece una gran experiencia de compra para los jóvenes?». Entre otras cadenas, visitamos Claire's Accessories. No, TaylorMade no pretendía atraer a los preadolescentes al golf, pero a veces recorrer todo el espectro puede poner de manifiesto distinciones útiles.

Al igual que sus homólogos de Fidelity, los ejecutivos de TaylorMade se mostraron escépticos a la hora de estudiar un negocio tan obviamente ajeno al suyo. ¿Qué podría enseñar a una marca de golf de alta gama una tienda que ofrece un pirsin gratis con cada juego de pendientes? Una vez que los convencimos de que entraran en el luminoso y colorido local, su escepticismo aumentó. ¡Qué desorganización! Un distribuidor de TaylorMade nunca comercializaría una tienda de forma tan caótica. La empresa se enorgullece de la presentación de sus productos, ya sea en línea o en la tienda. Cada cosa en su sitio, según su función: los *drivers* con los *drivers,* los *putters* con los *putters,* los *wedges* con... ya te haces una idea. Esta sensación de orgullo se interponía en el camino de la verdadera comprensión. Era el momento de invertir las suposiciones.

«¿Y si Claire's sabe exactamente lo que hace?», les preguntamos. «¿Y si sus clientes encuentran este desorden encantador?». Si no hay nada más, el deporte del golf enseña a tener paciencia. Una vez que estuvimos allí el tiempo suficiente, los ejecutivos dejaron de mirar y empezaron a ver. Claire's organiza sus tiendas no por función, sino por contexto. Estos accesorios eran apropiados para el colegio, estos para una fiesta y estos para un fin de semana fuera. De repente, el «caos» reveló sus propias y elegantes armonías. Una preadolescente podría acudir a Claire's antes de su primera cita sin tener una idea clara de lo que estaba de moda entre su grupo de iguales, ni de lo que era específicamente apropiado para una noche de cine. Solo con la organización, Claire's dirigía a estas nerviosas clientas hacia un conjunto de accesorios coordinado, atractivo y a la moda.

Del mismo modo, un joven golfista puede sentirse abrumado por las ordenadas filas de hierros, maderas y *putters* de una tienda y, sin embargo, no estar dispuesto a admitir su ignorancia ni a pedir ayuda a un empleado. Si la ropa, el equipo y los accesorios se distribuyeran en función del nivel de experiencia —por ejemplo, colocando en un solo lugar un equipo completo apropiado para un golfista principiante— estos clientes podrían encontrar todo lo que necesitan sin tener que reconocer su condición de aficionados.

Puede que hayan sido necesarias dieciocho rondas de esfuerzo para que TaylorMade entrara en Claire's, pero una vez que vieron los beneficios de invertir sus suposiciones, el equipo quiso visitar todas las tiendas orientadas a niños de la ciudad. No había mucho que pudieran aprender del estudio de los competidores que también pasaban todo su tiempo pensando en el golf. Claire's dedica su tiempo a pensar en la juventud, y esa perspectiva resultó muy valiosa.

Llevar a cabo una inversión de suposiciones consiste en identificar lo que se da por sentado sobre una situación y asumir deliberadamente que lo contrario es cierto. Para aplicar esta herramienta a la experiencia del cliente de tu empresa, ve al lugar donde se encuentran los clientes a los que intentas llegar. Luego, en lugar de juzgar la experiencia a través de tu lente habitual, invierte tus suposiciones. Esos clientes deben estar allí por una razón. No puede ser todo malo, por muy discordante que parezca. De hecho, presta atención a cualquier elemento que desafíe tus definiciones de una experiencia de calidad. Los clientes encuentran algo atractivo. Tu trabajo consiste en averiguar qué. Tampoco te detengas en una suposición. Hemos condensado nuestras experiencias en estos minoristas. Los ejecutivos de Fidelity y TaylorMade generaron un montón de posibles explicaciones para lo que vieron y luego las verificaron con clientes reales. Cuando hagas una inversión de suposición, establece una cuota que cumplir. Sigue preguntando por qué. Cada miembro del equipo debe generar varias explicaciones para explicar lo que está viendo.

Una vez alcanzada la cuota, prueba cada posibilidad con los clientes. ¿Están de acuerdo?

Puedes utilizar esta herramienta para estimular una nueva forma de pensar sobre cualquier cosa, desde el diseño de un producto hasta la estructura de un embudo de conversión en línea. Encuentra un ejemplo exitoso de lo que estás tratando de crear, pero en un contexto muy diferente. Asume que todo su diseño es intencionado, incluso si nada tiene sentido o te parece «correcto». A continuación, establece una cuota y empieza a idear explicaciones plausibles para su éxito. Por último, verifica tus conjeturas en el mundo real.

Fidelity utilizó lo aprendido en Urban Outfitters para crear una experiencia de inversión para los *millennials* que se sintiera como una búsqueda del tesoro. TaylorMade utilizó lo aprendido en Claire's Accessories para imaginar cómo la organización de una tienda podría responder a las preguntas que un nuevo jugador cohibido no querría hacer. Cuando dejas de estar cegado por tus propias suposiciones, aparecen nuevas perspectivas.

ENTREVISTA CON EMPATÍA

Para obtener ideas inesperadas de tus usuarios o clientes, debes explorar su pensamiento con una mente abierta. Hacerlo es difícil cuando hablan de un tema que conoces bien: tu producto, tu servicio, tu área de experiencia. No podemos evitar interpretar todo lo que se dice a través de nuestros propios filtros. Para entender realmente el comportamiento de los demás y comprender por fin lo que quieren decir con las palabras que utilizan, conmociona tus percepciones utilizando la herramienta de entrevistas empáticas. Esto te ayudará a cortocircuitar sus nociones preconcebidas para revelar los auténticos sentimientos, creencias y preferencias de los demás. Es la diferencia entre oír y leer.

Delta Dental, la mayor compañía de seguros dentales de Estados Unidos, ofrece prestaciones a más de treinta y nueve millones de estadounidenses. Delta y los miles de proveedores de su red a menudo consideran que el comportamiento de los pacientes es inexplicable. El dentista medio se pasa toda su carrera reparando el tipo de daños que podrían haberse evitado fácilmente con un poco de mantenimiento diario, y estas reparaciones suelen ser costosas y dolorosas. La gente se da cuenta al final, aunque sea un poco tarde. Si se pregunta a una docena de personas mayores por lo que más lamentan en la vida, la mitad o más mencionarán sus dientes. Al llegar a la mediana edad, el calendario del estadounidense medio está plagado de visitas al dentista para solucionar problemas. Sin embargo, los malos hábitos de cepillado no solo provocan empastes, coronas y endodoncias. También desempeñan un papel importante en la salud general. Otra forma de ver esto, por supuesto, es que un pequeño esfuerzo cuando se es joven ofrece a futuro una gran recompensa para todo el cuerpo.

Como parte de su misión de cuidar las bocas estadounidenses, Delta había montado una campaña tras otra para fomentar el cuidado de la boca. Por desgracia, la mayoría de estos intentos no tuvieron un impacto significativo. Por mucho que la empresa perseverara —a través de correos electrónicos, carteles, redes sociales— no consiguió hacer mella en la crisis de salud pública. No pudieron convencer a más jóvenes de que se cepillaran los dientes y usaran el hilo dental de forma sistemática. Cuando la empresa acudió a nosotros para que le ayudáramos a mejorar la atención bucodental de los ciento catorce millones de estadounidenses que no tienen ningún tipo de prestación dental, se habían quedado sin ideas. Las tácticas de miedo no sirvieron de nada. *Puede que el hombre del anuncio con todas las coronas se arrepienta de sus decisiones ahora, pero es viejo. Para mí, eso está muy lejos en el futuro. Empezaré a usar el hilo dental en cuanto la vida se ralentice un poco.*

Dos de los altos directivos de Delta que se enfrentaban a este problema, Casey Harlin y Liz Black, habían asistido al programa de formación ejecutiva de la d.school. Aceptaron con gusto la oportunidad de que dos de nuestros estudiantes de posgrado, Andre y Andy, ayudaran a Delta a innovar en el problema bajo nuestra dirección. Sin embargo, antes de generar ideas, era evidente que necesitábamos comprender mejor el terreno. Mientras que la empresa disponía de datos sobre las actitudes y creencias de sus clientes, generalmente de mayor edad y más ricos, sabía relativamente poco sobre los jóvenes no asegurados a los que más quería llegar. Esto nos pareció un caso de uso ideal para las entrevistas empáticas.

Cuando se habla con un usuario o cliente con esta herramienta, el objetivo es comprender su experiencia a nivel emocional. Al contrario de lo que podrían sugerir palabras como «empatía» y «emociones», la especificidad lo es todo. Nunca preguntes: «¿Qué te parece nuestro producto?». En lugar de ello, basa cada pregunta en una experiencia específica: «Háblame de la última vez que has devuelto un artículo en nuestra tienda».

«Bueno, normalmente… casi siempre», dice un cliente, pero «normalmente» es inútil. «Por favor, sé específico», respóndele. No dejes que la discusión se desvíe hacia las generalidades. «Háblame de la última vez que has devuelto algo». O pregunta por la mejor experiencia de devolución que hayan tenido. O la peor. De un modo u otro, lleva al entrevistado a evocar un caso concreto de su memoria. Luego, sigue este viaje con ellos mientras tomas nota de sus altibajos emocionales. Si no eres específico, obtendrás una mezcla de impresiones ensambladas a partir de múltiples experiencias. Una vez que el entrevistado traiga a la memoria un caso concreto, repásalo paso a paso, siempre volviendo a la situación en la que se encontraban sus emociones en cada momento. Cuando el usuario haga algo en la historia, pregúntale por qué lo hizo. Luego, pregúntale cómo se sintió.

Lo que buscas aquí son sorpresas, cosas que contradigan tu comprensión actual. Como se trata de tu producto o servicio, crees que sabes cómo es la experiencia. Tu falta de ideas nuevas refleja esa falsa certeza. Las entrevistas empáticas pinchan esa confianza. Haz un seguimiento de cualquier cosa inesperada: «Cuéntame más sobre eso». Pregunta por qué, y, cuando te lo cuenten, pregunta por qué otra vez. En el marco del Sistema de Producción de Toyota, el ingeniero Taiichi Ohno abogó por preguntar por qué cinco veces al diagnosticar un problema para acercarse lo más posible a la verdadera causa. [65] La repetición de los porqués se convirtió en norma en sistemas de gestión posteriores como Six Sigma. ¿Importa el número exacto? No. Lo que es importante entender es que un solo porqué no es suficiente. La primera explicación casi siempre es insuficiente e incluso engañosa. En tu búsqueda de pistas, busca por debajo de las respuestas obvias a las verdades que subyacen.

Al hablar con un amigo o familiar, sienta bien corresponder los sentimientos: «Vaya, sé exactamente lo que quieres decir». Cuando realices una entrevista empática, resiste rigurosamente este sesgo hacia la reciprocidad. Corta el flujo de aprendizaje. Le estás diciendo a la otra persona que entiendes lo que está diciendo. Pero no es así. Esa es la cuestión. En la brecha entre tus suposiciones y la realidad de la otra persona es donde encontrarás tus conocimientos. Nunca frenes el aprendizaje afirmando la experiencia del entrevistado de ninguna manera. En lugar de eso, cuestiónalo todo.

Esto se aplica incluso a la elección de palabras. La gente suele utilizar términos comunes de forma diferente a la tuya. En una conversación informal, estas pequeñas diferencias se solucionan por sí solas. En una entrevista empática, sin embargo, es fácil pasar por alto algo crucial dando por sentado las definiciones. Si una palabra te parece decisiva, pide al usuario que la defina, o que exprese el mismo pensamiento de otra manera. «Has dicho que era "desafiante", ¿qué quieres decir exactamente con eso?». En tu mente, el reto puede tener una carga negativa, mientras que el entrevistado lo ve como un beneficio, de la misma manera que un rompecabezas puede ser un reto agradable, por ejemplo. Deja que te lo expliquen. No juzgues a tu interlocutor.

Las historias también ayudan a concretar ideas abstractas. Si el cliente dice que el «alivio» forma parte de su experiencia, dile: «Has mencionado el "alivio". ¿Puedes contarnos otro momento de tu vida en el que hayas sentido ese tipo de alivio? No tiene por qué estar relacionado con esto». Aunque parezca antinatural resistirse al flujo normal de la conversación de esta manera, sigue cuestionando tus propias suposiciones e indagando más y te sorprenderá lo profundo que es el aprendizaje.

Una vez que hayas realizado una entrevista empática, haz un diagrama del viaje del usuario. Dibuja una línea de izquierda a derecha que represente el inicio y el final de la experiencia en cuestión, ya sea la primera vez que utilizaron tu sitio web o la última vez que compraron algo en tu tienda. A continuación, traza cada evento del viaje, colocándolo en el eje vertical para indicar la carga emocional. Por ejemplo, en el trayecto de la devolución de un producto, buscar el recibo tirado en la papelera cerca del comienzo de la experiencia sería una caída estresante cerca del lado izquierdo del tablero. Recibir el reembolso completo sin problemas sería un bache positivo cerca de la derecha.

Si puedes, realiza entrevistas empáticas con usuarios «extremos»: el más joven, el más viejo, el más alto, el más bajo, el más frecuente, el más crítico. Hablar con los usuarios que se encuentran en el extremo del espectro —cualquier espectro— revela vías de exploración que podrían permanecer ocultas con los usuarios medios. Por ejemplo, los responsables de Levi's entrevistaron a una clienta que estaba embarazada. Cuando mencionó que compraba vaqueros nuevos cada pocas semanas para mantener el ritmo de su creciente cintura, se les encendió una bombilla. Uno de los responsables sugirió un servicio de suscripción de vaqueros, algo que podría resultar atractivo no solo para las clientas embarazadas, sino para los que se preocupan por el impacto medioambiental de la producción de vaqueros, los que cambian de look con frecuencia, los que hacen dieta, etc. Para que quede claro, no se busca a los usuarios extremos para desarrollar productos de nicho para ellos. Lo haces para estimular una nueva forma de pensar con implicaciones para todo el mundo. Randy Hetrick, antiguo Navy Seal, diseñó el sistema de entrenamiento en suspensión TRX para atletas profesionales, pero pronto vio sus ventajas para los usuarios medios. Como nos dijo Hetrick, «de los profesionales a los promedios». Lo que las entrevistas empáticas realizadas por Delta dejaron claro es que la salud bucodental simplemente no estaba en el radar de las personas a las que intentaban llegar. Cuando formulamos una pregunta para evocar una experiencia específica — «Háblame de la última vez que pensaste en tus dientes»— las respuestas se referían únicamente al aspecto físico. Aunque los jóvenes sin seguro se preocupaban por sus dientes, esa preocupación solo llegaba hasta sus sonrisas. ¿Mejoraría el blanqueamiento dental su aspecto en Instagram o Tinder? ¿Sería difícil sería enderezar sus dientes? ¿Has oído hablar de los alineadores transparentes? Y así sucesivamente. Las endodoncias estaban en un futuro lejano, pero, al hablarles sobre las sonrisas, tenías toda su atención en el presente.

En el próximo capítulo hablaremos de lo que hizo Delta con los resultados de su entrevista empática.

OBSERVA DURANTE MÁS TIEMPO

Los científicos se basan en la observación paciente y cuidadosa para hacer descubrimientos. Sin embargo, algunos han llevado este principio al extremo. El biólogo David Haskell pasó un año entero observando un bosque de Tennessee. En su libro nominado al Pulitzer, *The Forest Unseen*, documentó algunas de las extraordinarias lecciones que aprendió sobre la intrincada red de relaciones que abarca el ecosistema del bosque, con el matiz de que limitó su observación a un solo metro cuadrado de suelo.

Si un biólogo puede escribir un libro entero sobre el drama épico entre flora y fauna que tiene lugar en un solo metro cuadrado de terreno, puedes dedicar unos minutos más a observar a los clientes que navegan por tu formulario en línea. No hace falta que observes todos los días durante un año. Pero esa vocecita en tu cabeza que insiste en que ya has visto suficiente por ahora no es de fiar. La recompensa de la observación suele estar al otro lado del aburrimiento. En caso de duda, mira un poco más.

Hay que esforzarse para obligarse a mirar realmente algo. La mayoría de nuestras percepciones sensoriales van a la deriva por debajo del nivel de atención consciente. Miramos sin ver todo el tiempo, rumiando el pasado o preocupándonos por el futuro mientras vamos en piloto automático por el presente. Cuando somos adultos, leemos con tanta fluidez que el significado de lo que leemos entra en nuestra mente sin que seamos conscientes de las propias palabras. Sin embargo, si leemos la misma palabra una y otra vez, su forma perderá el sentido y las letras se convertirán en una hilera de abstracciones. Los psicólogos llaman a este fenómeno saciedad semántica. Puedes probarlo ahora con cualquiera de las palabras de esta página. La saciedad semántica nos expone a la realidad concreta de esas formas específicas en ese orden específico, llevando a un cortocircuito en el proceso de lectura fluida.

Esta es la forma más sencilla y directa de cortocircuitar el filtro del cerebro. Con la suficiente paciencia, serás capaz de observar una situación el tiempo suficiente para verla realmente. A medida que pasen los segundos, surgirán nuevos detalles, y esto seguirá ocurriendo mucho después de que estés seguro de que ya has visto todo lo que había que ver. Cuando estés absolutamente convencido de que no hay nada más que ver, espera un minuto más. Ahí está: un último detalle crucial que abre un abanico de posibilidades. Y otro detalle más.

En el capítulo 3 vimos cómo el cerebro trata de convencernos de que se nos han acabado las ideas cuando hacemos un *brainstorming* y cómo, si nos ceñimos a una cuota fija de ideas, estas seguirán llegando mucho más allá de ese «precipicio creativo». Aquí se produce un fenómeno similar. Pon un cronómetro. Cuando observes una situación —ya sea un cliente que entra en una tienda o un usuario que manipula un nuevo producto— decide de antemano cuánto tiempo vas a seguir observando. Incomódate. Si ver algo durante cinco minutos te resulta extraño, pon un temporizador para diez.

Al observar, tu cerebro te dirá casi inmediatamente que ya has buscado lo suficiente por ahora. Todo lo que vale la pena ver aquí es claramente visible en la superficie, argumentará. Toma ese impulso como una señal de estímulo y sigue devolviendo tu atención al presente. Antes de que te des cuenta, el cerebro insistirá con más urgencia. *No hay nada que ver aquí. Sigue adelante.* Sin embargo, respeta el temporizador y acabarás agotando la capacidad del cerebro para filtrar lo desconocido e inesperado. A medida que te entregas al momento, empezarán a surgir ideas. A medida que tu conciencia se profundiza, anota tus interpretaciones. De nuevo, la pregunta clave es por qué. ¿Por qué hace esto el cliente? ¿Por qué no veo lo que esperaba ver? Al igual que con la cuota de ideas, anota tantas interpretaciones posibles de tus observaciones como puedas. De este modo, no solo crearás una valiosa fuente de ideas, sino que también te mantendrás inmerso en el proceso de observación. Dibujar es otra forma de sumergirte en lo que ves. Esto es cierto incluso si no sabes dibujar. Llevar el lápiz al papel, aunque sea de forma rudimentaria, te obliga a fijarte en lo que ves en lugar de simplemente mirar. En Pixar, incluso a los que no son artistas se les enseña a dibujar de forma básica, lo que se considera un entrenamiento fundamental en la capacidad crucial de observar. Como explicó el presidente y cofundador de Pixar, Ed Catmull, «[es] posible, con la práctica, enseñar a tu cerebro a observar algo con claridad sin permitir que tus preconceptos entren en acción». [66]

Jennifer L. Roberts, profesora de historia del arte y la arquitectura en la Universidad de Harvard, exige a todos sus estudiantes de historia del arte que escriban un trabajo de investigación sobre una obra de arte de su elección. «Y lo primero que les pido en el proceso de investigación», explica, «es que pasen un tiempo dolorosamente largo mirando ese objeto».[67] Tres horas completas, de hecho. Muchos estudiantes se resisten a la tarea, argumentando que simplemente no puede haber tanto que ver en una sola pintura o escultura. Sin embargo, a menudo se sorprenden de lo que descubren. «El hecho de que algo esté disponible de forma instantánea para la vista no significa que esté disponible al instante para la conciencia», explica Roberts. Este principio tampoco se refiere solo a las bellas artes.

Nuestro mentor David Kelley, fundador de la empresa de diseño IDEO, una vez pasó varias horas observando una máquina expendedora de refrescos. Al principio, todo lo que vio fue lo que esperaba ver: una persona tras otra depositando monedas y luego sacando sus latas del dispensador. Sin embargo, al cabo de un rato, algo encajó y Kelley pudo ver por fin lo que había estado mirando. La gente se agachaba para recoger su refresco. Se agachaba. ¿Por qué? Porque la bandeja del dispensador había sido colocada a la altura de las rodillas. ¿Por qué el dispensador estaba tan bajo que la gente tenía que agacharse para cogerlo? Kelley supuso que probablemente se debía a que las primeras máquinas expendedoras, anteriores a las eléctricas, dejaban que la gravedad hiciera el trabajo de mover las latas. ¿Por qué el diseño de las máquinas expendedoras de refrescos no había evolucionado con la invención de la electricidad? ¿Por qué no se había diseñado una máquina que llevara el refresco a una altura conveniente? Buenas preguntas.

Se trata de un equipo grande y caro que se encuentra en casi todos los edificios de oficinas, estadios deportivos, estaciones de tren, instalaciones académicas y hoteles del mundo. Sin embargo, solo hacía falta un poco de paciencia para innovar una mejora significativa de su diseño fundamental. La electricidad existía desde hacía un siglo, así que no era una cuestión de progreso tecnológico. Se trataba simplemente de que la gente, incluso —o especialmente— la gente que trabajaba en las empresas de máquinas expendedoras, ya no veía el aparato real. Solo veían lo que su cerebro esperaba ver. Podían actualizar la señalización o ajustar la maquinaria para reducir los atascos, pero eso era todo. La mayoría de nosotros, la mayor parte del tiempo, optimizamos la eficiencia. Mejoramos lo que ya hemos estado haciendo. La verdadera innovación requiere repensar los fundamentos y, para ello, hay que verlos.

~

Desarrollar tu poder de observación no siempre es una cuestión de fuerza bruta. La curiosidad puede llevarte allí donde la disciplina y la fuerza de voluntad tendrían que empujar. La mayoría de nosotros no tenemos el hábito de cultivar nuestra propia curiosidad. En su lugar, solemos dejar que nos lleve hacia donde quiera. Si alguna vez te has adentrado en las profundidades de Internet, sabrás lo poderosa —e inútil— que puede ser esta curiosidad indisciplinada y no dirigida.

Gestionada de forma deliberada y estratégica, la curiosidad puede ser una fuerza extraordinariamente poderosa para la innovación, tanto como parte de tu propia caja de herramientas creativas como para inspirar y dirigir los esfuerzos de otros. La curiosidad es una forma de hacer que las personas observen más de cerca, piensen más profundamente e imaginen con más vigor.

En el próximo capítulo explicaremos cómo estimular la curiosidad y aprovechar su atracción magnética para realizar grandes hazañas de innovación.

9

Alimenta tu curiosidad

«Es un dicho conocido y significativo que un problema bien planteado está medio resuelto». [68]

JOHN DEWEY

Después de haber completado el proceso de entrevista empática comentado en el capítulo anterior, Delta Dental necesitaba un estímulo provocador para desencadenar el proceso de generación de ideas comentado en el capítulo 3. Algo que realmente despertara la curiosidad de todos. Las entrevistas inspiraron una estupenda pregunta:

«¿Cómo podemos convencer a las personas que se preocupan por su apariencia de que también se preocupen por su salud bucodental?»

Los ojos se iluminaron en la sala. ¿La vanidad como Caballo de Troya? Muy interesante. Rápidamente surgió una avalancha de ideas, y Delta pronto tuvo una cartera de ideas para probar, como una aplicación de diagnóstico de sonrisas que enviaba *selfies* a los dentistas para que les dieran su opinión. Con tan solo un buen marco para provocar el debate, Delta salió de su callejón sin salida creativa —las tácticas de intimidación— y desbloqueó un mundo de posibilidades que nunca había considerado.

En seis semanas, Delta había lanzado un prototipo de concepto de venta al por menor a través de nuestro programa *Launchpad*, denominado Dazzle Bar. Concebidos como un servicio de belleza de primera categoría, los primeros Dazzle Bars eran tiendas *pop-up* con una decoración cómoda y desenfadada, lejos de la atmósfera estéril e intimidatoria de una típica consulta de dentista. Los Dazzle Bars ofrecían servicios rápidos, cómodos y asequibles de limpieza, blanqueamiento y refresco del aliento. Una vez que los clientes estuvieran en el sillón para estos procedimientos cosméticos, podrían recibir un poco de odontología básica como parte del paquete, junto con referencias a dentistas para problemas más graves. El prototipo confirmó que apelar a la vanidad conducía a resultados dentales más saludables en general. Los comentarios de los clientes confirmaron el éxito de esta estrategia. Comentarios como «agradable, rápido y sencillo» y «divertido y relajante» no suelen hacerse después de una visita al dentista. Los prototipos de Dazzle Bar tuvieron tanto éxito que inspiraron otros prototipos y equipos de innovación en Delta. Un dirigente nos dijo que el Dazzle Bar fue la primera idea radical de la empresa en sus sesenta años de historia.

Cuando las respuestas se agotan, mejora la pregunta.

LA CURIOSIDAD IMPULSA LA INNOVACIÓN

Para dirigir los esfuerzos del cerebro en direcciones útiles, se necesita el marco adecuado. Aprovechar la extraordinaria capacidad del cerebro para buscar oro se reduce a plantearle preguntas que atraigan su interés y activen su atención.

Una buena pregunta es específica. Por ejemplo, piensa en cosas blancas. ¿Qué te viene a la mente, y con qué rapidez? Ahora, piensa en las cosas blancas que encuentras en el típico frigorífico. ¿Notas la diferencia? Con la primera pregunta, las posibilidades hacen chispas en la superficie: la nieve, un oso polar. ¿Papel? Con la segunda, las posibilidades fluyen: leche, queso, yogur, requesón, envases de comida para llevar, huevos, ¿el pan blanco cuenta? Y así sucesivamente. Cuanto más específico sea el marco, más fuerte será el flujo de ideas que inspirará. Un buen marco estimula la curiosidad. Una vez que se ha despertado el interés, el cerebro se pone a trabajar para resolver el problema en serio. El flujo de ideas aumenta. Una pregunta jugosa puede hacer que sea difícil dejar de pensar en nuevas posibilidades. Una aburrida, en cambio, no lleva a ninguna parte. No se puede fingir la curiosidad. Si no estás realmente interesado en un problema, no esperes que haya muchas soluciones creativas.

A veces un marco es literal. La legendaria artista y educadora Corita Kent hacía que sus alumnos crearan lo que ella llamaba un «buscador» para «sacar las cosas de contexto».[69] Un buscador es simplemente un marco hecho de cartón. Nos permite «ver por el placer de ver, y mejora nuestra capacidad de mirar rápido y tomar decisiones». Puedes usar la cámara de tu teléfono como buscador o incluso algo tan especializado como el visor de un director de cine. Pero un cuadrado de cartón servirá. Intenta mirar tu problema —el producto, la tienda, algún aspecto de una experiencia física— a través de un buscador y observa cómo un marco puede hacer visible lo oculto.

Incluso si empiezas con una pregunta provocativa, no puedes hacer mucho mirando un problema desde un solo ángulo. Cuando el flujo de ideas disminuya, cambia de marco. Como ya se dijo en el capítulo 3, cuando las palomitas dejan de estallar, hay que cambiar las cosas. Un flujo de ideas constante significa elaborar muchas preguntas buenas y convertirlas en un ciclo por el que pasar las nuevas ideas a medida que se generan. Cuando una pregunta diferente revela una nueva faceta del problema que estás tratando de resolver, el interés vuelve a despertarse. No esperes a que las cosas se desvanezcan para pensar en otras preguntas. En lugar de eso, genera muchos marcos de forma sistemática al principio. Cuando el flujo de ideas decaiga, cambia de marco con agilidad para mantener la energía. Si generas las preguntas (marcos) antes que las respuestas (ideas), harás crecer de forma gradual el embudo de posibilidades a probar.

En este capítulo, te mostraremos cómo diseñar preguntas que aviven la curiosidad para estimular una avalancha de ideas. No se trata solo de reunir a las personas en una sala para que generen un millón de posibilidades de una sola vez. Las sesiones de grupo, tal y como se explican en el capítulo 3, son útiles de vez en cuando, pero hay que desarrollar el hábito de plantear problemas interesantes para uno mismo y mantenerlos en el fondo de la mente para alimentar tu cuota de ideas. Piensa en la lista de errores y en el departamento de investigación y desarrollo de la pizarra que se sugiere en el capítulo 4. Recoge ideas convincentes, preguntas específicas y repásalas con frecuencia. Si mantienes las cosas interesantes cocinándose a fuego lento, tu cerebro siempre estará trabajando para ti en el fondo, buscando insumos para alimentar una producción creativa de primer nivel.

GENERA UNA CARTERA DE MARCOS

«Hazte una pregunta lo suficientemente interesante y tu intento de encontrar una solución a medida para esa pregunta te empujará a un lugar donde, muy pronto, te encontrarás solo, que creo que es un lugar más interesante en el que estar». [70]

CHUCK CLOSE

Casi todos los buenos marcos comienzan de la misma manera: «¿Cómo podríamos…?» Una buena pregunta de este estilo permite explorar mucho, pero deja la suficiente estructura para mantener el debate centrado. Una pregunta como «¿Cómo podríamos crear un cono de helado que no gotee?» no deja espacio para lo inesperado. Dirige tu atención hacia un problema de ingeniería muy específico y estrecho. Una pregunta precisa genera soluciones precisas. Una pregunta también puede ser demasiado amplia: «¿Cómo podríamos reinventar el postre para una nueva generación?». Para el propietario de una heladería, esto no va a llevar a ningún sitio útil. Se necesitan restricciones. El cerebro no sabe cómo «reinventar el postre», eso es claramente demasiado abstracto. Sin embargo, las empresas intentan «reinventar la comunicación» o «reimaginar el transporte urbano» y se preguntan por qué no pasa nada.

El objetivo es una amplia cartera de marcos diferentes. Nunca se busca una pregunta perfecta: un solo marco limita el pensamiento, por muy bien diseñado que esté. Cada pregunta abre un conjunto diferente de posibilidades para explorar. Introducir una buena pregunta estimula la curiosidad incluso cuando todos los involucrados están seguros de haber pensado en todas las posibilidades en torno a un problema determinado. Cuantas más preguntas tengas preparadas, más tiempo podrás mantener el flujo de ideas. Prepara siempre una pila de preguntas *antes* de comenzar el proceso de ideación.

Hay varias formas de crear preguntas útiles en torno a un problema o una visión. Por ejemplo, como propietario de una heladería que se esfuerza por reinventar el servicio, puedes observar que un cliente lame el cucurucho de su amigo. Te llama la atención lo íntimo y tierno que es probar el helado de otra persona, y se enciende una pequeña lamparita. Hay algo que tiene que ver con el aspecto social de comer helado en compañía, un factor que no está presente con los sándwiches o los filetes. Del mismo modo, comer helado solo transmite soledad. ¿Por qué? ¿Qué puedes hacer con esta semilla de una idea? Una vez que la inmersión en un problema te lleve a una idea como esta, utiliza el siguiente conjunto de indicadores para elaborar poderosas preguntas del estilo «¿Cómo podríamos...?».

Escala. Juega con el zoom. En su clásico cortometraje *Powers of Ten (Potencias de diez)*, Charles y Ray Eames muestran a un hombre y una mujer disfrutando de un pícnic junto al lago antes de alejar la cámara a un ritmo exponencial, revelando el parque circundante, luego la ciudad de Chicago, después la Tierra, el sistema solar, y así sucesivamente. Una vez revelada la magnitud de todo el universo, la cámara vuelve a acercarse, hasta el planeta, la ciudad y la pareja, antes de hacer zoom en la mano del hombre, alcanzando la escala de las células de la piel, las moléculas y los átomos.

La escala lo cambia todo. Siempre hay una imagen más grande y otra más pequeña. Cada grado de magnitud revela algo único que no puede verse en ningún otro nivel de ampliación. ¿Qué ocurre con tu problema si te centras en un pequeño aspecto? ¿Qué sucede si amplías el marco para incluir más contexto circundante? Juega con la escala y observa cómo fluyen más ideas.

- ¿Cómo podríamos celebrar el goteo de un cono de helado?
- ¿Cómo podemos hacer de cada bocado una experiencia única?
- ¿Cómo podríamos crear una experiencia que solo puedan desbloquear más de veinte personas a la vez?
- ¿Cómo podemos conseguir que miles de personas publiquen un cono de helado en las redes sociales?

Calidad. Toma un aspecto positivo de tu idea inicial y redobla la apuesta. O bien explora cuestiones que sugieran enfoques más baratos, más rápidos e imperfectos para el problema. Buscar deliberadamente «malas» ideas relaja las tenencias perfeccionistas. Aerosmith, uno de los grupos de *hard rock* estadounidenses más vendidos de todos los tiempos, celebra reuniones semanales de «atrévete a fallar» en las que cada miembro del grupo aporta ideas que considera terribles. [71] A menudo, los resultados son realmente terribles, pero de vez en cuando consiguen un éxito de Aerosmith como «Dude (Looks Like a Lady)». Si no mereciera la pena, ¿seguirían haciéndolo después de todos estos años?

Asimismo, Second City, el legendario teatro de comedia de improvisación de Chicago, dedica un día al mes a ideas que normalmente no harían. En el «día del tabú», se anima a los improvisadores a que propongan ideas escandalosas, caras y poco prácticas que normalmente harían que los abucheos los bajaran del escenario. Kelly Leonard, uno de los líderes de la organización, nos dijo que un esfuerzo deliberado por sugerir lo «incorrecto» casi siempre genera material rico y útil.

Así que gira la perilla de calidad de un extremo al otro. En cualquier caso, relaja tu sentido del «debería» y permite en su lugar lo tonto, lo raro, lo sorprendente o lo escandaloso. ¿Qué es lo peor que puede pasar?

- ¿Cómo podríamos hacer un cono de helado para comer a dúo?
- ¿Cómo podemos hacer que el derretimiento de los helados sea una característica y no un error?
- ¿Cómo podríamos hacer un cucurucho que evite que te comas el helado?
- ¿Cómo podríamos diseñar una heladería como el lugar perfecto para la primera cita?
- ¿Cómo podemos hacer que la visita a la heladería sea la mejor experiencia del día de un cliente?

Emoción. ¿Qué emociones inspira tu visión, y adónde pueden llevarte? Considera todo el espectro, no solo las emociones positivas como la felicidad y la alegría, sino también la tristeza, la soledad e incluso el miedo. Cualquiera que sea la emoción que consideres apropiada para la situación, obsérvala desde el otro lado. Es sorprendente la frecuencia con la que este simple giro desbloquea nuevas direcciones.

- ¿Cómo podríamos ayudar a un padre a mostrar su amor a su hijo con un helado?
- ¿Cómo podríamos diseñar un cono de helado que diga adiós?
- ¿Cómo podríamos crear la experiencia del helado «Lo siento»?
- ¿Cómo puede hacerte reír el helado?

Riesgos. Prueba a subir y bajar el nivel de exigencia de la situación para cambiar tu perspectiva. A veces, los aspectos aparentemente triviales esconden algo profundamente significativo. Por otra parte, se puede encontrar frivolidad y ligereza en algunos de los contextos más serios.

- ¿Cómo podríamos diseñar una experiencia de helado en torno al duelo?
- ¿Cómo podríamos integrar el helado en una ceremonia de boda?
- ¿Cómo podemos hacer que el helado sea el destino de las comidas de ruptura? ¿Para las proposiciones de matrimonio?
- ¿Cómo podría el helado salvar un matrimonio?
- ¿Cómo puede el helado provocar una conversación reflexiva?
- ¿Cómo puede un helado sellar un ascenso? ¿O coronar una dura negociación?

Expectativas. ¿Qué estás dando por sentado sobre el problema? Para este cuadrante, puede ser útil hacer una lista de todas las suposiciones que estás haciendo sobre cómo debería funcionar el producto o cómo debería funcionar la solución. Entonces, intercambia cada suposición con su opuesto.

- ¿Cómo podríamos compartir un helado sin un cono o una copa?
- ¿Cómo podemos hacer que el helado sea caliente?
- ¿Cómo podemos hacer que el helado sea el aperitivo y no el postre?
- ¿Cómo podemos eliminar el bajón de azúcar posterior al helado?
- ¿Cómo puede el helado ser menos apropiado para el trabajo? [72]

Similitud. La analogía es una de las herramientas creativas más poderosas. Profundizaremos en el poder de la analogía en el próximo capítulo. En este caso, considera contextos paralelos en un extremo del indicador y otros completamente ajenos en el otro. Para pensar en buenas analogías que probar, empieza por el resultado deseado. ¿Quieres hacer un helado más rápido?: «¿Quién o qué está hecho para la velocidad?». ¿Quieres deleitar a tus clientes?: «¿Quién o qué deleita a la gente?». El cerebro resuelve nuevos problemas de esta manera, utilizando su comprensión de un tema familiar para lidiar con uno que parece muy diferente en la superficie.

Puedes aplicar las lecciones del fútbol del instituto a tu primer trabajo dirigiendo un equipo, o trasplantar una de las estrategias de Napoleón en el campo de batalla al lanzamiento de un producto. Consciente o inconscientemente, destilamos principios de las observaciones y luego vemos dónde pueden encajar.

- ¿Cómo podemos hacer que el helado sea como una sesión de terapia?
- ¿Cómo podría un velocista olímpico servir un cono de helado?
- ¿Cómo podría diseñar Apple un recipiente para las chispas de colores del helado?
- ¿Cómo podemos hacer que comer helado se viva como una montaña rusa? ¿Como un espectáculo de magia? ¿Como una película de terror?

Las preguntas de «¿Cómo podríamos...?» pueden ser tontas o serias. Lo importante es buscar un camino intermedio entre lo demasiado específico para generar posibilidades divergentes y lo demasiado amplio para generar alguna.

La generación de estas preguntas debe ser independiente de la generación de las propias soluciones. Resiste el impulso de empezar a idear. Si se te ocurre una solución convincente mientras estás generando preguntas, puedes anclarte fácilmente, cortando el flujo de buenos problemas. Para volver a una mentalidad divergente, explica el problema que resuelve implícitamente tu idea actual como una nueva pregunta. Pregúntate: «¿Qué haría realmente —por el usuario, el cliente, la empresa— si hiciéramos realidad esta idea?». A continuación, pregúntate: «¿Qué otras formas hay de conseguir lo mismo?».

Digamos que se te ocurre introducir un modelo de suscripción para tu heladería. Ahora, en lugar de generar marcos más interesantes, estás elaborando la mecánica de las suscripciones. «¿Cuánto pagarían los clientes y en qué horario?». «¿Necesitarán tarjetas de socio o habrá que utilizar una aplicación?». «¿Se trata de helados ilimitados o de un número determinado de cucuruchos al mes?».

Antes de que te des cuenta, estarás metido de lleno en la maleza. Cuando veas que tu pensamiento converge de esta manera, mira el problema que estás resolviendo. ¿Qué lograría una suscripción de helados? «Bueno, daría a los clientes un punto de contacto regular con nosotros». Ese es un objetivo. ¿De qué otra forma se podría conseguir ese objetivo? Ahora tienes un marco útil: «¿Cómo podríamos establecer un punto de contacto regular con nuestros clientes?».

Las ideas vuelven a fluir. Puedes ofrecer una bonificación por recomendar a un amigo. Puedes dar un cupón para un producto gratis si vuelven la semana siguiente. Puedes enviar un boletín mensual anunciando nuevos sabores. Sigue generando diferentes formas de lograr el mismo impacto que la idea original. Si te limitas demasiado pronto corres el riesgo de dejar las mejores ideas sobre la mesa.

Las preguntas de «¿Cómo podríamos…?» aumentan tu energía y estimulan el pensamiento divergente durante el proceso de generación de ideas. Acostúmbrate a establecer, explorar y descartar marcos para mantener el flujo de ideas. Cada marco, cada pregunta, representa otra veta de mineral a extraer. La mayoría se agotará rápidamente, pero algunas te sorprenderán por su profundidad y riqueza. Nunca se sabe hasta que se empieza a cavar.

PREGUNTAS PROVOCADORAS

La elaboración de preguntas del tipo «¿Cómo podríamos…?» es una forma poderosa de avivar la curiosidad, pero las preguntas de este estilo no son el único enfoque que vale la pena probar cuando el flujo de ideas disminuye, especialmente cuando se está bajo presión. Aquí tienes otras herramientas a tener en cuenta.

Resta. La herramienta de la sustracción introduce una restricción simple pero poderosa: ¿Podemos mejorar esta idea únicamente eliminando un factor de la ecuación? En la práctica, es potente precisamente porque va a contracorriente.

El nombre del fallecido dibujante estadounidense Rube Goldberg es sinónimo de elaboradas e intrincadas soluciones a problemas sencillos. Durante décadas, los dibujos de Goldberg sobre inventos hipotéticos se publicaron en periódicos de todo el país. El pie de foto de la ilustración de Goldberg de un dispositivo de «seguridad» para coches dice: «Cuando un transeúnte se pone delante de un coche, es recogido y arrojado a un gran y espacioso embudo, mientras se desliza hacia el cañón golpea la paleta de ping-pong y tira de la cuerda, lo que lo dispara a tres manzanas de distancia, donde ya no te molestará».[73] El problema de los peatones, resuelto. (Tal vez deberíamos remitir la idea de Goldberg a Philippe Barreaud, de Michelin).

Por muy absurdos que sean los artilugios de Goldberg, provocan risas de reconocimiento porque reflejan el enfoque habitual de la resolución de problemas. Cuando hay un obstáculo en la carretera, la tendencia es diseñar un puente colgante antes de simplemente empujar el obstáculo fuera de la carretera. En un artículo publicado en *Nature*, los investigadores confirmaron esta tendencia goldbergiana: «La gente busca sistemáticamente las transformaciones aditivas y, en consecuencia, pasa por alto las transformaciones sustractivas».[74]

Leidy Klotz, ingeniero y coautor del artículo, se dio cuenta de esto mientras construía un puente de LEGO con su hijo de dos años, Ezra. Como el puente no se asentaba uniformemente, Klotz decidió arreglarlo. «Me di la vuelta para coger un bloque y añadirlo a la columna más corta», dijo en una entrevista, «y cuando me di la vuelta, Ezra acababa de quitar un bloque de la columna más larga».[75] El niño había visto lo que el ingeniero no había visto. Menos es más.

Lo más importante es que no nos decantamos por la suma porque la resta sea más difícil o complicada. En el momento, simplemente, no se nos ocurre. En una serie de experimentos, los investigadores descubrieron que «los participantes eran menos propensos a identificar cambios substractivos ventajosos cuando la tarea no les indicaba que debían considerar la resta».

Es curioso que el cerebro se incline por la adición, ya que, si se piensa en ello, menos es más con mucha más frecuencia que más es más. De hecho, uno de los indicadores más evidentes de la experiencia es la capacidad de identificar qué pasos de un proceso pueden omitirse. Se podría pensar que el cerebro siempre se inclina por la sustracción, pero lo cierto es lo contrario, especialmente en el trabajo, donde nuestro esfuerzo percibido a menudo se correlaciona con nuestro valor para la organización. Es difícil conseguir ascensos haciendo menos trabajo, incluso cuando el enfoque minimalista es más eficiente o eficaz. La sustracción es otra área en la que la innovación se siente especialmente incómoda en el contexto laboral.

Según Klotz y sus colegas, nuestro instinto de sumar es especialmente poderoso cuando estamos bajo presión. Por eso la sustracción puede ser una herramienta muy útil cuando tenemos un plazo muy ajustado. Como cuando tienes prisa y tiras de una puerta infructuosamente durante demasiado tiempo antes de darte cuenta de la señal de «Empujar». Cuando te quedes atascado y el reloj siga corriendo, pega la señal de «Restar» y verás cómo el alivio florece en todas las caras.

Retroactividad. En el capítulo 5, presentamos las retroactivas para superar las objeciones del liderazgo a la experimentación. Según nuestra experiencia, esta herramienta es útil siempre que sentimos esa sensación de visión de túnel sobre un problema.

Cómo podrás recordar, realizar una retroactiva implica proyectarte en el futuro y mirar hacia atrás en tu proyecto desde la perspectiva de haberlo visto fracasar. Al preguntarte qué fue lo que falló desde ese punto de vista mental, puedes evitar la tendencia del cerebro a ignorar o restar importancia a los problemas del mañana en favor de alcanzar el hito de hoy.

Para utilizar una retroactiva como estímulo, reproduce un escenario potencial de la forma más pesimista posible. Empieza con una solución que ya esté sobre la mesa e imagina que funciona bajo el extremo efecto de la ley de Murphy, donde todo sale mal en cada paso que se avanza. A continuación, saca un lápiz y haz una lista exhaustiva de cada parte de la idea que ha funcionado de modo exactamente opuesto a como debería (pero que claramente podría pasar si eres sincero contigo mismo). ¿Cómo aguantaron esos pernos metálicos durante los meses de fuertes e inesperadas lluvias invernales? ¿Cómo fue el gran lanzamiento cuando la celebridad de tu publicidad fue avergonzada públicamente? «Sí, y» es el mantra del innovador, pero, para este ejercicio, deja salir a tu crítico interior y grita «No, pero» a los cuatro vientos.

Una vez hecha la lista, utiliza estos posibles puntos de fallo como estímulo para la reflexión. Pero no caigas en la trampa de la suma. Puedes utilizar la retroactividad junto con la sustracción al eliminar los elementos que provocan fallos y ver si la idea principal sigue funcionando. Si esos tornillos pueden causar antiestéticas marcas de óxido bajo una lluvia intensa, cuestiona si son estrictamente necesarios antes de invertir en más investigación metalúrgica. Si la vinculación de tu marca a un ser humano falible supone un riesgo sustancial en el rocoso mundo de las redes sociales, cuestiona la necesidad de ese respaldo antes de comprobar los antecedentes.

Piensa en el futuro y mira hacia atrás. Un simple cambio de perspectiva puede abrirte los ojos a lo evidente. Si para ver el pasado no hacen falta lentes, ¿por qué no utilizar esta herramienta?

Genera anti-ideas. Nolan Bushnell, fundador de Atari, puso en marcha la creatividad pidiendo a la gente que clasificara sus ideas de la mejor a la peor y luego seleccionara las seis últimas: «¿Cómo las hacemos funcionar?».[76] Al empezar con las ideas etiquetadas como «malas», no había otro sitio al que ir que no fuera hacia arriba. «Este proceso modificó la dinámica mental normal de la gente», escribió Bushnell. «En lugar de intentar averiguar qué hay de malo en algo, lo que desencadena el instinto crítico de la gente, aquí tenían que averiguar qué había de bueno en algo, lo que desencadena el instinto creativo de la gente». Según Bushnell, cada vez que hacían este ejercicio en Atari, al menos una de las seis malas ideas se convertía en una realidad exitosa.

Cuando estás atrapado en un bucle de un problema determinado, la forma de salir es inyectar deliberadamente lo inesperado. Para encontrar tu cartera, no te limites a buscar en tus bolsillos. Derrama un número determinado de canicas en el suelo y no pares de buscar hasta que hayas encontrado cada una de ellas. De un modo u otro, sacude a tu cerebro de su rutina: «¿En qué se parece nuestro problema logístico a una maratón?».

Dado que la divergencia es valiosa, intenta alimentarte del opuesto directo de tu problema. Para una próxima reunión, deja de pensar en cómo hacer que vaya bien. En su lugar, invierte la polaridad: «¿Cómo puede ir mal una reunión?». El café frío. El sistema audiovisual puede tener problemas. La gente mirando sus teléfonos en lugar de prestar atención al presentador. La lista de «anti-ideas» es interminable.

Una vez que hayas reunido tus anti-ideas, utiliza cada una de ellas como semilla para una mayor ideación. Si el director de operaciones siempre llega tarde, ¿cómo puedes hacer que esa llegada tardía sea algo bueno? Aprovecha cada uno de los problemas que preveas y observa cómo tu cerebro se tambalea para recuperar el equilibrio. Es cuando las cosas no tienen sentido para nosotros cuando nos volvemos más creativos.

Para crear anti-ideas, crea un marco para lo más opuesto al problema al que te enfrentas. Esto no solo estimulará una nueva forma de pensar, sino que también será un alivio mental después de luchar contra el problema de la misma manera que siempre.

Observa, imita y diverge. No hay nada que sustituya a la exploración en el mundo real. Realiza entrevistas empáticas con tus clientes reales. Compra tu propio producto en tu propio sitio web. Come en tu propio restaurante. De un modo u otro, acércate lo más posible a la experiencia de tu cliente.

En un fabricante de automóviles con el que trabajamos, los ejecutivos nunca visitaban un concesionario ni pasaban por el proceso de compra porque el nuevo modelo de cada año se entregaba automáticamente en su puerta. Apenas tenían que parar a cargar gasolina, ya que los depósitos se llenaban automáticamente en el aparcamiento de la empresa.

«Dejad de aislaros de las partes dolorosas de vuestra propia experiencia como clientes», les dijimos. Las ideas crecen en las grietas entre las soluciones, en las zonas de fricción. La mayoría de la gente trata de superar o ignorar las pequeñas frustraciones de la vida. Un innovador aprende a reconocer los problemas como oportunidades.

Una vez que añadas algo a tu lista de errores, como sugirió el gran Bob McKim en el capítulo 4, busca soluciones que ya puedan existir. Es otra inversión de la suposición: Convéncete de que un competidor tiene la respuesta correcta, y luego busca cuál podría ser esa respuesta.

Hay una razón por la que tantos negocios comienzan cuando alguien experimenta un problema por sí mismo y decide resolverlo. Puede que quieras crear una aplicación de entrega de comida porque has oído que es popular, pero si nunca has pedido comida con una aplicación, vas a perder mucho tiempo reinventando la rueda y nunca verás todos los problemas de la rueda existente que podrían solucionarse.

Aunque todavía no exista una solución ideal para tu problema, la gente que también se enfrenta a él hace algo para solucionarlo. Habla con ellos sobre el tema. ¿Cómo se las arreglan con este problema cada día? ¿Están satisfechos con su enfoque? ¿Cuáles son sus inconvenientes? Si es posible, pruébalo tú mismo. ¿Cuáles son sus puntos fuertes? ¿En qué se queda corto? Como ejercicio, intenta actuar como vendedor de la competencia: Presenta la opción existente a un cliente potencial y mira si puedes convencerle de sus extraordinarios méritos. Aunque no lo consigas, aprenderás algo valioso sobre los puntos débiles de la opción actual… y lo que podría funcionar mejor.

En el capítulo 2 conocimos a Laura D'Asaro, fundadora de la empresa de proteínas de grillo Chirps. Cuando vio que la preocupación por el medioambiente impulsaba la demanda de alternativas a la carne, se dio cuenta de que los insectos representaban una fuente alternativa de proteína ecológica. El problema es que, mientras que los habitantes de otros países llevan mucho tiempo comiendo gusanos y grillos, a los estadounidenses aún no les apetecen los bichos crujientes. Si alguien quisiera cambiar las vacas por las orugas para minimizar el impacto medioambiental de su dieta, su única opción existente sería probar algunas recetas con orugas. Seguro que muchos estadounidenses se preocupan por el cambio climático, pero ¿lo suficiente como para probar el salteado de escorpiones? Como hemos aprendido, preguntar simplemente a alguien si comería insectos a la naranja no iba a demostrar nada. En su lugar, D'Asaro fue a la tienda de animales más cercana y compró todo tipo de insectos comestibles en la sección de reptiles. Luego cocinó los insectos de distintas maneras —a la parrilla y al vapor, con pimienta y ajo— para ver si podía convencer a sus amigos y familiares de que los probaran.

Tal y como sospechaba D'Asaro, sus creaciones culinarias no tuvieron aceptación. Sin embargo, al investigar por qué la gente se negaba, obtuvo una idea. A diferencia de otras culturas, los estadounidenses no comen partes identificables de animales en general. A diferencia de otras culturas, no solemos comprar y comer animales enteros, sino que la carne llega cortada en filetes. D'Asaro se dio cuenta de que lo que realmente les gusta a los estadounidenses son los alimentos que no parecen comida en absoluto: polvos y suplementos, por ejemplo. Si pudiera ocultar la proteína de bicho ecológica en un batido, podría tener un producto virtuoso y a la vez apetecible. El intento (y el fracaso) de convencer a la gente de que comiera insectos llevó a D'Asaro a la idea que se convirtió en el polvo de proteína de grillo Chirps.

Una vez más, no se trata de investigar, pensar y planificar en lugar de probar una idea en condiciones reales. Se trata de conocer el terreno. Hay que tener en cuenta que D'Asaro tuvo su visión solo después de cocinar bichos y ofrecérselos a su familia y amigos. El propósito de la exploración es generar ideas que puedas probar. Si sabes cómo los usuarios o clientes ya resuelven el problema que te molesta, empieza por ahí. Si no lo sabes, pregunta: «¿Qué hiciste la última vez que tuviste este problema?». Construye a partir de ahí.

Basar tu enfoque en una solución existente puede parecer una copia, pero no pasa nada. La imitación es la forma en que aprendemos. La originalidad no consiste en reinventar la rueda cada vez que da una vuelta. Utiliza la solución existente como plantilla y llévala hasta el final. Cuando llegues al punto en el que la solución existente decepciona o frustra a los usuarios, experimenta a partir de ahí. La innovación comienza en el punto de fricción donde las cosas se rompen.

En resumen, sumergirte en un problema no es cuestión de planes de negocio y estudios de mercado. Se trata de encontrar el grado de apalancamiento en el que puedes hacer la contribución más valiosa. Si te fijas bien, puedes identificar la grieta entre lo que funciona y lo que no. La forma de esa grieta es el marco que generará tus mejores ideas.

~

Diseñar preguntas provocadoras que aviven la curiosidad es solo una de las caras del flujo de ideas. No se pueden generar cientos o incluso miles de ideas divergentes sin una alimentación constante de aportaciones divergentes: nuevas ideas, nuevos enfoques, nuevas tecnologías. Consume lo mismo que todo el mundo y tus ideas se agruparan en torno a lo esperado y familiar.

En el próximo capítulo veremos técnicas poderosas para reunir el tipo de materia prima que alimenta el pensamiento verdaderamente original.

10

Fomenta las colisiones creativas

Fairchild Semiconductor lideró en su día el mundo de las colisiones creativas. También surgió de una.

En 1956, el físico estadounidense William Shockley y otros dos científicos ganaron el Premio Nobel por sus trabajos sobre el transistor, un elemento fundamental de la era de la información. Ese mismo año, Shockley dejó los Laboratorios Bell, un extraordinario semillero de innovación, para fundar el Shockley Semiconductor Laboratory en Mountain View (California).

Shockley eligió Mountain View para estar más cerca de su madre enferma, pero era otro planeta en lo que respecta a la innovación tecnológica. Como ninguno de los antiguos colegas de Shockley quería acompañarle al oeste, tuvo que contratar a ingenieros recién licenciados. Los jóvenes talentos hicieron coaliación con la nueva tecnología que definía la era. Esta afluencia de energía juvenil desempeñó un papel fundamental en el establecimiento de la cultura creativa que nos dio el ordenador personal, entre otras muchas innovaciones tecnológicas.

El Nobel no fue bueno para Shockley, exacerbando la ira y paranoia de un hombre ya considerado difícil. Trabajar en el laboratorio no era nada fácil. Los comportamientos extraños eran habituales, desde la insistencia de Shockley en grabar todas las llamadas telefónicas de la empresa hasta, en una ocasión, una ronda de pruebas de detección de mentiras para identificar al «culpable» cuando alguien de la empresa sufría una lesión inexplicable pero menor. Sin embargo, a pesar de todos sus fallos como líder, Shockley tenía buen ojo para el talento, reunió a un grupo de jóvenes ingenieros de primera clase.

Los empleados del Shockley Semiconductor Laboratory soportaban en gran medida el estilo de gestión autocrático del jefe, pero, cuando Shockley declaró abrupta e inexplicablemente el fin de la investigación sobre semiconductores basados en el silicio, el personal decidió que era hora de actuar. Las verdaderas posibilidades de esta nueva tecnología acababan de empezar a revelarse. (La gente tiene una forma curiosa de dar por terminada la investigación justo antes de un avance creativo). En cierto modo, lo que ocurrió a continuación fue una colisión creativa, ya que la prohibición de investigación de Shockley se topó de frente con un grupo sin parangón de jóvenes solucionadores de problemas.

Los jóvenes ingenieros sabían que habían tenido la suerte de conseguir un lugar en la vanguardia. Los transistores de silicio permitían dar grandes saltos en la computación electrónica. En Mountain View, sin las restricciones de las comunidades de física e ingeniería dominantes, podrían lograr casi cualquier cosa. Pero esta oportunidad única en la vida solo importaba si se les permitía perseguirla. Por eso, un grupo de estos empleados, apodados más tarde «los ocho traidores», decidieron abandonar el laboratorio y fundar el suyo propio: Fairchild Semiconductor. William Shockley había dado a luz, sin saberlo, a Silicon Valley.

Fairchild desempeñó un papel fundamental en el nacimiento de la era de la información, tanto como incubadora de innovaciones como fuente de conexiones fortuitas. La mayoría de sus fundadores acabaron fundando otras instituciones clave, como el gigante de los chips informáticos Intel. Estas empresas llegaron a ser conocidas como «Fairchildren», y juntas fueron una fuerza importante en Silicon Valley en las décadas de 1970 y 1980. A pesar de todo el impacto de Fairchild en la tecnología, la propia empresa se convirtió en una empresa de fabricación de semiconductores relativamente estable. En el momento en que la empresa nos contrató, Fairchild tenía tantas dificultades para innovar como los fabricantes de tubos de vacío ante el transistor. Esto no se debió a una falta de experiencia o a una inversión insuficiente en investigación y desarrollo. Desde el punto de vista tecnológico, Fairchild seguía estando en lo más alto. Simplemente, su enfoque se había reducido demasiado, lo que dificultaba su capacidad para resolver problemas que no tuvieran que ver directamente con el silicio.

La organización de ventas de Fairchild atendía a las necesidades de sus mayores clientes, lo que tenía sentido. Un puñado de enormes empresas impulsaba gran parte de su negocio. Un poco de esfuerzo con uno de estos clientes daba mucho de sí. Sin embargo, gracias a este énfasis, las ventas a las pequeñas y medianas empresas habían disminuido. Con nuestra ayuda, la empresa quería «reinventar la experiencia de los clientes más pequeños».

Aunque los dos estábamos encantados de tener la oportunidad de colaborar con una institución de renombre como Fairchild, teníamos un duro trabajo por delante. Esos pequeños clientes —entre los que se encontraba una nueva y peculiar empresa de automoción llamada Tesla— tenían grandes problemas. Reunimos a representantes de estas empresas y realizamos algunas entrevistas empáticas. Para sorpresa de Fairchild, las entrevistas revelaron que las interrupciones endémicas de la cadena de suministro en la industria de los semiconductores, que apenas afectan a las grandes empresas, desestabilizaban por completo a las más pequeñas. Un retraso rutinario de un envío hizo que una empresa emergente bien capitalizada no alcanzara una previsión de beneficios crucial, uno de los muchos ejemplos que recogimos. Para cubrirse las espaldas, los clientes más pequeños hicieron pedidos de reserva a los competidores de Fairchild con la esperanza de que al menos uno de estos proveedores poco fiables entregara lo que necesitaban a tiempo.

Lo que nos llamó la atención de este hallazgo fue la reacción de Fairchild al respecto. La empresa reconocía el problema, pero lo consideraba irresoluble. Los retrasos imprevistos en la producción y la distribución eran simplemente un hecho inevitable en la industria. Los clientes tenían los mismos problemas con todos los proveedores. Por lo tanto, no había nada que hacer, sin importar el efecto sobre la reputación o los resultados de Fairchild. (Esta desafortunada visión de túnel es otro ejemplo de la barrera asociativa que impidió a Patagonia ver la amenaza que representaba Under Armour en el capítulo 8).

Como se puede sospechar, el flujo de ideas en Fairchild estaba en estiaje. ¿Qué haría falta para que las ideas volvieran a fluir en Fairchild?

ALIMENTANDO EL FLUJO

Según el neurobiólogo Morten Friis-Olivarius, «el cerebro es incapaz de producir material nuevo desde cero».[77] Define la creatividad como «tomar algo que ya conocemos y combinarlo de una manera nueva». O, como teorizó el novelista e intelectual Arthur Koestler, es la síntesis de dos «marcos de referencia» aparentemente no relacionados.[78] Independientemente de cómo se defina exactamente la creatividad, lo fundamental es que nunca creamos de la nada. En cambio, conectamos lo que tenemos, uniendo dos o más elementos de una manera nueva. La abundancia de ideas requiere enormes cantidades de materia prima para hacer más de estas combinaciones inesperadas.

Desgraciadamente, el acto de recoger aportaciones no parece un trabajo tradicional para la mayoría de los líderes. El director general de Stanza, Inc. —un fabricante y distribuidor mundial de sonetos, baladas y villanelas— se molesta con frecuencia por el extraño comportamiento que observa en Poesía. Los empleados se pasean durante la jornada laboral. Pasan horas ojeando las obras de pintores, fotógrafos, escultores y cineastas. Leen cosas que no son poesía. Todo ese grupo tiene que abrocharse el cinturón y volver a buscar rimas. La poesía del próximo trimestre no se va a escribir sola.

Los insumos son cruciales. Cuanto más numerosos y variados sean, más valiosas serán las combinaciones subsiguientes, ya sea que tus empleados estén escribiendo poemas, generando patentes o eligiendo una estrategia de crecimiento. Esto es lo que los creativos profesionales ya entienden, y por eso alimentan constantemente a la musa. Sin embargo, no se detienen ahí. Una vez que tienen sus aportaciones, tienen que darles la oportunidad de unirse en una coalición creativa. Como veremos, esto requiere a menudo alejarse del problema para dejar que la mente procese lo que se ha reunido. Esto tampoco le parece trabajo al director general de Stanza, Inc.

La Organización Europea para la Investigación Nuclear (CERN), en Suiza, dirige el mayor laboratorio de física de partículas del mundo. En sus enormes instalaciones de Ginebra, científicos y tecnólogos de todo el mundo trabajan incansablemente para desentrañar los secretos del cosmos. El CERN utiliza aceleradores de partículas para hacer chocar átomos a gran velocidad. Estas colisiones se producen con una fuerza tremenda, rompiendo partículas diminutas en partículas aún más diminutas y, al hacerlo, dan a los observadores una visión momentánea de los componentes de la realidad.

Aunque una colisión creativa no es tan violenta como el choque de átomos en el CERN, las ideas que se generan pueden ser más poderosas. Por ejemplo, el CERN incubó la *World Wide Web*. Fue allí donde Tim Berners-Lee diseñó una herramienta para facilitar el intercambio de información entre sus investigadores (afortunadamente, el director de Sir Tim no le ordenó que volviera a su trabajo cuando le encontró trasteando con el hipertexto. ¿Habrías sido tan paciente?). La propia web se convirtió en un motor de colisión creativa a una escala nunca imaginada.

Mientras que un acelerador requiere partículas para funcionar, el flujo de ideas requiere hechos, patrones, visiones, experiencias, perspectivas e impresiones. El CERN hizo el túnel del Gran Colisionador de Hadrones de veinticinco kilómetros de largo para dejar espacio para que las partículas alcancen la velocidad necesaria. Si fuera más corto, las colisiones no se producirían con suficiente fuerza. Del mismo modo, las comparaciones muy diversas generan intersecciones más interesantes y útiles. Cuando tus ideas se agoten, amplíalas.

Con la ayuda del programador Ty Roberts, David Bowie diseñó el *Verbasizer* para descuartizar y reorganizar el texto al azar para estimular ideas de nuevas canciones. Bowie no inventó la técnica literaria conocida como *découpé*, que se remonta al menos a los dadaístas y que fue popularizada como «*cut-up*» por William S. Burroughs. Sin embargo, Bowie fue uno de los primeros artistas pop importantes en utilizar ordenadores para cortar y reorganizar. «Lo que obtienes», dice Bowie mientras pulsa el teclado, «es un verdadero caleidoscopio de significados y temas y sustantivos y verbos, que chocan entre sí».[79]

Brian Eno, colaborador habitual de Bowie, desarrolló un enfoque analógico para inspirar el pensamiento divergente. En la década de 1970, Eno y un colaborador crearon una baraja de cartas con Estrategias Oblicuas: preguntas, instrucciones y aforismos para fomentar el pensamiento lateral. Cuando te encuentres con un obstáculo, saca una carta y sigue su críptica guía: «Dale la vuelta», por ejemplo, o «¿Qué no harías?». Décadas de popularidad y muchas ediciones de la baraja después, las tarjetas de Estrategias Oblicuas siguen siendo una herramienta favorita de escritores, artistas, músicos y creativos de todo el mundo. A medida que experimentes con los métodos de recopilación de información de este capítulo, ten en cuenta la importancia central de la diversidad. Cuanto más lejos vayas en tu búsqueda de aportaciones inesperadas, más interesantes y valiosas serán las colisiones resultantes.

Entonces, ¿cómo puedes alimentar tus ideas? Exponiéndote deliberadamente a lo nuevo e inesperado. Cuando se es joven, esto sucede de forma natural. Un niño de cinco años no ha vivido lo suficiente como para esperar mucho de nada. Todo es nuevo. Más adelante en la vida, la universidad es una fase muy fértil desde el punto de vista creativo porque, de nuevo, te ves arrojado a situaciones nuevas e inundado de ideas desconocidas. Sin embargo, una vez que se termina la educación y se entra en el mundo laboral, este flujo de aportaciones divergentes se ralentiza. A medida que se desarrollan y siguen rutinas, se perfecciona el enfoque de determinadas tareas y se pasa la mayor parte del tiempo en un entorno familiar, el cerebro deja de prestar tanta atención a cada detalle del día. Hay una razón por la que el tiempo parece pasar más rápido a medida que envejecemos. Damos más por sentado y vemos menos.

Esto es especialmente cierto en las grandes organizaciones. Una organización es como una esfera. Cuanto mayor es la esfera, menor es su superficie en relación con su volumen. Está inevitablemente aislada por su volumen y su burocracia. En comparación con una empresa nueva o pequeña, hay muchos menos puntos de conexión entre un empleado y los clientes, competidores y proveedores que podrían ofrecer información útil.

En un estudio se entrevistó a cuarenta científicos, entre ellos cuatro futuros premios Nobel, a lo largo de tres décadas. [80] Los investigadores querían identificar los factores que favorecen la resolución de problemas y la creatividad a largo plazo, desde los hábitos hasta los métodos de trabajo. Al final, encontraron una fuerte correlación entre el éxito a largo plazo y la forma en que estos científicos pasaban su tiempo fuera del laboratorio: aficiones, viajes, actividades artísticas. A mayor cantidad de información, mayor rendimiento.

No se innova en el negocio de los encurtidos comiendo pepinillos todo el día. Cuanto más «distantes» sean los orígenes de los insumos, más valiosas e interesantes serán las combinaciones resultantes. En lugar de intentar detectar lo que tiene sentido —lo que implica que lo sabrás cuando lo veas—, asume que se puede encontrar sentido a todo.

Estudia el mundo sin juzgarlo y deja que tu mente cree conexiones a su propio ritmo.

PASEO DEL ASOMBRO

Un paseo del asombro es una práctica sencilla pero que cambia la vida: utilizar las piernas para alimentar el cerebro dando un paseo por un entorno estimulante.

Los estudios demuestran que caminar solo es una poderosa ayuda para la creatividad. Los investigadores de Stanford descubrieron que incluso caminar en una cinta de correr aumentaba el pensamiento creativo divergente para el 81 % de los participantes, un impulso que persistía después de sentarse. [81] «Caminar al aire libre produjo las analogías más novedosas y de mayor calidad», concluyeron los investigadores, pero añadieron que mover el cuerpo «abre el libre flujo de ideas».

Así que, como mínimo, levántate. Si puedes salir, hazlo también. Luego, para convertir un paseo alrededor de la manzana en un verdadero paseo del asombro, elige un marco. Un paseo del asombro comienza intencionadamente con una buena pregunta. Mientras te mueves por un espacio, busca deliberadamente conexiones con el tema que has elegido. Imagina que tu entorno ha sido sembrado con valiosas pistas. A medida que te encuentres con cada nuevo estímulo, pregúntate: «¿Qué tiene esto que ver con mi problema?».

Si alguien lleva unas Ray-Ban, o pasas por delante de un Lululemon, pregúntate cómo podría enfocar tu petición la marca con la que te has encontrado. Cuanto mayor sea la distancia entre el contexto de esa marca y el tuyo, más fructífero puede ser este ejercicio. Si un objeto concreto llama la atención —una boca de incendios, una canasta de baloncesto, un buzón— juega con él como una metáfora. «¿Qué hace una boca de incendios a nivel fundamental?». «¿Y cómo podría aplicarse a mi problema?». «¿Es una "boca de incendios" lo que nos falta?».

En una sala de conferencias, los equipos tienen dificultades para encontrar más de un par de analogías potenciales. Sin embargo, una vez que se exponen a las aportaciones divergentes en un paseo del asombro, las posibilidades se presentan inevitablemente. Si se trata de averiguar quién genera confianza rápidamente, caramba, es difícil... hasta que se sale de la oficina: maestros de preescolar, comadronas, planificadores financieros, artistas, entrenadores de CrossFit y nutricionistas son solo un puñado de respuestas que pueden surgir durante un paseo por una sola calle de la ciudad. Steve Jobs encontró la inspiración para el Macintosh original en el pasillo de los electrodomésticos de unos grandes almacenes. Cuando vio un procesador de alimentos Cuisinart en la estantería, algo hizo clic. «Ese lunes entró en la oficina de Mac», cuenta Walter Isaacson en su biografía del difunto cofundador de Apple, «pidió al equipo de diseño que fuera a comprar uno, e hizo un montón de nuevas sugerencias basadas en sus líneas, curvas y biseles». [82]

En un paseo del asombro, el volumen es la clave. Anota las preguntas y las conexiones que se te ocurran y sigue caminando. Así es como un paseo de este tipo puede dar lugar a valiosas pistas para la generación de ideas:

- El patio de una escuela. En un patio de recreo se exhiben los juguetes de los otros niños. ¿Dónde podemos mostrar a nuestros clientes usando el producto para que otros lo vean?
- Un coche de lujo. Los interiores de los coches de lujo pueden hacerse a medida. ¿Podríamos ofrecer un «paquete de opciones» para que los compradores lo elijan?
- Una furgoneta de reparto de Amazon. Amazon muestra a sus clientes sugerencias basadas en su historial de visitas ¿Podríamos adaptar esa técnica a un lugar físico como el nuestro?

- Un semáforo. ¿Podríamos mostrar a los clientes un aviso de «luz amarilla» antes de que se agote un producto?
- Un salón de uñas. Las filas de esmaltes de uñas junto a la caja son visualmente atractivas. ¿Podríamos aprovechar así el color y la variedad de nuestros productos?

Durante un paseo del asombro, estás probando un montón de modelos mentales diferentes basados en entradas aleatorias. La idea es provocar percepciones de forma desinhibida. Como escribió el escritor y médico Edward de Bono, «La inclinación natural es buscar alternativas para encontrar la mejor».[83] Cuando busques aportaciones, no esperes tropezar con la solución en sí. En cambio, según De Bono, «el propósito de la búsqueda es aflojar los patrones rígidos y provocar nuevos patrones».

¿Caminar es esencial para la creatividad? Muchos grandes pensadores, artistas y empresarios a lo largo de la historia, desde Aristóteles hasta Giacomo Puccini y, sí, Steve Jobs, probablemente habrían estado de acuerdo. Aun así, hay formas de provocar asombro incluso cuando estás atrapado en un avión o esperando en la consulta del médico.

- Lee. Selecciona un libro o una revista al azar. Examina la portada. Abre una página al azar. Imagina que alguien te ha dejado esta página al azar como una pista para resolver tu problema. ¿Por qué?
- Busca. Ve a Wikipedia y haz clic en «Artículo aleatorio» para que te lleve a una de los millones de entradas de la web que han sido creadas por el público. ¿Qué está tratando de decirte Wikipedia? (Otras herramientas en línea te enviarán a sitios web aleatorios, vídeos, etc.).

Buscar «pistas» en lugares al azar puede parecer una práctica ocultista. Sin embargo, a diferencia de la lectura de las cartas del tarot, simplemente estamos aprovechando la capacidad del cerebro de encontrar patrones para alimentar nuestras ideas. Para conservar la energía, el cerebro prefiere los atajos cognitivos: mirar en lugar de ver y oír en lugar de escuchar. Para evitarlo, empieza el paseo del asombro con intención y busca continuamente la relevancia de los elementos que observas. Asume la presencia de conexiones y deja que el cerebro haga el trabajo de encontrarlas.

EXPLORACIÓN ANÁLOGA

Un paseo del asombro es una forma cómoda de reunir información y probar una serie de analogías potencialmente útiles. Puedes hacer uno cada vez que te sientas atascado y volver a tu mesa con algo valioso. A veces, sin embargo, un problema requiere una exploración más profunda y centrada. En lugar de simplemente considerar una analogía entre tu negocio y, digamos, una cafetería, entra en la tienda, compra un café, siéntate en una mesa e incluso habla con los clientes y los empleados. Trabajando con intención, extraes más y más información de la experiencia con la esperanza de provocar una ruptura con tu propio problema. De este modo, un paseo del asombro puede convertirse en una exploración análoga.

Vimos la oportunidad de utilizar esta herramienta con Fairchild Semiconductor. El equipo directivo de Fairchild dudaba de que la solución para sus decepcionados pequeños clientes pudiera estar en algún lugar fuera de sus propias cabezas. Al fin y al cabo, ellos eran los expertos en logística de semiconductores.

Recurrimos a una analogía para convencer a Fairchild del valor de las analogías. Aunque una idea no sea tan tangible como una memoria RAM de ordenador, se necesita materia prima para fabricarla. No se puede fabricar un chip sin silicio y no se puede fabricar una idea sin una aportación. Cuando aceptaron a regañadientes probar nuestro enfoque, les pedimos que consideraran la siguiente pregunta: «¿Cómo podríamos infundir confianza a nuestros clientes pequeños a pesar de la incertidumbre de la cadena de suministro?». Para convertirla en una exploración análoga, la pregunta pasó a ser «¿Quién infunde confianza a los clientes a pesar de la incertidumbre de la cadena de suministro?». La industria de los semiconductores aún no había resuelto este problema. ¿Lo había hecho alguien?

Llevamos al equipo fuera del edificio y a la acera para un paseo del asombro. Una vez que sus cuerpos se movieron, sus mentes entraron en calor para la tarea. Pasamos por un Hyatt: «Un hotel nunca sabe qué clientes se presentarán en realidad para una reserva determinada», dijo un líder. Al pasar por un restaurante, otro comentó: «Un chef nunca está seguro de cuál será la pesca del día». Se revelaron más analogías potenciales: floristerías, mercados de especias, tostadores de café...

En lugar de limitarnos a volver a la oficina, nos embarcamos en profundas exploraciones análogas de los negocios que despertaban nuestro interés. En el hotel, descubrimos que los datos del inventario de habitaciones se comparten entre los competidores para garantizar que los viajeros no se queden tirados cuando los grandes eventos provocan un exceso de reservas. Al final de la manzana, la florista nos contó cómo se comunicaba con la empresa de reparto para saber qué esperar en cada camión. También hablaba con los agricultores sobre lo que iban a cortar e incluso lo que iban a plantar. Esta transparencia con los socios de la cadena de suministro la ayudaba a planificar las fiestas y los grandes eventos. Casi todas las tiendas que exploramos ofrecían uno o dos paralelos inesperados que desafiaban el *statu quo* de la industria de los semiconductores.

Como resultado de estas exploraciones análogas, Fairchild realizó cambios instrumentales para mejorar la experiencia de sus clientes pequeños. Por ejemplo, el conserje del hotel les inspiró a coordinarse con los competidores para garantizar que los componentes críticos siguieran estando disponibles para los clientes pequeños durante los aumentos inesperados de la demanda. Dado que esos clientes hacían pedidos múltiples como cobertura de todos modos, ¿por qué no eliminar la molestia del proceso? Siguiendo el enfoque de la floristería, Fairchild instituyó un nuevo y radical acuerdo de intercambio de información con su mayor socio de distribución para conseguir más transparencia en su cadena de suministro. Más tarde nos dijeron que se trataba de una de las mayores innovaciones en la cadena de suministro de su sector en cinco décadas. No está mal para un paseo por el barrio.

El director de operaciones de Fairchild nos dijo más tarde que observar tan de cerca a la competencia había sido una trampa. Esos tipos tampoco sabían cómo resolver el problema de la cadena de suministro. Buscando deliberadamente fuentes de inspiración inesperadas, Fairchild puso en marcha una serie de innovaciones al tiempo que revitalizaba su cultura creativa.

A lo largo de los años, hemos utilizado las exploraciones análogas para ayudar a una organización de servicios financieros australiana a aprender de un salón de tatuajes, a una empresa tecnológica israelí a aprender de un mercado de agricultores, a una pescadería neozelandesa a aprender de una tienda de té y a un conglomerado japonés a aprender de un estudio de escalada, entre otras muchas combinaciones sorprendentes. En todos los casos, los equipos tenían problemas para resolver un problema porque carecían de los elementos necesarios para generar nuevas ideas.

Recuerda la importancia de la intención. Empieza siempre con un marco. Antes de aventurarte en busca de inspiración, articula el problema que intentas resolver como una pregunta de «¿Cómo podríamos…?». A continuación, tradúcelo en un estímulo para la exploración análoga preguntando: «¿Quién hace X realmente bien?». Ahora, sal de la sala de conferencias y empieza a caminar.

En lugar de pedir consejo a las personas con las que te encuentras, sumérgete en la experiencia y observa de primera mano cómo resuelven los problemas. Conviértete en cliente si puedes, o simplemente observa una interacción con el cliente. Por ejemplo, si le preguntas a un barbero cómo genera confianza, probablemente se encogerá de hombros o soltará algunas respuestas que parecen correctas: «Supongo que establezco contacto visual y escucho con mucha atención». La realidad puede ser muy diferente. Vimos a un peluquero dar una respuesta increíblemente directa («No importa lo que te haga en el pelo, no te vas a parecer a Brad Pitt»). En lugar de hacer que el cliente huyera de la silla, demostró la franqueza del barbero y se ganó la confianza del cliente. Fue una táctica inesperada pero eficaz, que nunca habríamos imaginado si no la hubiéramos visto.

Vale la pena repetirlo: Nunca olvides tu marco. Estar en el mundo durante las horas de trabajo puede ser estimulante, pero es fácil perder de vista el objetivo de aprendizaje. Recuérdate a ti mismo y a tus colaboradores lo que quieres aprender exactamente antes, durante y después de cada exploración para asegurarte de que la máquina de búsqueda de patrones que todos tenemos en la cabeza está sintonizada en la frecuencia correcta.

Una vez que hayas reunido un conjunto de observaciones, crea un nuevo marco para inspirar ideas que puedas poner a prueba: «¿Cómo podríamos utilizar la honestidad brutal del modo en que lo hace un barbero para generar confianza con los nuevos clientes?». Es una pregunta mucho más rica e interesante que «¿Cómo podemos generar confianza rápidamente?».

~

El flujo de ideas no es algo que se crea sobre la marcha para resolver un solo problema. Para garantizar un flujo constante de nuevas ideas cuando las necesites, construye el hábito de exponerte a información inesperada. La solución no aparecerá cuando intentes resolver conscientemente cada problema, sino «de la nada», cuando te duches o vayas en coche al trabajo. Si rastreas la solución que surge, te darás cuenta de que proviene de una conversación con tu cónyuge, de algo que leíste o de un pódcast que escuchaste mientras hacías ejercicio. Esa idea se había estado filtrando en el fondo, negándose a convertirse en una solución hasta el momento en que estabas ligeramente preocupado por otra tarea. Así es como funcionan las ideas. Si esperas a la siguiente crisis para buscar nuevas contribuciones, el resultado nunca llegará a tiempo.

Si invertir tiempo en recopilar aportaciones parece poco profesional, ten en cuenta que los mayores líderes empresariales de la historia han hecho de ello una disciplina. Los maestros de la innovación incorporan lo inesperado a su agenda. Un hombre ocupado puede reservar una hora a la semana para pasear por el barrio. Un vicepresidente puede aspirar a dos. Un director general debería aspirar a cinco o más. En los primeros días de Amazon, Jeff Bezos hizo todo lo posible por dejar los lunes y los jueves sin programar para poder pasar el tiempo «buscando ideas, explorando su propio sitio web, a veces simplemente navegando por Internet». [84] Si tu trabajo requiere una visión de futuro, las ideas de hoy determinarán los resultados de mañana. Así que lee un libro sobre un tema completamente ajeno. Mira una película a mediodía. Visita el museo local. Pasea por el centro de la ciudad. Alimenta la máquina si esperas que funcione.

También ayuda cambiar la rutina en pequeños aspectos. Toma una ruta diferente para ir al trabajo. Lávate los dientes con la otra mano. Incluso girar a la izquierda en lugar de a la derecha al entrar en la oficina puede provocar una revelación. Acostúmbrate a cambiar tus hábitos. Lo que sea necesario para desequilibrar un poco tu cerebro. Así es como forzamos a nuestro pensamiento a salir de su cómoda rutina. Somos más creativos cuando intentamos restablecer nuestro propio equilibrio.

¿Por qué hay una resistencia tan enérgica a buscar contribuciones externas? Comodidad en lo conocido. Hay una razón por la que siempre giramos a la derecha en lugar de la izquierda cuando entramos en la oficina. Nuestros rituales nos tranquilizan. Irónicamente, cuando estamos bajo presión y necesitamos nuevas ideas es cuando más nos aferramos a nuestras rutinas. Aunque la rutina nos parece segura, es todo lo contrario. A medida que los innovadores vayan superando tus esfuerzos, te darás cuenta de que tu rutina no era más que un síntoma de estancamiento.

11

Desenreda los nudos creativos

«La mayoría de los empresarios son incapaces de pensar de forma original porque no son capaces de escapar de la tiranía de la razón. Su imaginación está bloqueada». [85]

DAVID OGILVY

«Al cabo de un tiempo se llega a la fase de desesperación», explica el ejecutivo publicitario James Webb Young sobre el proceso creativo. [86] «Todo es un caos en tu mente, sin una visión clara en ninguna parte». Puede que conozcas esa sensación. Según Young, esta abrumadora sensación de infructuosidad es, en realidad, una etapa necesaria en la evolución de una idea, algo que se debe esperar. Incluso, que debe apreciarse.

Eso puede ser un puente difícil de cruzar, por supuesto.

Saber que te vas a atascar de vez en cuando es una cosa. Responder con eficacia es otra. En este capítulo, explicaremos por qué los atascos no solo son inevitables, sino que son parte crucial del proceso creativo, así como qué hacer cuando te atasques, no si te atascas.

Albert Einstein se estancó antes de un descubrimiento trascendental. El físico había llegado al punto de no poder conciliar su teoría de la relatividad general con el funcionamiento de la luz. Sin embargo, sabía que era inútil mirar con resentimiento la pizarra. En su lugar, el aturdido pensador se alejó del problema. «[Einstein] fue a visitar a su mejor amigo Michele Besso, el brillante pero desenfocado ingeniero que había conocido mientras estudiaba en Zúrich y al que había reclutado para que se uniera a él en la Oficina Suiza de Patentes», escribió Walter Isaacson en su biografía del famoso científico.[87] Einstein le dijo a Besso que estaba atascado.

«Voy a abandonar», anunció.

El hecho de renunciar conscientemente al difícil problema invitó a la mente subconsciente de Einstein a intervenir. Al día siguiente, Einstein volvió a visitar a Besso: «Gracias», le dijo a su amigo. «He resuelto completamente el problema». Solo alejándose del nudo pudo la mente de Einstein desenredarlo finalmente. Dando un paseo con un amigo y dando un respiro al problema, Einstein intuyó el salto de la relatividad general a la especial.

«No hagas ningún esfuerzo de naturaleza directa», aconsejó James Webb Young al pensador en apuros. «Abandona todo el tema y aparta el problema de tu mente tan completamente como puedas». Cuando nos encontramos con obstáculos en otras áreas, la solución suele ser trabajar más tiempo, esforzarnos más o simplemente entrar en pánico. Sin embargo, cuando se trata de ideas, atascarse es una parte natural del proceso de gestación. Que no cunda el pánico. Los creadores experimentados aprenden a anticipar, e incluso a dar la bienvenida, al estancamiento como señal de que están en la cúspide de un avance. La cantante, artista y poetisa Patti Smith adopta un enfoque especialmente relajado cuando se siente «fuera de sí»: «Intento dar largos paseos y cosas así, pero simplemente mato el tiempo hasta que sale algo bueno en la televisión».[88] Como artista prolífica con décadas de trabajo en su haber, Smith entiende que «matar el tiempo» es cualquier cosa menos eso. Una vez descartados los enfoques conocidos, solo queda lo que el subconsciente puede hacer en segundo plano, barajando las aportaciones que has reunido en configuraciones novedosas hasta que algo hace clic.

Para avanzar, hay que dar un paso hacia atrás: «¿Recuerdas cómo Sherlock Holmes solía detenerse en medio de un caso y arrastrar a Watson a un concurso?», escribió Young. «Ese era un procedimiento muy irritante para el práctico y literal Watson. Pero Conan Doyle era un creador y conocía el proceso creativo».

UNA RETIRADA ESTRATÉGICA

Como relata Michael Lewis en *Deshaciendo errores*, los psicólogos israelíes Daniel Kahneman y Amos Tversky acuñaron la «economía del comportamiento» en gran parte dando largos paseos y bromeando entre ellos. A algunos colegas les molestaba que se divirtieran tanto cuando se suponía que estaban trabajando. Sin embargo, caminando, hablando y riendo juntos, los dos hombres fueron increíblemente productivos. A lo largo de los años que duró su colaboración, se abrieron paso a través de una serie de experimentos sofisticados, perspicaces e inteligentes que tomaron por asalto el mundo de la economía clásica y les valió un Premio Nobel. «El secreto para hacer una buena búsqueda», dijo una vez Tversky, «es estar siempre un poco subempleado. Se pierden años al no poder perder horas».

Al igual que Einstein, el matemático francés Henri Poincaré también sabía cuándo era el momento de alejarse. «Me dediqué al estudio de algunas cuestiones aritméticas aparentemente sin mucho éxito», escribió Poincaré.[89] En lugar de castigarse, pasó unos días en la costa. En un paseo matutino por los acantilados, se le ocurrió una solución con «brevedad, brusquedad y certeza inmediata». Reconocer un obstáculo y hacer el esfuerzo de dejar de lado el problema es una habilidad creativa contraintuitiva pero esencial.

En el capítulo 2, te instamos a crear el hábito de crear huecos en tu agenda como estrategia creativa central. Aquí llevamos ese enfoque estratégico a un nivel táctico. Una retirada estratégica es cualquier cosa menos procrastinar. Procrastinar es el fino arte de dejar para más tarde lo que sabes que debes hacer ahora. No se puede procrastinar si no se sabe qué hacer. De hecho, la verdadera pérdida de tiempo es persistir en una tarea más allá de este punto de atasco. Una única solución creativa puede eliminar la necesidad de días, semanas o incluso meses de esfuerzo. Si estás demasiado ocupado para recurrir a tus facultades creativas, reexamina tus prioridades. Sea cual sea tu función, la creatividad es el valor más alto que aportas a cualquier esfuerzo.

Muchos de los consejos en torno a la innovación y la creatividad se reducen a más: más métodos, más hábitos, más técnicas. Si no eliminamos simultáneamente usos de nuestro tiempo menos importantes para crear un espacio para la reflexión y la contemplación —distancia del problema en cuestión— no hacemos más que sabotear el esfuerzo para impulsar el flujo de ideas. Atrapados en el día a día, nuestra imaginación se bloquea, tal y como advirtió David Ogilvy al principio de este capítulo. Para escapar de la «tiranía de la razón», debemos ser tan estratégicos a la hora de retirarnos de una batalla perdida como lo somos a la hora de recopilar aportaciones divergentes o de poner a prueba nuestras ideas. El «padre de la publicidad» era un as en el juego mental de la producción creativa. Comprendía intuitivamente que para generar más ideas había que hacer un poco menos.

«He desarrollado técnicas para mantener abierta la línea telefónica con mi inconsciente, por si ese desordenado repositorio tiene algo que decirme», escribió Ogilvy. «Escucho mucha música… Tomo largos baños calientes. Hago jardinería. Me retiro entre los amish. Observo los pájaros. Doy largos paseos por el campo. Y me tomo frecuentes vacaciones, para que mi cerebro pueda descansar: ni golf, ni cócteles, ni tenis, ni *bridge,* ni concentración; solo una bicicleta». Relaja tu concentración si quieres que las ideas fluyan.

La relajación es un factor recurrente entre los mejores profesionales, y no se trata de personas con tiempo ilimitado. De hecho, nuestras conversaciones con directores generales y empresarios revelan una y otra vez que se aseguran deliberadamente tiempo y espacio para que sus mentes estén en reposo. Esto no se consigue con fines de semana lejos del correo electrónico —o incluso con algún que otro «retiro entre los amish»— sino con una práctica diaria.

Mark Hoplamazian, a quien conocimos en el capítulo 7, ha sido presidente y director general de Hyatt Hotels durante casi dos décadas. Como cualquier dirigente de una gran empresa con decenas de miles de empleados, las reuniones ocupan gran parte de su jornada. De hecho, su agenda está «bastante sobrecargada». Mantener todo en orden es un reto, por lo que Hoplamazian lleva un cuaderno a todas partes. Antes de una llamada o reunión, anota tres o cuatro puntos que resumen lo que espera comunicar, lo esencial de su pensamiento. Por lo general, esta práctica es suficiente para mantener la eficacia y la precisión. De vez en cuando, sin embargo, interrumpe el ajetreado curso de su día para contemplar un problema concreto en soledad. «He llegado a varios avances de esta manera», nos dijo. «Se ha convertido en una estrategia».

Pero ¿cuándo, exactamente? ¿Cómo decide alguien que ocupa el puesto de director general que ha llegado el momento de decir no a algo que le parece urgente y dedicar tiempo a pensar en silencio? Encontrar espacio debe ser increíblemente difícil para alguien con ese grado de responsabilidad. Va en contra de la manera de pensar de Hoplamazian en particular: «Bajo presión», nos dijo, «mi defecto es arremangarme y trabajar más». Pero sabe que los problemas de ideas no responden a un remangado. «Cuando estoy realmente atascado», dijo, «necesito dar un gran paso atrás y dejar que mi mente se libere». Retirarse a un espacio tranquilo y meditar sobre un problema difícil suena bien en teoría, pero nadie puede permitirse hacerlo después de cada reunión, llamada y correo electrónico. Dos señales indican a Hoplamazian que es hora de retirarse. La primera es la visión de túnel: «Estoy devanándome los sesos, trabajando en el problema a detrimento de otras cosas e incapaz de parar». Una vez que se pone las anteojeras, se da cuenta de que se ha cerrado a las aportaciones más divergentes que podrían dar lugar a una idea. ¿La segunda pista? Cuando abre su cuaderno para resumir sus pensamientos y no encuentra nada. «Cuando no sé cómo organizar mis puntos clave», dice, «es porque no estoy decidido. Si no puedo resumir, tengo que dar un paso atrás».

Puede parecer obvio que hay que distanciarse de un problema cuando se está atascado. Sin embargo, en la práctica, ¿cuántas veces lo haces realmente? La mayoría de las veces, quedarse atascado en un problema hace que luchemos con más fuerza contra el arma de doble filo formada por la rumiación y la visión de túnel. Como ya comentamos en el capítulo 1, un signo clásico de un problema de ideas es que la fuerza bruta no lleva a ninguna parte. Cuando te des cuenta de que vas en círculos, recurre primero a la retirada estratégica. Busca un lugar tranquilo y pasa unos minutos pensando o, mejor aún, haciendo algo que te distraiga ligeramente para que tu subconsciente pueda hacer su trabajo.

Es irónico que tengamos que especificar el uso de la retirada como táctica. ¿Por qué no es algo que surge de forma natural? En nuestro trabajo con los líderes, descubrimos que alejarse de un problema va tan directamente en contra del modo normal de funcionamiento que se convierte en la última cosa que están dispuestos a intentar, incluso cuando saben que es su mejor oportunidad para una solución. Simplemente va en contra de la corriente. Todo lo demás responde a la concentración y al esfuerzo dirigido. Solo la creatividad difiere. Los avances creativos llegan cuando dejamos de luchar. Una vez que hemos planteado el problema correctamente, la intuición funciona mejor cuando estamos ligeramente ocupados con otra tarea o simplemente mirando al espacio y tomando un respiro.

Adoptar una retirada estratégica puede ser especialmente difícil dentro de un equipo. En el contexto equivocado, los comportamientos que desbloquean el flujo de ideas parecen, para los demás, procrastinación o pereza. Si eres un líder que se enfrenta a una crisis, una pausa puede parecer una parálisis en la toma de decisiones, algo que mina la moral del equipo como ninguna otra cosa. En lugar de arriesgarse a enviar un mensaje erróneo, los líderes avanzan trastabillando en lugar de tomarse el tiempo necesario para permitir que se produzca un avance.

Las innovaciones, desde la estructura de doble hélice del ADN hasta la economía conductual, surgieron en momentos de distracción intencionada. En lugar de ver este comportamiento en términos de retirada o incluso de huida, replantea lo que estás haciendo como una retirada estratégica. Incorpora el concepto a la cultura del equipo para que todos entiendan el propósito de una pausa y su valor para la misión más amplia. El fomento y la normalización de esta práctica comienzan con el propio modelo.

TÁCTICAS DE RETIRADA

Hay otras formas de retirarse, muchas de las cuales te resultarán familiares: caminar, solo o con otra persona; leer fuera de tu disciplina; asistir a una conferencia de un experto en otro campo; jugar a un juego, e incluso echarte una siesta. De un modo u otro, los avances se producen cuando dejamos de trabajar activamente en un problema y permitimos a la mente subconsciente barajar en paz los datos que ha recogido.

Sin embargo, algunas distracciones son demasiado molestas. Sacar el teléfono para jugar unas cuantas rondas a un adictivo juego de móvil puede parecer un alivio, pero no te llevará a un avance. Tampoco lo hará un atracón de Netflix sin sentido — ¿cuándo fue la última vez que tuviste una gran idea mientras veías la televisión? Sumergirte en algo tremendamente atractivo, colorido y ajetreado solo hará que desaparezcan las débiles impresiones que queremos que circulen por el fondo del pensamiento consciente.

El teórico de los medios de comunicación Marshall McLuhan distinguió entre medios «calientes» y «fríos». Un medio caliente, como la televisión, es rico en información, pero crea un estado de absorción pasiva. Un medio frío, como un libro, es menos abrumador y requiere una participación más activa. Como se puede adivinar, un medio caliente no da a la mente el espacio necesario para trabajar.

Puede que ya tengas una táctica de retirada para cuando te quedas atascado. Si es así, sigue haciendo lo que te funciona. Si no es así, podemos recomendarte estas alternativas:

El agua. En caso de duda, mójate. Tomar una ducha o un baño, o incluso salir a nadar, proporciona la distracción adecuada para la resolución creativa de problemas. [90]

Por supuesto, también puedes hacer algún deporte acuático. El físico teórico estadounidense Garrett Lisi recurre al surf para liberar su propia creatividad. Lisi causó sensación en la comunidad científica con su radical artículo de 2007, *An Exceptionally Simple Theory of Everything* (Una teoría del todo excepcionalmente simple), que proponía una novedosa forma de conciliar la física de partículas con la teoría de la gravitación de Einstein. Independientemente de que la teoría de Lisi acabe siendo validada por los experimentos, no cabe duda de que dio un emocionante golpe conceptual a la teoría de cuerdas. El surf desempeña un papel crucial en su proceso creativo.

«Jugar mucho me permite tener más flexibilidad mental a la hora de abordar problemas difíciles», dijo a un entrevistador. [91] «Hay veces que te das contra un muro, trabajando en un problema difícil, y nada de lo que intentas funciona. Al lanzarte a una experiencia diferente e intensa durante un par de horas, eres capaz de volver y pensar en el problema con una nueva perspectiva y llegar a un nuevo enfoque que no se te habría ocurrido si hubieras seguido buscando en la línea anterior».

Lisi no es el único innovador que surfea para resolver problemas. Como nos dijo un directivo con sede en Irlanda: «Ojalá pudiera llevar un cuaderno en mi tabla de surf. Muchos avances se producen mientras estoy remando».

Cambia de tareas. Sumergirse en el trabajo completamente, sin distracciones de ningún tipo, puede ser fundamental en algunas etapas del proceso creativo. Sin embargo, cuando te encuentres atascado, dirigir tu atención a otra tarea puede liberar el atasco, sobre todo si requiere un modo de operación diferente.

Esta tarea puede estar relacionada con otro proyecto, o puede tratarse de algo de tu proyecto actual que requiera otra habilidad. Según el psicólogo estadounidense Howard Gruber, los trabajadores prolíficamente creativos persiguen una red interconectada de proyectos relacionados en todo momento. Gruber utilizó el ejemplo del poeta John Milton, que trabajó en *El paraíso perdido* durante casi treinta años, pero nunca dejó que el poema épico consumiera todas sus energías creativas. A lo largo de los años, Milton trabajó en poemas más cortos y en prosa, así como en esfuerzos políticos. Esto mantuvo el flujo de ideas abierto incluso cuando Milton luchaba por su proyecto principal. «Cuando un proyecto se detiene», concluyó Gruber, «el trabajo productivo no cesa». Para Milton, el paso de la forma larga a la corta o de la poesía a la prosa le proporcionó su retirada táctica. Asimismo, como vimos en el capítulo 4, Bette Nesmith Graham se inspiró para inventar el líquido corrector Liquid Paper en su trabajo paralelo como pintora de carteles.

«Me gusta tener al menos tres proyectos definidos en todo momento», escribe el autor Steven Johnson.[92] «[Una vez] que los defines, eres capaz de ver esas conexiones con más claridad. Te tropiezas con algo y dices: "Oh, sé exactamente dónde va esto"».

Incluso más eficaz que cambiar a otra tarea exigente —de poema épico a pieza en prosa, como en el caso de Milton, por ejemplo— es «una tarea poco exigente que maximice el vagabundeo mental». Un grupo de psicólogos descubrió que, «en comparación con la realización de una tarea exigente, el descanso o la ausencia de pausa, la realización de una tarea poco exigente durante un periodo de incubación condujo a mejoras sustanciales en el rendimiento de los problemas encontrados anteriormente».[93]

Recurre a una afición. Mervin Kelly, el célebre presidente de los Laboratorios Bell, «supervisó la colocación de decenas de miles de bulbos de tulipanes y narcisos» en su propio jardín.[94] El esfuerzo era «casi absurdo en su meticulosidad», según Jon Gertner en *The Idea Factory*, un libro sobre el legendario centro de innovación. Sin embargo, podemos suponer que cumplió una importante función para Kelly, que repitió la hazaña cada año. Tus aspiraciones hortícolas pueden, y probablemente deberían, ser mucho más modestas. «Hay algo en meter las manos en la tierra que te ancla a la realidad», nos dijo Claudia Kotchka, la líder de innovación y estrategia que conocimos en el capítulo 7. «Arrancar hierbas es lo mejor. No estás pensando en el trabajo en sí, pero las ideas empiezan a fluir. La gente dice que tiene sus mejores ideas en la ducha. Yo tengo las mías en el jardín».

Si la jardinería no es lo tuyo, puedes recurrir a un instrumento musical, como hizo Einstein con su violín. O a un oficio como la carpintería. Los escritores tocan la guitarra y tienen una cerca del teclado. Los científicos juguetean con motores y montan maquetas de trenes. Los empresarios resuelven a toda velocidad los cubos de Rubik. El colega de Mervin Kelly en los Laboratorios Bell, Claude Shannon, se movía en monociclo por el pasillo mientras hacía malabares con cuatro pelotas. Tu entorno de trabajo, tus intereses y, quizás, tu habilidad para el equilibrio dictarán tus alternativas. Lo importante es dejar que tu mente consciente descanse y se recupere mientras otra parte trabaja en el problema.

Toma una siesta. En el capítulo 2, hablamos de la importancia de dormir bien por la noche para tu rendimiento creativo. Además del sueño nocturno, una siesta por la tarde puede ayudarte a atacar un problema desde un nuevo ángulo. Según el Dr. Jonathan Friedman, director del Texas Brain and Spine Institute, «las nuevas pruebas científicas sugieren que las siestas —incluso las muy cortas— mejoran significativamente la función cognitiva». [95] Además, las siestas pueden potenciar la creatividad. Según un artículo, la siesta aumenta la capacidad de conectar los hechos aprendidos en marcos flexibles y extraer principios generales. [96] Este proceso de abstracción es un componente crucial de la creatividad. Según el doctor Andrei Medvedev, del Centro Médico de la Universidad Georgetown, las resonancias magnéticas revelan una actividad inusualmente bien integrada y sincronizada en el hemisferio derecho del cerebro durante la siesta: «El cerebro podría estar haciendo una limpieza útil», dijo, «clasificando datos, consolidando recuerdos». [97]

Creadores como Ludwig van Beethoven, Salvador Dalí o Thomas Edison han recurrido a las siestas para refrescar sus mentes y dar rienda suelta a sus ideas. (Edison dormía en lo que llamaba su «silla de pensar»). Aunque dormir en la oficina puede seguir estando mal visto en el lugar donde trabajas, cada vez más líderes se están dando cuenta del valor de esta herramienta. Organizaciones como Google, Zappos, Ben & Jerry's o la NASA ponen a disposición de sus empleados salas de descanso. En el peor de los casos, siempre puedes inclinar tu silla de oficina hacia atrás...

Busca un medio frío. Ya que los medios calientes no sirven, recurre a uno frío. Leer un libro, escuchar un pódcast o mirar una obra de arte puede proporcionar la distracción suficiente

288 • FLUJO DE IDEAS

para una retirada estratégica sin absorberte ni borrar tu problema por completo. A menos que te guste mucho el expresionismo abstracto.

«Leo fuera de mi disciplina, como disciplina», dice Nathan Rosenberg, director general de Insigniam, una consultora estratégica global. «Me suscribo a [la revista de diseño] Wallpaper*, por ejemplo, solo para empujarme a ver y pensar de forma diferente».

Habla. Brian Grazer —que, con su socio de muchos años Ron Howard, ha producido una serie de películas de éxito que han recaudado más de quince mil millones de dólares en taquilla—, emplea a un agente a tiempo completo para programar «conversaciones curiosas» con personas interesantes de todos los ámbitos de la vida, desde científicos hasta artistas y políticos. [98]

Grazer no está reuniendo material de investigación en estas reuniones en ningún sentido tradicional. Sus interlocutores no tienen ninguna relación específica con sus proyectos de cine y televisión en curso. En su lugar, ve estas conversaciones como una oportunidad para salir de los apremiantes problemas del día y percibir una visión más amplia. Naturalmente, Grazer puede mirar atrás y ver el impacto que estas conversaciones han tenido en su posterior producción creativa, pero acude a cada una de ellas con la intención de alejarse de sus problemas, no de resolverlos.

Si notas que estás entrando en un espiral, llama a un amigo para charlar. Queda con un antiguo colega para tomar un café improvisado. O simplemente deja el teléfono durante la cena y mantén una conversación real con tu pareja o tus hijos. La única regla es que no hables de tu problema. Dale a esa parte de tu mente la oportunidad de descansar y ábrete a lo inexplicable.

Muévete. Ya hemos defendido el valor de un paseo. No hay mejor uso de los recursos en el kit de herramientas de un creador. Solo recuerda que debes apoyarte en el aburrimiento en lugar de evitarlo sacando el teléfono. Sentir la repentina necesidad de consultar el correo electrónico o navegar por las redes sociales es una señal segura de que los engranajes están empezando a engrasarse en el fondo de tu mente. Desgraciadamente, muchos avances se apagan por las trampas de la distracción digital. Si sigues avanzando a pesar de esa sensación de incomodidad e inquietud, tu cerebro se rendirá. Mientras caminas, se centrará en tu problema, arrastrando los pies mientras navegas por el barrio.

Si tu teléfono te llama de verdad, acelera el ritmo. Incluso a sus ochenta años, la enormemente prolífica Joyce Carol Oates considera que correr forma parte de su proceso creativo: «Si no salgo a correr todos los días, mi escritura no funciona tan bien. Realmente depende de esta liberación cinética de energía».[99] Por su parte, Claudia Kotchka sale a correr cuando necesita generar nuevas ideas, pero a veces se olvida de su libreta: «Durante todo el trote, voy guardando una idea hasta el final».

~

Las retiradas estratégicas requieren permiso, no de los demás, sino de uno mismo. Cuando sugerimos esta herramienta, la gente culpa a los jefes o a los compañeros de la necesidad de estar ocupados, o al menos de parecerlo. En realidad, la resistencia a la retirada viene de dentro. Las tareas claras y sencillas se pueden llevar a cabo con un mínimo de incertidumbre y vulnerabilidad emocional, por lo que, por defecto, lo primero que hacemos es marcar las casillas de la lista de tareas pendientes. Los problemas de ideas espinosas provocan, en cambio, sentimientos incómodos. Hace falta valor para dejar de lado las preocupaciones de hoy, aunque sea por poco tiempo, e imaginar un mañana más grande. El simple hecho de sentarse en silencio puede parecer un acto radical.

Cuando te retiras, estás invirtiendo en el mayor valor que aportas a tu trabajo. Si te das permiso para alejarte cuando estés atascado, tu paciencia se verá recompensada. Nada se puede comparar con el alivio de una solución creativa que llega «de la nada», justo cuando menos lo esperas. Lo que comparten estas tácticas es que ofrecen al menos una oportunidad para reflexionar, para soñar despierto. Con el énfasis actual en la velocidad, es fácil perder de vista la importancia central de la gestación de nuestras ideas. Estar completamente centrado en un problema reduce tu campo de visión, dejando las soluciones rompedoras escondidas justo fuera de la vista. Para revelarlas, relaja ese enfoque incesante.

En una aparición en 1970 en *The Dick Cavett Show* (El show de Dick Cavett), Paul Simon explicó el proceso por el que escribió *Bridge Over Troubled Water*. [100] El comienzo de la canción se inspiró en una pieza coral de Bach. «Me quedé ahí», dijo Simon. «Eso era todo lo que tenía de esa melodía».

«¿Qué hacía que estuvieses atascado?», preguntó Cavett. «Bueno, todos los lugares a los que iba me llevaban a donde no quería estar», respondió Simon. «Así que estaba atascado». El público se rió, pero Simon estaba hablando en serio.

Para dar a su subconsciente la oportunidad de idear una forma de actuar, Simon dejó de lado las canciones inacabadas y empezó a escuchar música ajena a su género. Se encontró absorbido por un álbum de góspel en particular.

«Cada vez que llegaba a casa, ponía ese disco y lo escuchaba», explicó a Cavett, «y creo que eso debió influirme subconscientemente, porque empecé a recurrir a los cambios [de acordes] del góspel». Una combinación inexplicable de influencias musicales —y la voluntad de dejar de lado su problema— llevaron a Simon a crear un clásico perdurable.

Conclusión
Innovar en equipo

La creatividad es el arte de la posibilidad. Cuando nos enfrentamos a dilemas y plazos, ¿quién no experimenta el impulso de seguir adelante de la forma habitual? Lo último que quieres hacer cuando estás bajo presión es considerar más opciones. Sin embargo, como dijo aquel perspicaz alumno de séptimo grado al principio de este libro, la creatividad es «hacer algo más que lo primero que se te ocurre». Eso es exactamente lo que se requiere de nosotros si queremos lograr grandes cosas, en los negocios o en cualquier otro ámbito. La creatividad no es solo cómo resolvemos los problemas. Es cómo aportamos lo mejor de nosotros mismos.

Los creadores de talla mundial y las empresas de mayor rendimiento confían en estas técnicas para generar soluciones a los problemas de ideas y lograr resultados revolucionarios. Resisten el impulso de converger y explorar toda la gama de posibilidades incluso cuando están bajo presión porque confían en que el proceso hará que el esfuerzo merezca la pena. Esto no se debe a que les guste el dramatismo o les guste el caos. Saben que los resultados son importantes y que el tiempo lo es todo. Los grandes innovadores suelen ser intensamente pragmáticos. Dan prioridad al flujo de ideas porque les gusta ganar. Las prácticas de este libro requieren tiempo y esfuerzo para implementarse, pero disminuyen drásticamente el esfuerzo desperdiciado, reducen la incertidumbre y multiplican las probabilidades de éxito enormemente. Si estas prácticas no dieran resultados extraordinarios, ninguna de las personas y organizaciones a las que asesoramos las utilizaría más de una vez.

Lo arriesgado no es invertir tiempo y energía en generar dos mil ideas. Inundar un problema de ideas y luego reducirlas mediante un riguroso proceso de validación reduce el riesgo de probar cosas nuevas. El movimiento más arriesgado siempre será empezar con un puñado de ideas y luego decidirte por la que más le guste a tu jefe. El riesgo de apostar todo a esa idea es llevarla hasta su implementación a gran escala. Este enfoque —el de siempre en la mayoría de las organizaciones— es tan arriesgado como ir en moto sin casco, incluso como saltar de un avión sin paracaídas.

Hemos visto miles de experimentos de principio a fin en casi todos los contextos empresariales imaginables. Créenos cuando te decimos: Muy pocas «apuestas seguras» se desarrollan en la vida real como lo hicieron en la sala de conferencias. Por eso tantas iniciativas corporativas y nuevas ofertas exageradas terminan en fracasos costosos, vergonzosos y desmoralizantes. La mayoría de las empresas realizan sus experimentos más arriesgados como productos, no como prototipos.

Volvamos al flujo de ideas. Aquí está la fórmula de nuevo:

$$ideas/tiempo = flujo\ de\ ideas$$

Flujo de ideas bajo: una sala de conferencias silenciosa, los ojos entornados, los minutos transcurriendo, dos soluciones deslucidas garabateadas en una pizarra. Flujo de ideas alto: el flujo sin esfuerzo, incluso alegre, de posibilidades sorprendentes; todas las personas de la sala participan plenamente en el proceso de imaginación, variación e integración. Cuando la espita está abierta, la creatividad se convierte en un juego delicioso, no en una temida tarea. Nunca te divertirás más en el trabajo. (Créenos, lo hemos intentado). Sin embargo, se necesita práctica para entrar en este estado sin esfuerzo cada vez que lo necesites.

No esperes a que empiece una crisis. Utiliza estas técnicas en los tiempos buenos y en los malos. Con el tiempo, desarrollarás una nueva mentalidad, una forma nueva y más eficaz de responder a los problemas.

No basta con leer este libro. Al igual que con cualquier otra habilidad, hay que dominar el manual y luego tirarlo. Desarrolla y mantén una práctica creativa personal y confía en estas técnicas para obtener resultados de alto nivel. Un día, mirarás hacia atrás y te preguntarás cómo pudiste resolver los problemas de la manera anterior.

Para nosotros, como educadores, no hay nada mejor que el momento en que alguien por fin lo entiende. Cuando ese directivo que «nunca ha sido muy creativo» y que no ve el valor de todo este trabajo «extra» ve por fin que el proceso da sus frutos con una revelación preciosa. De repente, se disparan un millón de posibilidades con despreocupación «¡Mira, lo estoy logrando!» Sin embargo, el cambio no se produce a menos que se tome la pelota y se corra con ella. Si no mantienes tu propia práctica y modelas estos comportamientos como líder, puedes apostar que no se propagarán al resto del equipo y de la organización. Afortunadamente, solo hace falta un poco de mantenimiento regular para mantener tu capacidad creativa fuerte. Si solo puedes hacer una cosa, incorpora la cuota de ideas diaria a tu rutina matutina y construye a partir de ahí.

Suponiendo que hayas hecho los deberes, vamos a medir de nuevo tu flujo de ideas. Saca un bolígrafo y un papel. Haremos la misma tarea del capítulo 1 para comparar manzanas con manzanas. Selecciona un correo electrónico en tu bandeja de entrada que necesite una respuesta. Durante dos minutos, escribe tantas líneas de asunto diferentes como puedas. Sin pensar, sin pausas, sin juzgar, sin revisar. Simplemente escribe los asuntos tan rápido como puedas, ya sean serios o tontos. Todas las variaciones cuentan. Concéntrate solo en la cantidad.

Ahora, cuéntalas. ¿Cuántas líneas de asunto distintas has generado? ¿Y cómo es ese número en comparación con tu primer intento?

Apostaríamos a que el número ha subido: tus resultados deberían ser proporcionales al esfuerzo que has invertido en potenciar el flujo de ideas. De un modo u otro, sigue trabajando en ello. Cuanta más energía e intención pongas en tu práctica creativa, más fácil será resolver todos tus otros problemas. Eso es porque todos los problemas son un problema de ideas. Si ya supieras cómo resolver algo, solo sería trabajo.

Hay una diferencia entre entender cómo funciona la creatividad y practicarla tú mismo, entre pensar y hacer. Aprovecha cualquier oportunidad para ampliar tu caja de herramientas y llevar tu flujo de ideas al siguiente nivel. Por ejemplo, Jeremy nunca ha sido un sestero, pero se dispuso a experimentar después de reunir pruebas de sus beneficios asociativos para este libro. Las siestas aparecen en toda la literatura sobre creatividad. Artistas, científicos y filósofos aprovechan habitualmente el estado de alteración que se produce justo antes y después de un periodo de sueño para lograr una mayor comprensión. Está claro que las siestas hacen algo interesante. Hay una razón por la que Edison llamaba a su sillón reclinable «silla para pensar», aunque solo dormía en él.

Hace poco, Jeremy estaba en medio de un importante taller y solo faltaban doce minutos para presentar a un orador ante una sala de cientos de personas. Sintiéndose confuso, programó un temporizador para una siesta de siete minutos. Eso le dejaría cinco minutos para reorientarse antes de volver a la sala. Le resultaba un poco extraño, pero ¿por qué no probar esto de la siesta?

Y he aquí que, después de quedarse dormido como mucho un instante, le vino a la cabeza una posible solución a un problema de la d.school. «Tal como decimos en el libro», pensó para sí mismo.

Mientras escribimos este libro, Jeremy duerme la siesta con regularidad. También mantiene cerca una pila de notas Post-it con la determinación de anotar cualquier idea que le llegue sin juzgarla. La disciplina de la documentación debe mantenerse, incluso cuando está a punto de dormirse o se despierta en mitad de la noche.

Sin embargo, esto no significa que Jeremy no tenga la tentación de cambiar la ocasional revelación por un dulce sueño.

La otra noche, a Jeremy se le ocurrió una posible solución a un problema justo después de apagar las luces. Su primer impulso fue darse la vuelta e irse a dormir. En lugar de escribir la idea, la cantó varias veces en su mente. Seguro que, haciendo eso, por la mañana todavía se acordaría. Sin embargo, sintiéndose hipócrita, buscó a tientas un bolígrafo y anotó la idea.

Por la mañana, Jeremy se despertó con la idea aún en mente. Se sintió triunfante: «¡Sabía que me acordaría! Quizá no tenga que ser tan disciplinado con la documentación después de todo». Entonces leyó lo que había garabateado en la nota adhesiva. Resultó que había escrito una idea totalmente diferente. Si no hubiera revisado su nota, habría estado seguro de que era la misma. Imagínate.

En cuanto a Perry, escribir este libro le ha hecho aún más consciente del valor del pensamiento análogo. Hoy en día, una visita al supermercado ya no es una tarea, sino una oportunidad. Cuando Perry entra en la tienda, busca analogías junto a la leche y los huevos. La exploración puede transformar cualquier molestia insulsa, desde hacer cola hasta ver hervir una tetera. Cuando siente que su impaciencia aumenta, Perry replantea el momento como una oportunidad para plantear un problema acuciante y buscar conexiones inesperadas.

PROPIEDAD E INNOVACIÓN

Creemos firmemente que el flujo de ideas —la capacidad de generar soluciones novedosas a cualquier problema— es la métrica empresarial más importante del siglo XXI. Según nuestra experiencia asesorando a organizaciones, la capacidad de innovación está directamente relacionada con el éxito de los equipos y las organizaciones. Por lo tanto, los líderes deben supervisar el flujo de ideas tan estrechamente como cualquier otro indicador clave de rendimiento. Tampoco basta con vigilar el flujo de innovación. Los líderes deben invertir tiempo y esfuerzo en mejorar los procesos e incentivar los comportamientos positivos. La innovación impulsa la cuota de mercado, los beneficios y la capacidad de recuperación. Es la ventaja competitiva definitiva.

Una vez que hayas consolidado tu propio enfoque de la creatividad, es el momento de llevarlo a tu equipo y a tu organización. Como hemos dicho, nadie —ni el fundador, ni el autónomo, ni el «nómada digital»— funciona completamente solo. Para lograr mayores ambiciones, debes desarrollar la capacidad de innovar con otros. Por lo tanto, aunque no dirijas un equipo o una organización, la información que sigue es aplicable.

Por encima de todo, la innovación exige la apropiación. Cerrar el círculo marca la diferencia entre las ideas prometedoras y los sueños inalcanzables. No importa cuántas personas haya en la sala cuando se aborda un problema. Una persona debe recibir el mandato de seguir adelante antes de la siguiente reunión. Si esto no es una práctica establecida en tu equipo, hazlo.

¿Qué suele hacer un grupo de personas ante la insuficiencia de información sobre un problema? «Hagamos otra reunión». Sin embargo, sin nueva información, se acaba teniendo la misma conversación sobre el mismo problema, solo que con una pista de despegue más corta para resolverlo. Ahí es donde se estanca la innovación.

Rompe este hábito cultural hoy mismo. Incorpora el seguimiento a tu proceso y mantente alerta. Se necesita una repetición y un refuerzo constantes para que todo el mundo esté de acuerdo con la idea de la apropiación. Cada vez que veas que el equipo se decide a tener otra discusión sobre el mismo problema, ponle freno y aclara los datos que necesitarán para tener una conversación diferente la próxima vez. A continuación, encarga a una persona que se encargue de recopilar los datos, idealmente a través de la experimentación en el mundo real.

Recordarás la visita de Fairchild Semiconductor a una floristería local en el capítulo 10. Ese debate sobre la transparencia de la cadena de suministro inspiró la idea de compartir información con los socios de distribución de Fairchild. Al fin y al cabo, funcionó con las orquídeas. Cuando alguien presentó la idea, se podía sentir la energía. Todo el mundo vio el potencial para ayudar a los clientes más pequeños de Fairchild. La cuestión era si los distribuidores aceptarían el acuerdo. Fairchild no podía avanzar sin esa pieza de información que faltaba. Miró la hora, solo faltaban diez minutos para que empezara la próxima reunión. Antes de que alguien pudiera romper la tensión aplazando el tema para una reunión posterior, intervino el director de operaciones Vijay Ullal: «¿Quién va a ser encargarse de esto?».

Ullal encargó a alguien que llamara a los distribuidores de la empresa y les preguntara si querían compartir información. A continuación, fijó una reunión de seguimiento en el calendario de cada uno para revisar los resultados de ese contacto. Cuando se celebró esa reunión, el propietario del problema le comunicó lo siguiente: «Envié un correo electrónico a diez distribuidores. Cinco estaban de acuerdo y los otros cinco tenían las siguientes tres preocupaciones». Ahora había algo nuevo que discutir: abordar las preocupaciones de los reticentes. Guiado por su propietario, la idea se convirtió en un experimento. El experimento se convirtió en un nuevo proceso empresarial. Ese proceso mejoró notablemente la experiencia de los pequeños clientes de Fairchild, resolviendo el problema original.

El director de operaciones de Fairchild no dejó morir la idea. Asignó la responsabilidad en el momento y programó el siguiente hito. Esta es una disciplina crucial cuando se crea con otros. Todo problema necesita un propietario. Ese propietario debe acordar un plan con las demás partes interesadas. ¿Qué pasos se darán? ¿Qué pruebas se harán? ¿Cuándo revisaremos los resultados y decidiremos cómo proceder? Los experimentos no sirven de nada si, como ocurre a menudo en los esfuerzos de innovación poco entusiastas, no se revisan los resultados con los responsables de la toma de decisiones. Dedica siempre un tiempo específico al seguimiento que incluya a todas las personas que necesitas para seguir adelante. Tampoco dejes esa reunión para un futuro demasiado lejano. Determina la información que necesitarás para dar el siguiente paso más pequeño, sea cual sea. A continuación, trabaja hacia atrás para determinar cuánto tiempo necesitará el propietario para obtenerla.

Cuando conviertes a alguien en propietario, tienes que quitarle una gran cantidad de trabajo. Hacer algo nuevo es difícil. Requiere muchos más recursos mentales que una tarea o línea establecida. Antes de cerrar la reunión, decide qué es lo que esa persona dejará de hacer o pasará a otra persona para dejar espacio. Del mismo modo, asegúrate de que el propietario está dotado de la autoridad y las fuentes necesarias para impulsar el proyecto. No debería tener que volver a reunirse con ninguna de las partes interesadas para obtener la aprobación de lo que ya le estás pidiendo que haga.

En Amazon, llevan este principio a su extremo lógico: un «líder monocorde» está «100 % dedicado y responsable» de impulsar una solución. [101] «La mejor manera de socavar una iniciativa estratégica es convertirla en el trabajo a tiempo parcial de alguien», escribe Tom Godden, estratega empresarial de Amazon Web Services. «Sin embargo, esta parece ser la forma más popular de trabajar. El director de informática declara que la iniciativa es crítica, pero nadie tiene el poder de llevarla a cabo de principio a fin. Todo el mundo espera que otro lo haga. Aquí es donde interviene el líder monocorde». Aunque no se tenga la libertad de asignar todo el rendimiento de una persona a un problema concreto, hay que crear cierto margen de maniobra para dejar que se dirija hacia una solución.

Jasna Sims, jefa de innovación de Lendlease, estableció el «tiempo de exploración» como una forma formal de dar a los empleados el margen de maniobra para centrarse exclusivamente en impulsar las ideas. Si tu empresa no dispone de un mecanismo similar, créalo. La gente necesita tiempo para probar cosas. Si no lo tienen, no habrá avances. Tu futuro está en juego.

EL LÍDER CREATIVO

Cuanto antes se intervenga en un proyecto, más se podrá influir en su resultado. Parece obvio, ¿verdad? Sin embargo, en la mayoría de las organizaciones, los líderes solo se involucran en los proyectos cuando ya se han tomado muchas decisiones importantes. Si este es el caso de tu empresa, cambia esta situación hoy mismo sumándote lo antes posible al proceso de innovación.

Conseguirlo significa normalizar el hecho de compartir el trabajo inacabado y las ideas a medio formar: piensa en la reunión diaria de Pixar. Si exiges a los empleados una perfección pulida, nunca verás nada hasta pasado el punto en el que puedas hacer la contribución más eficaz.

Como líder de un equipo u organización, la innovación eficaz exige que respondas a las siguientes preguntas:

1. ¿Tiene tu equipo u organización una métrica relacionada con la innovación? ¿Haces un seguimiento del ritmo al que las nuevas ideas se convierten en productos, servicios y soluciones? ¿Las recompensas y los incentivos se ven influidos por esas métricas? La falta de una métrica en torno a la asunción de riesgos creativos envía una clara señal de que la innovación no se valora tanto como otras funciones básicas como las ventas o el servicio al cliente.

2. ¿Eres un modelo de comportamiento creativo? ¿Sigues una práctica creativa regular? ¿Buscas contribuciones antes de generar resultados? ¿Insistes en generar muchas ideas antes de reducirlas mediante la experimentación? Practica lo que predicas, o las prácticas no se extenderán.

3. ¿Tienes una estrategia empresarial que haga que las nuevas ideas no solo sean bienvenidas, sino necesarias? Si ni siquiera admites la necesidad de nuevas ideas a nivel estratégico, solo estás dando la bienvenida a tu propia obsolescencia.

4. ¿Creas un espacio para que la gente trabaje de forma diferente y explore ideas fuera de su trabajo habitual? ¿Puede cada empleado dedicar un porcentaje de su tiempo y su mente a la exploración y la experimentación? ¿Qué mecanismos existen para proteger las ideas de mañana de las exigencias de hoy?

5. ¿La participación en un esfuerzo de innovación fallido hace que la carrera de alguien suba o baje? «En X trabajamos duro para que sea seguro fracasar», explicó en una charla TED Astro Teller, director de X, el centro de investigación y desarrollo de Alphabet. [102] «Los equipos abandonan sus ideas tan pronto como las pruebas están sobre la mesa porque son recompensados por ello. Reciben el aplauso de sus compañeros. Reciben abrazos y chocan los cinco con su jefe, yo en particular. Les ascendemos por ello. Hemos premiado a cada persona de los equipos que abandonaron sus proyectos». Teller hace esto para enviar un mensaje a todos en X: si el fracaso en un laboratorio de innovación se considera un fracaso personal, olvídalo. Si apuntar alto y fallar conduce a más oportunidades de exploración, la innovación se dispara. ¿Tienes un proceso que celebre el fracaso?

6. ¿Las personas acuden a ti para obtener las respuestas? Tu trabajo como líder es capacitarlos para que busquen las respuestas por sí mismos. Libera el enfoque. Así es como pasas de ser un cuello de botella a un amplificador. Dirige a la gente en su enfoque, pero deja que encuentren sus propias soluciones.

En Michelin, Philippe Barreaud trató de enmarcar la innovación como «un músculo más que la empresa necesita para funcionar» desde el principio. La innovación requiere una inversión de tiempo, dinero y energía. Para Barreaud, justificar esa inversión como una reducción del riesgo mediante pérdidas asequibles movió la aguja mejor que cualquier otro argumento. Michelin espera que sus Laboratorios de Innovación para Clientes lleven a la empresa desde donde está hoy hasta donde quiere estar mañana.

En Logitech, el director general Bracken Darrell se ciñe a un sencillo esquema de semillas/plantas/árboles para garantizar que la empresa esté siempre en crecimiento, algo que lleva haciendo a un ritmo extraordinario desde hace años. Las semillas son las nuevas tendencias y oportunidades que se exploran, las plantas son los nuevos negocios que se alimentan activamente y los árboles son los negocios maduros. Cuando Darrell empezó a hacer esto, tenía una docena de semillas en germinación en todo momento, y el líder de cada una le informaba directamente. Cuando la empresa creció, empezó a permitir que las semillas dependieran de los líderes de las unidades de negocio. El reto para estos líderes es financiar adecuadamente las semillas además de sus esfuerzos principales. «Hasta ahora», dice Darrell, «lo están haciendo bien». No es fácil equilibrar la innovación con la ejecución, pero ¿qué esfuerzo que merezca la pena lo es?

«La mayoría de las semillas fallan», dice Darrell, «pero no desaparecen hasta que yo decido abandonarlas». Asimismo, Darrell se asegura de «podar los árboles con regularidad». Cuando esto ocurre, Darrell celebra el fracaso dando a la gente una bonificación y ascendiéndola a otras semillas, plantas o árboles. «Nunca queremos que la asociación con una semilla parezca un movimiento que limite la carrera», nos dijo.

~

Cada vez que presentamos una nueva técnica a un grupo, uno de los participantes dirá inevitablemente: «Esto es algo que siempre he hecho, pero nunca pude justificar por qué a otras personas. Simplemente me funciona». Hay un número limitado de maneras de decírselo a tus compañeros: «Creedme, chicos, puede parecer una tontería, pero haced esto y os hará más creativos». Si has experimentado esta resistencia interna al presentar tus propias técnicas a tus colegas, esperamos que este libro te sirva como recurso para explicar los mecanismos subyacentes de tu enfoque creativo y respaldarlo con investigaciones y ejemplos. En muchos casos, la gente se resiste a adoptar una práctica creativa hasta que la ve en un libro de un par de académicos. *Voilà*. De nada.

Por toda la resistencia a estas técnicas que encontramos incluso como profesores de Stanford, se diría que estamos pidiendo a la gente que invierta en una estafa piramidal, no que lleve un cuaderno o escriba unas cuantas ideas cada día. Cuando el peso de la autoridad o las pruebas anecdóticas nos fallan, unas cuantas estadísticas o un artículo publicado suelen ser suficiente. Lo que realmente hay que hacer es conseguir que la gente pruebe algo una vez: los resultados son más convincentes que cualquier estudio formal. Utiliza este libro para conseguir que otros lo intenten.

De un modo u otro, tu objetivo no es memorizar un montón de datos sobre la creatividad, sino aumentar tu competencia creativa. Esto significa no solo conocer las técnicas, sino también comprender cómo diagnosticar un atasco creativo y, a continuación, seleccionar la herramienta adecuada de la caja de herramientas. ¿Es el momento de divergir o de converger? ¿Buscamos soluciones mejores ahora mismo, o deberíamos buscar primero un problema mejor? La competencia creativa crece con la práctica, así que sigue adelante. Con el tiempo, llegarás a la herramienta adecuada en cada momento.

La creatividad funciona prácticamente igual en todos los cerebros. Sin embargo, sin un plan de estudios formal sobre la creatividad para cada estudiante, cada uno de nosotros intuye su propio enfoque para la resolución de problemas basado en el ensayo y el error. Algunas cosas funcionan, otras no, y es difícil distinguir entre ambas. Esperamos haberte ofrecido un marco lógico y memorable que valide tus métodos favoritos y añada al mismo tiempo algunas técnicas nuevas y potentes a tu arsenal. La próxima vez que tengas esa sensación de temor en el estómago cuando surja un nuevo problema, recordarás algo enorme. Sabes exactamente lo que necesitas (muchas ideas) y exactamente dónde conseguirlas.

Si has encontrado valor en este libro, compártelo con amigos, compañeros, colegas e incluso competidores. La creatividad es la forma en que cada uno de nosotros saca lo mejor de sí mismo y hace del mundo un lugar mejor para los demás. La creación es un proceso mágico que funciona mejor con los demás. Un lenguaje común de innovación facilita la comunicación y la coordinación para lograr juntos resultados creativos revolucionarios. Pongámonos a trabajar.

Agradecimientos

Un libro como este nunca cobra vida sin el apoyo de toda una comunidad. Nuestro proyecto ni siquiera se habría puesto en marcha si no hubiera sido por nuestra extraordinaria agente literaria, Lynn Johnston. Lynn guió hábilmente nuestro viaje como autores y nos ahorró incontables horas de esfuerzo desperdiciado en el camino. Nuestra editora en Portfolio, Merry Sun, nos proporcionó una calma imperturbable en medio de la tormenta, y su compromiso con la creación de un libro excepcional nos inspiró en cada interacción. Nuestro colaborador, David Moldawer, ha sabido conjugar con maestría nuestras diversas experiencias en una estructura coherente. Nuestro más sincero agradecimiento a los tres.

Gracias a Henrik Werdelin y Nicholas Thorne, de Prehype, cuya sabiduría práctica y tendencia a la acción nos inspiran con cada nueva colaboración. A Carl Liebert, por invitarnos amablemente a muchas aventuras; su humildad sigue impresionándonos. A Mark Hoplamazian, un líder al que vale la pena seguir, por hacer sonar continuamente la campana del propósito y la empatía. A Philippe Barreaud, por apuntar siempre a la luna. A Mike Ajouz, discutir contigo nos hace pensar en nuevas direcciones. A Tsuney Yanagihara y Julie Ragland, por sus movimientos audaces y sus grandes saltos de fe.

Nos gustaría agradecer a nuestros colaboradores de la d.school: Deb Stern, cuyo amable consejo nos ayudó a navegar por aguas inexploradas; Carissa Carter, por defender la evolución de la práctica del diseño; Sarah Stein Greenberg, por su sabia dirección de la institución;

Scott Doorley, por encarnar el corazón y el alma del diseño; la Dra. Kathryn Segovia, la pensadora y profesora de diseño por excelencia; Bill Pacheco, exalumno y colaborador, y eterno compañero de tenis de Jeremy en sus partidos contra Perry; Bernie Roth, por su sabiduría atemporal y su colaboración lúdica; David Kelley, cuya insistencia en escribir un libro finalmente nos hizo ver la luz; Bob Sutton, que colabora gentilmente en muchos de nuestros descabellados planes, y Huggy Rao, que siempre tiene la anécdota perfecta.

Gracias a todos los increíbles entrenadores y colaboradores con los que hemos trabajado a lo largo de los años: Parker Gates, Anna Love, Logan Deans, LaToya Jordan, Josh Ruff, Saul Gurdus, Jess Kessin, Anja Nabergoj, Trudy Ngo-Brown, Scott Sanchez, Yusuke Miyashita, Scott Zimmer, Kelly Garrett Zeigler, Susie Wise, Adam Weiler, Whitney Burks, Kirk Eklund, Marcus Hollinger, Katherine Cobb, Jess Nickerson, Patrick Beauduoin, Neal Boyer, Daniel Frumhoff, Sarah Holcomb, Tom Maiorana y Vida Mia Garcia.

Gracias a nuestro editor, Adrian Zackheim, y a su increíble equipo de Portfolio por su esfuerzo, entusiasmo y experiencia: Niki Papadopoulos, Stefanie Brody, Veronica Velasco, Jessica Regione, Chelsea Cohen, Madeline Rohlin, Tom Dussel, Emilie Mills, Margot Stamas y Heather Faulls. Un agradecimiento especial a Jen Heuer por nuestra magnífica portada y a Meighan Cavanaugh por nuestro elegante interior. ¡El diseño importa!

Gracias a Barbara Henricks, Megan Wilson y Nina Nocciolino de Cave Henricks Communications por ayudarnos a compartir nuestro mensaje.

Por último, gracias a los muchos otros increíbles líderes, profesionales y colaboradores que directa o indirectamente dieron forma a este libro: Andy Tan, Philippe Barreaud, Claudia Kotchka, Natalie Slessor, Jesper Kløve, Bracken Darrell, Lorraine Sarayeldin, Natalie Mathieson, Chris Aho, Linda Yates, Jacob Liebert, Lisa Yokana, Don Buckley, Andrew Tomasik, Charles Moore, Gabriela González-Stubbe, Nobuyuki

Baba, Bill Gibson, Ehrika Gladden, Brad van Dam, Casey Harlin, Dan Klein, Daniel Lewis, Nik Reed, Erica Walsh, Greg Becker, Jasna Sims, Jay Utley, John Keller, Jon Beekman, Jooyeong Song, Ken Pucker, Kevin Mayer, Laura D'Asaro, Leticia Britos Cavagnaro, Linda Hill, Lisa Montgomery, Meghan Doyle, Miri Buckland, Ellie Buckingham, Reedah El-Saie, Tetsuya Ohara, Vijay Ullal y Wolfgang Ebel.

Jeremy quiere expresar un agradecimiento especial a su familia por la interminable inspiración que le proporcionan: Michelle, Evie, Zelynn, Corrie y Frances, ¡estoy tan contento de ser parte de vuestras vidas! También a mamá, papá, Zacko, Rae-dio, Omayra, JP, el Z original y su media naranja, gracias por aguantar mis travesuras. Y a mi familia de la iglesia —especialmente Bobby McDonald, Sandeep Poonen y Zac Poonen—, gracias por el continuo recordatorio de lo que es verdaderamente importante, y por «seguir buscando las cosas de arriba, mirando a Jesús».

Perry quiere dar las gracias a Annie, Parker y Phoebe por su incesante entusiasmo.

Notas

1. Randolph, Marc (2019), *Eso nunca funcionará: El nacimiento de Netflix y el poder de las grandes ideas,* Editorial Planeta.

2. Bezos, Jeff (2020), *Crea y divaga: Vida y reflexiones de Jeff Bezos,* Editorial Planeta.

3. Appelo, Tim(2011), «How a Calligraphy Pen Rewrote Steve Jobs' Life» *Hollywood Reporter* (blog), (https://www.hollywoodreporter.com/business/digital/steve-jobs-death-apple-calligraphy-248900/).

4. Nota de la traductora: En 1863 la ciudad de Detroit lanzó el primer medio de transporte público, un carro tirado por caballos similar a un bus. En un inicio esto representó una gran innovación; sin embargo, en 1895 el último de estos carros fue retirado del mercado al ser reemplazado por los tranvías. Esto quiere decir que, a principios de siglo, los carros de caballos ya eran obsoletos.

5. Hugo, Victor (2014), *Historia de un crimen,* Hermida Editores.

6. Stone, Brad (2014), *La tienda de los sueños. Jeff Bezos y la era de Amazon,* Anaya Multimedia.

7. Camuffo, Arnaldo; Cordova, Alessandro; Gambardella, Alfonso y Spina, Chiara (2020), «A Scientific Approach to Entrepreneurial Decision-Making: Evidence from a Randomized Control Trial», *Management Science* 66, no. 2: 564-86, <https://doi.org/10.1287/mnsc.2018.3249>.

8. Edmondson, Amy C. (2011), «Strategies for Learning from Failure», *Harvard Business Review,* <https://hbr.org/2011/04/strategies-for-learning-from-failure>.

9. Bloom, Nicholas et al. (2020), «Are Ideas Getting Harder to Find?» *American Economic Review* 110, no. 4: 1104-44, <https://doi.org/10.1257/aer.20180338>.

10. Popova, Maria (2015), «How Steinbeck Used the Diary as a Tool of Discipline, a Hedge Against Self-Doubt, and a Pacemaker for the Heartbeat of Creative Work», *Brain Pickings* (blog), 2 de marzo de 2015, <www.brainpickings.org/2015/03/02/john-steinbeck-working-days/>.

11. Raitt, Alan William (2005), *Gustavus Flaubertus Bourgeoisophobus: Flaubert and the Bourgeois Mentality*, Peter Lang.

12. Alhola, Paula y Polo-Kantola, Päivi (2007), «Sleep Deprivation: Impact on Cognitive Performance», *Neuropsychiatric Disease and Treatment* 3, no. 5: 553-67.

13. McCoy, Alli N. y Siang Tan, Yong (2014), «Otto Loewi (1873-1961): Dreamer and Nobel Laureate», *Singapore Medical Journal* 55, nº 1: 3–4, <https://doi.org/10.11622/smedj.2014002>.

14. Sio, Ut Na; Monaghan, Padraic y Ormerod, Tom (2013), «Sleep on It, but Only if It Is Difficult: Effects of Sleep on Problem Solving», *Memory & Cognition* 41, nº 2: 159–66, <https://doi.org/10.3758/s13421-012-0256-7>.

15. Alhola, Paula y Polo-Kantola, Päivi (2007), «Sleep Deprivation: Impact on Cognitive Performance». *Neuropsychiatr Dis Treat.* 2007 Oct; 3(5): 553–567.

16. Green, Franziska (2019), «In the 'Creative' Zone: An Interview with Dr. Charles Limb», *Brain World* (blog), (https://brainworldmagazine.com/creative-zone-interview-dr-charles-limb/).

17. Radvansky, Gabriel A.; Krawietz, Sabine A. y Tamplin, Andrea K. (2011), «Walking Through Doorways Causes Forgetting: Further Explorations», *Quarterly Journal of Experimental Psychology* 64, nº 8: 1632-45, (https://doi.org/10.1080/17470218.2011.571267)

18. Currey, Mason (2019), *Rituales cotidianos: Las artistas en acción,* Turner Publicaciones S.L.

19. Lynch, David (2016), *Catching the Big Fish: Meditation, Consciousness, and Creativity, 10th anniversary ed.,* Tarcher Perigee Nueva York.

20. Coutu, Diane (2006), «Ideas as Art», *Harvard Business Review,* (https://hbr.org/2006/10/ideas-as-art).

21. Kelly, Kevin (2021), «99 Additional Bits of Unsolicited Advice», *The Technium* (blog), (https://kk.org/thetechnium/99-additional-bits-of-unsolicited-advice/).

22. Diehl, Michael y Stroebe, Wolfgang (1987), «Productivity Loss in Brainstorming Groups: Toward the Solution of a Riddle», *Journal of Personality and Social Psychology* 53: 497–509, (https://doi.org/10.1037/0022-3514.53.3.497).

23. Korde, Runa y Paulus, Paul B. (2017), «Alternando la generación de ideas individuales y grupales: Finding the Elusive Synergy», *Journal of Experimental Social Psychology* 70: 177–90, (https://doi.org/10.1016/j.jesp.2016.11.002).

24. A. W. y Webster, D. M. (1996), «Motivated Closing of the Mind: 'Seizing' and 'Freezing'», *Psychological Review* 103, n° 2: 263–83, <https://doi.org/10.1037/0033-295x.103.2.263>.

25. Simonton, Dean Keith (1997), «Creative Productivity: A Predictive and Explanatory Model of Career Trajectories and Landmarks», *Psychological Review* 104, n° 1 66–89, <https://doi.org/10.1037/0033-295X.104.1.66>.

26. Sutton, Robert I. (2002), *Weird Ideas That Work: 11½ Practices for Promoting, Managing, and Sustaining Innovation,* ed. Ilustrada, Free Press, Nueva York.

27. Bennett, J. (2017), «Behind the Scenes in Taco Bell's Insane Food Development Lab», *Thrillist,* <www.thrillist.com/eat/nation/taco-bell-insane-food-development-lab>.

28. Malone-Kircher, Madison (2016), «James Dyson on the 5,126 Vacuums That Didn't Work and the One That Finally Did», *The Vindicated* (blog), <https://nymag.com/vindicated/2016/11/james-dyson-on-5-126-vacuums-that-didnt-work-and-1-that-did.html>.

29. Dyer, Frank Lewis y Commerford Martin, Thomas (2019), *Edison: His Life and Inventions,* Outlook, Frankfurt.

30. Lucas, Brian J. y Nordgren, Loran F. (2020), «The Creative Cliff Illusion», *Proceedings of the National Academy of Sciences* 117, no. 33, <https://doi.org/10.1073/pnas.2005620117>.

31. Tversky, Amos y Kahneman, Daniel (1974), «Judgment under Uncertainty: Heuristics and Biases», *Science* 185, no. 4157, <https://doi.org/10.1126/science.185.4157.1124>.

32. Bilalić, Merim; McLeod, Peter y Gobet, Fernand (2008), «Why Good Thoughts Block Better Ones: The Mechanism of the Pernicious Einstellung (Set) Effect», *Cognition* 108, no. 3, <https://doi.org/10.1016/j.cognition.2008.05.005>.

33. Feynman, Richard (2017), *The Character of Physical Law*, MIT Press, Londres.

34. Brown, Laura Sky (2020), «GM's Car-Sharing Service, Maven, Shuts Down After Four Years», *Car and Driver,* <www.caranddriver.com/noticias/a32235218/gm-maven-car-sharing-closes/>.

35. Berg, Justin M. (2019), «When Silver Is Gold: Forecasting the Potential Creativity of Initial Ideas», *Organizational Behavior and Human Decision Processes* 154, <https://doi.org/10.1016/j.obhdp.2019.08.004>.

36. Ferriss, Tim (2021), «Sir James Dyson-Founder of Dyson and Master Inventor on How to Turn the Mundane into Magic», en *The Tim Ferriss Show* (pódcast), <https://tim.blog/2021/09/02/james-dyson>.

37. Nota de la traductora: El EBITDA es un indicador financiero del beneficio bruto de explotación calculado antes de deducir los gastos financieros. La sigla proviene del inglés *«Earnings Before Interest, Taxes, Depreciation, and Amortization»*.

38. Crockett, Zachary (2021), «The Secretary Who Turned Liquid Paper into a Multimillion-Dollar Business», *The Hustle,* <https://thehustle.co/the-secretary-who-turned-liquid-paper-into-a-multimillion-dollar-business>.

39. Kent, Corita y Steward, Jan (2008), *Learning by Heart*, Allworth Press, Nueva York.

40. Leatherbee, Michael y Katila, Riitta (2020), «The Lean Startup Method: Early-Stage Teams and Hypothesis-Based Probing of Business Ideas», *Strategic Entrepreneurship Journal* 14, no. 4, <https://doi.org/10.1002/sej.1373>.

41. Wujec, Tom (2010), «Build a Tower, Build a Team», TED2010, <www.ted.com/talks/tom_wujec_build_a_tower_build_a_team/transcript>.

42. Knight, Phil (2016), *Nunca pares: Autobiografía del fundador de Nike*, Conecta.

43. Henrik Werdelin y Nicholas Thorne: Chan, Nathan (2020), «How Henrik Werdelin Built a 9-Figure Subscription Box Business for Dogs», en Foundr (pódcast), <https://foundr.com/articles/podcast/henrik-werdelin-barkbox>.

44. Grudin, Robert (1991), *The Grace of Great Things: Creativity and Innovation*, Mariner Books, Boston.

45. *2021 Alzheimer's Disease Facts and Figures*, Alzheimer's Association, Chicago, <www.alz.org/media/documents/alzheimers-facts-and-figures.pdf>.

46. Peloton: (2021), «Peloton: Child Killed in 'Tragic' Treadmill Accident», *BBC News,* <www.bbc.com/news/business-56451430>.

47. Nota de la traductora: La pregunta «¿Cuantos ángeles pueden danzar sobre la cabeza de un alfiler?» fue originalmente postulada por Tomás de Aquino a modo de cuestionar si los seres celestiales tienen dimensiones y ocupan espacio. Actualmente, la frase *«How many angels can dance on the head of a pin?»* se utiliza como una metáfora para perder tiempo en debatir cuestiones inconsecuentes.

48. Wendell Holmes, Oliver (1872), *The Poet at the Breakfast-table,* James R. Osgood and Company, Boston.

49. Rock, David y Grant, Heidi (2016), «Why Diverse Teams Are Smarter», *Harvard Business Review,* <https://hbr.org/2016/11/why-diverse-teams-are-smarter>.

50. Carter, Ashton B. (1987), *Managing Nuclear Operations*, Brookings Institution, Washington, D.C.

51. McGirt, Ellen (2010), «How Nike's CEO Shook Up the Shoe Industry», *Fast Company*, <www.fastcompany.com/1676902/how-nikes-ceo-shook-shoe-industry>.

52. Christensen, Clayton M.; Cook, Scott y Hall, Taddy (2005), «Marketing Malpractice: The Cause and the Cure», *Harvard Business Review*, <https://hbr.org/2005/12/marketing-malpractice-the-cause-and-the-cure>.

53. Graf von Moltke, Helmuth (1900), *Moltkes militärische Werke: Die Thätigkeit als Chef des Generalstabes der Armee im Frieden*, E. S. Mittler, Hamburgo.

54. Ruef, Martin (2002), «Strong Ties, Weak Ties and Islands: Structural and Cultural Predictors of Organizational Innovation», *Industrial and Corporate Change* 11, <https://doi.org/10.1093/icc/11.3.427>.

55. Feynman, Richard P. (1997), *Surely You're Joking, Mr. Feynman!, Adventures of a Curious Character*, W. W. Norton, Londres.

56. Gertner, Jon (2012), *The Idea Factory: Bell Labs and the Great Age of American Innovation*, Penguin Books, Nueva York.

57. Nota de la traductora: Una empresa de cartera es una entidad en la que invierte una empresa de capital de riesgo o una empresa incipiente.

58. Cortada, James W. (2019), «Building the System/360 Mainframe Nearly Destroyed IBM», *IEEE Spectrum*, <https://spectrum.ieee.org/building-the-system360-mainframe-nearly-destroyed-ibm>.

59. Rich, Ben R. (1996), *Skunk Works: A Personal Memoir of My Years at Lockheed*, Little, Brown, Nueva York.

60. Dunbar, Kevin (1997), «How Scientists Think: On-line Creativity and Conceptual Change in Science», en *The Nature of Insight*, MIT Press, Boston.

61. Gertner, Jon (2012), *The Idea Factory: Bell Labs and the Great Age of American Innovation*, Penguin Books, Nueva York.

62. Catmull, Ed y Wallace (2014), Amy, *Creatividad, S.A.: Cómo llevar la inspiración hasta el infinito y más allá,* Conecta.

63. Asimov, Isaac (2014), «Isaac Asimov Asks, 'How Do People Get New Ideas?': A 1959 Essay by Isaac Asimov on Creativity», *MIT Technology Review,* <www.technologyreview.com/2014/10/20/169899/isaac-asimov-asks-how-do-people-get-new-ideas>.

64. Chabris, Christopher y Simons, Daniel (2011), *El gorila invisible: Cómo nuestras intuiciones nos engañan,* RBA Libros.

65. Ohno, Taiichi (2006), «Ask 'Why' Five Times About Every Matter», Toyota Myanmar, <www.toyota-myanmar.com/about-toyota/toyota-traditions/quality/ask-why-five-times-about-every-matter>.

66. Catmull, Ed y Wallace (2014), Amy, *Creatividad, S.A.: Cómo llevar la inspiración hasta el infinito y más allá,* Conecta.

67. Roberts, Jennifer L. (2013), «The Power of Patience», *Harvard Magazine,* <www.harvardmagazine.com/2013/11/the-power-of-patience>.

68. Dewey, John (1938), *Logic: The Theory of Inquiry,* Henry Holt, Nueva York.

69. Kent, Corita y Steward, Jan (2008), *Learning by Heart,* Allworth Press, Nueva York.

70. Fig, Joe (2012), *Inside the Painter's Studio,* Princeton Architectural Press.

71. MasterClass (2020), *Dare to Suck,* vídeo de Facebook, <www.facebook.com/watch/?v=2544715345762983>.

72. Nota de la traductora: NSFW deriva del inglés y significa «Not safe for work» o «No apto para el trabajo». Suele utilizarse en internet para designar contenidos que no deberían ser consumidos en público.

73. George, Jennifer (2013), *The Art of Rube Goldberg: (A) Inventive (B) Cartoon (C) Genius,* Harry N. Abrams, Nueva York.

74. Adams, Gabrielle S.; Converse, Benjamin A.; Hales, Andrew H. y Klotz, Leidy E. (2021), «People Systematically Overlook Subtractive Changes», *Nature* 592, <https://doi.org/10.1038/s41586-021-03380-y>.

75. Nature Video (2021), *Less Is More: Why Our Brains Struggle to Subtract*, vídeo de YouTube, <https://www.youtube.com/watch?v=1y32OpI2_LM>.

76. Bushnell, Nolan y Stone, Gene (2013), *Finding the Next Steve Jobs: How to Find, Keep, and Nurture Talent*, Simon & Schuster, Nueva York.

77. Friis-Olivarius, Morten (2018), *Stimulating the Creative Brain*, TEDxOslo, vídeo de YouTube, <www.youtube.com/watch?v=hZCcVk8-RVQ>.

78. Koestler, Arthur (1964), *The Act of Creation*, Hutchinson, Londres.

79. *Inspirations* (1997), dirigida por Michael Apted, Clear Blue Sky Productions.

80. Root-Bernstein, Robert S.; Bernstein, Maurine y Garnier, Helen (1995), «Correlations Between Avocations, Scientific Style, Work Habits, and Professional Impact of Scientists», *Creativity Research Journal* 8, no. 2, <https://doi.org/10.1207/s15326934crj0802_2>.

81. Oppezzo, Marily y Schwartz, Daniel L. (2014), «Give Your Ideas Some Legs: The Positive Effect of Walking on Creative Thinking», *Journal of Experimental Psychology: Learning, Memory, and Cognition* 40, no. 4, <https://doi.org/10.1037/a0036577>.

82. Isaacson, Walter (2021), *Steve Jobs*, Simon & Schuster, Nueva York.

83. Bono, Edward (2010), *Lateral Thinking: Creativity Step by Step*, HarperCollins, Nueva York.

84. Bayers, Chip (1999), «The Inner Jeff Bezos», *Wired*, <www.wired.com/1999/03/bezos-3/>.

85. Ogilvy, David (2013), *Confessions of an Advertising Man*, Southbank, Reino Unido.

86. Young, James Webb (2021), *A Technique for Producing Ideas*, Must Have Books, Victoria, BC.

87. saacson, Walter (2008), *Einstein: His Life and Universe*, Simon & Schuster, Nueva York.

88. Currey, Mason (2019), *Daily Rituals: Women at Work*, Knopf, Nueva York.

89. Simonton, Dean Keith (1999), *Origins of Genius: Darwinian Perspectives on Creativity*, Oxford University Press, Oxford.

90. Gruber, Howard E. (1988), «The Evolving Systems Approach to Creative Work», *Creativity Research Journal* 1, n.º 1, <https://doi.org/10.1080/10400418809534285>.

91. Bernhardt, Greg (2016), «Interview with Theoretical Physicist Garrett Lisi», *Physics Forums Insights* (blog), <https://www.physicsforums.com/insights/interview-theoretical-physicist-garrett-lisi/>.

92. Johnson, Steven (2018), «Dan Pink Has a Folder for That Idea», *Medium* (blog), <https://medium.com/s/workflow/dan-pink-has-a-folder-for-that-idea-84252c35ddb>.

93. Baird, Benjamin *et al.* (2012), «Inspired by Distraction: Mind Wandering Facilitates Creative Incubation», *Psychological Science* 23, n.º 10, <https://doi.org/10.1177/0956797612446024>.

94. Gertner, Jon (2012), *The Idea Factory: Bell Labs and the Great Age of American Innovation*, Penguin Books, Nueva York.

95. Gardner, Amanda (2012), «'Power Naps' May Boost Right-Brain Activity», *CNN Health*, <www.cnn.com/2012/10/17/health/health-naps-brain/index.html>.

96. Lau, Hiuyan; Alger, Sara E. y Fishbein, William (2011), «Relational Memory: A Daytime Nap Facilitates the Abstraction of General Concepts», *Plos One* 6, no. 11, <https://doi.org/10.1371/journal.pone.0027139>.

97. (2013), «Might Lefties and Righties Benefit Differently from a Power Nap?», *Georgetown University Medical Center* (blog), <https://gumc. georgetown.edu/news-release/people-who-like-to-nap/>.

98. Grazer, Brian y Fishman, Charles (2017), *Una mente curiosa: El secreto de una vida más completa*, Obelisco.

99. Ferriss, Tim (2021), «Joyce Carol Oates —A Writing Icon on Creative Process and Creative Living», en *The Tim Ferriss Show* (pódcast), <https:// podcasts.apple.com/us/podcast/497-joyce-carol-oates-writing-icon-on-creative-process/id863897795?i=1000508500903>.

100. *Paul Simon on His Writing Process for* 'Bridge over Troubled Water', *The Dick Cavett Show,* vídeo de YouTube, <www.youtube.com/watch?v=qFt0cP-klQI&t=143s>.

101. Godden, Tom (2021), «Two-Pizza Teams Are Just the Start, Part 2: Accountability and Empowerment Are Key to High-Performing Agile Organizations», *AWS Cloud Enterprise Strategy* (blog), <https://aws.amazon. com/blogs/enterprise-strategy/two-pizza-teams-are-just-the-start-accountability-and-empowerment-are-key-to-high-performing-agile-organizations-part-2/>.

102. Teller, Astro (2016), «The Unexpected Benefit of Celebrating Failure», TED2016, <www.ted.com/talks/astro_teller_the_unexpected_benefit_of_celebrating_failure>.